U0504243

何勤华

1955年3月生，上海市人。北京大学法学博士，华东政法大学教授、博士生导师。著有《西方法学史纲》《20世纪日本法学》《中国法学史》《法律文化史谭》等多部作品，主编《法律文明史》（全16卷，参与撰写《法律文明的起源》《宗教法》《中华法系》《大陆法系》），在法学类核心刊物上发表论文180余篇。留学日本东京大学法学部，1992年起享受国务院政府特殊津贴，1999年获"第二届中国十大杰出中青年法学家"称号，2009年获"国家级教学名师"。曾任华东政法大学校长。兼任中华司法研究会副会长，全国外国法制史研究会会长。

华政的故事

——共和国法治建设的一个侧影

何勤华 著

商务印书馆
创于1897 The Commercial Press

图书在版编目(CIP)数据

华政的故事:共和国法治建设的一个侧影/何勤华著.
—北京:商务印书馆,2022(2023.2重印)
ISBN 978 - 7 - 100 - 20749 - 2

Ⅰ.①华…　Ⅱ.①何…　Ⅲ.①华东政法大学—
校史　Ⅳ.①D92-40

中国版本图书馆 CIP 数据核字(2022)第 028149 号

华政的故事
——共和国法治建设的一个侧影

何勤华　著

商 务 印 书 馆 出 版
(北京王府井大街 36 号　邮政编码 100710)
商 务 印 书 馆 发 行
北京中科印刷有限公司印刷
ISBN 978 - 7 - 100 - 20749 - 2

2022 年 6 月第 1 版　　开本 700×1000　1/16
2023 年 2 月北京第 3 次印刷　　印张 20½
定价:180.00 元

谨以此小书

献给母校华东政法大学 70 周年华诞

序

华东政法大学,原名华东政法学院,诞生于1952年,是新中国第一批组建的政法院系之一。当时经院系调整后保留下来的其他几所政法院系,分别是中国人民大学法律系(1950年)、东北人民大学(吉林大学)法律系(1948年)、北京政法学院(中国政法大学,1952年)、西南政法学院(西南政法大学,1953年)、中南政法学院(中南财经政法大学,1953年),以及在1952年政法院系调整中被保留下来的武汉大学法律系、西北大学法律系。

当时这八所院系被称为政法教育的"四院四系"。1958年西北政法学院建立后,又有"五院四系"之称(由于1958年西北大学法律系被并入西北政法学院,1954年北京大学法律系恢复重办,因此,之后的"五院四系"中,就由北大法律系取代了西北大学法律系)。

华东政法大学,不仅是一所多科性大学,而且也是一所兼收并蓄、内涵丰富、命运多舛的大学。她由九所大学的三个学科组建而成,即复旦大学、南京大学、安徽大学、震旦大学、东吴大学、上海学院(学校的有些文件、报告上写为"上海法学院")六所大学的法律系,复旦大学、南京大学、沪江大学和圣约翰大学四所大学的政治系,以及沪江大学的社会系。1953年,厦门大学的法律系也加盟华东政法学院。

华东政法大学,现在是中国法学教育水平最高的大学之一。2017年12月,在教育部新一轮的法学学科教学评估中,在中国人民大学法学院和中国政法大学这两所A+院系之后,华政与北京大学、清华大学、武汉大学、西南政法大学并列A类,在全国630多所法律院系中,处于前列,是中国南方法学教育重镇,被誉为"法学教育的东方明珠"。

华东政法大学,也是中华人民共和国法治建设发展的见证者、亲历者和参与者。新中国法治建设的起步是在1949—1952年。此时,完成了政法战线的"三大运动"，即废除国民党政府的《六法全书》、司法改革运动和政法院系调整，开始走上中国特色社会主义法治建设道路。之后，这条道路历经艰辛、深受磨难。而华东政法大学，几乎与共和国的这一段历史同步，在1952年建立后，也经历了"两落三起"的坎坷命运。华政的历史，恰是共和国法治建设历史的一个侧影。

今年是华东政法大学70周年的华诞，在她所走过的70年日子里，既有取得成功时的欢乐，也有遇到挫折时的沮丧，而正是在这欢乐和沮丧中，我们日益成长。本书所收各篇小故事，虽然不全面、不完整，但也从各个角度、各个侧面，回顾了华政这70年不平凡的历程，体现了历代华政人为推进共和国法治建设不屈不挠、永远奋进的坚强毅力，表达了笔者对母校的热爱和珍惜的情怀，以此来纪念母校70周年华诞。

由于华政的历史跨度比较大，检索档案和收集资料非常不易，采访和会见知情人也可能有遗漏，而且许多当事人都已经去世，加上笔者的文笔功力不足，因此记叙中难免有遗忘和错漏之处，也请诸位老师和校友见谅，并批评指正。本书的各篇小故事，已经作为系列文章在《法治日报》"法学院"和"法治文化"两个专栏连载（2019年4月—2021年11月）。值本书出版之际，谨向策划、编辑和修改这一系列文章的《法治日报》理论部主任、上述两个专栏的主编蒋安杰编审表示深深的谢意。

我们每个人的能力是有限的，但大家团结一致，就能形成无限强大的力量，共同来守护华东政法大学这一全体华政人的精神家园。

何勤华

于华东政法大学

法律文明史研究院

2022年3月30日

目　录

一、华政的诞生

二、华政的传承

三、华政的成长和曲折

四、华政的复兴和第二次复校

五、第二次复校群英谱

六、松江校区的新篇章

一、华政的诞生

1. 筹备处

华政的故事,要从华东政法学院筹备处开始说起。

1949 年 5 月上海解放后,华东军政委员会教育部即对华东区内的国立、私立大专院校进行调查和整顿工作。为了妥善处理停办院校的善后工作,1951 年成立了上海市停办学校联合办事处。在华东教育部和联合办事处的领导下,上海及华东地区各高校的院系调整开始展开。

1952 年,华东军政委员会教育部制定了《华东区高等学校院系调整设置方案(草案)》,对华东区高等院校进行调整,保留了 55 所高校(上海保留了 18 所)。调整至华东政法学院(新设暂名)的有:复旦大学,法律系和政治系;南京大学,法律系和政治系;安徽大学,法律系;圣约翰大学和沪江大学的政治系;震旦大学,法律系;上海学院的法律系和东吴大学法学院的法律系。在这个《调整设置方案(草案)》中,厦门大学法律系没有动,仍然保留。厦大法律系是 1953 年 9 月并入华东政法学院的。

这样,1952 年 6 月 14 日,经华东军政委员会教育部批准,华东政法学院筹备处正式成立。据当时刚刚从圣约翰大学毕业、转入筹备中的华政工作的江邈清老师回忆,为了使华政筹备处顺利开展工作,华东军政委员会教育部和华东局的领导,曾专门将筹备处的各位负责人召集到局里开会,江老师作为圣约翰大学学生组织的负责人,也参加了这次会议。

据江老师介绍,华政筹备处最初的办公地点不是在圣约翰大学,而是在上海市宝山路 584 号(原暨南大学二院旧址)。1952 年 6 月 14 日,在筹备处正式成立之时,"华东政法学院筹备处"和"华东政法学院筹备委员会"两颗印章也同日启用。笔者在华东政法大学的档案卷宗中,看到了华东军政委员会教育部的批文,上面写明华东政法学院筹备处的组成如下:

总负责人:郑文卿,原山东省公安厅厅长;

教务负责人:赵野民,原华东人民检察委员会政法文教处处长;

教务负责人:张格,原华东司法部督编处处长;

总务负责人:吴建章,原华东民政办公室副主任;

院长办公室负责人:刘克牧,原华东民政部副处长。

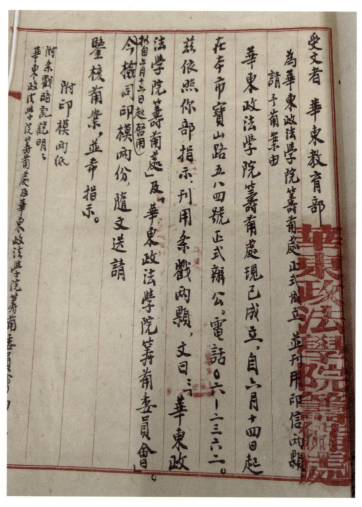

华东教育部关于批准华东政法学院筹备处用印的通知

从华东政法大学档案馆所保留的文件中,我们可以得知,虽然华政在1952 年 11 月 15 日才正式建立,但实际上在筹备处工作的时候,已经是以华东政法学院的名义进行了。比如,1952 年 8 月 12 日下午 1 点,筹备处召开了第一次办公会议,出席的有郑文卿副院长,赵野民、张格、吴建章、刘克牧等处长,这次会议主要讨论了从立信会计专科学校搬家等问题。1952 年 9 月 6 日、9 月 18 日的两次会议,讨论开学前还存在什么困难时,对与会者,也是以院长、处长、主任相称。

　　1952 年 8 月 16 日,在华政筹备处工作了两个月之后,办公地点又转移到了徐家汇区徐虹路 300 号(原上海立信会计专科学校旧址)。9 月 25 日,经华东区高等学校院系调整委员会决定,筹备处又从立信会计专科学校校园搬入位于梵皇渡路(后名万航渡路)1575 号的圣约翰大学旧址办公。

1952 年 9 月 25 日,华政筹备处搬入位于梵皇渡路 1575 号的圣约翰大学旧址办公

　　至 1952 年 11 月 15 日华东政法学院正式开学,华东政法学院筹备处利用 5 个月的时间,紧张、快速、高效地做成了以下几件事情。

　　第一件事,是确定了即将诞生的华东政法学院的校址。华政档案文件表明,校址的选择,主要是院长魏文伯做的决定。因为他对圣约翰大学旧址很熟悉。1949 年 5 月 24 日中国人民解放军攻入上海,陈毅司令员进驻圣约翰大学的交谊楼,随行领导共七人,分别是饶漱石、张鼎丞、曾山、潘汉年、刘晓、魏文伯、舒同。因此,当时魏文伯就对圣约翰有了深刻印象。

　　现在看来,这一选址真的是太英明了,我们作为华政的后人,应该感谢魏文伯院长和当年筹备处的各位领导、老师! 从此,华政的名字,华政的命运,就和"万航渡路 1575 号"紧紧地联系在了一起。

第二件事,是推出了 7 月,8、9 月两个华东政法学院筹备工作计划概要。

在 7 月份的华东政法学院筹备工作计划概要中,主要涉及以下内容:第一,如何解决校舍(学生宿舍等)、教职工宿舍、校具(课桌椅等)以及办学经费等问题;第二,如何招收、接受第一届学生。工作计划概要提出:在 9 月上旬,要完成向各地发送通知,征集政法专业学生的工作,如向各地发出选拔农民学员的通知,及准备考试等事项。向各地提出选拔工人学员的要求,如果招收失业工人,必须事先征得各地劳动部门的同意;招收在职工人,必须征得各工厂的同意,并处理好家属的安置工作等。

8、9 月的筹备工作计划概要,重点突出了课程、教材和图书资料问题。要求在 8 月中旬前争取中央将课程标准发下来;下旬根据中央和本校的实际,确定课程体系;8 月底拟出第一学期的教学计划,并向中央政法干校和中国人民大学等索取法律教材和教学提纲;与此同时,图书馆所需书籍,也同期解决。

第三件事,是引进了第一批教师。经过 5 个月的工作,筹备处先后从 35 个部门调来了 270 名干部。其中,有一部分是教师。但开始时专业教师很少,只有 19 名。他们是 7 位教授:李良、孟庭柯、胡永龄、王绍唐、赵震、刘焕文、汪家焯;1 位副教授:傅季重;2 位讲师:俞伟奕、宋恩溥;9 位助教:翟廷瑨、高程德、薄英豪、曾演新、卢法祖、席祖德、吴效堤、彭舟、浦增元。此外,还有一些刚刚毕业、本身就在圣约翰大学工作的老师,如江邈清等。

第四件事,是确定招收、接受了第一批学生。根据筹备处 1952 年 10 月的一份总结中的数字,经过 4 个月的工作,筹备处先后从华东各地选拔招收各类学生 985 名,其中来自复旦、南京、安徽、圣约翰、震旦、沪江、东吴和上海学院各所大学的学生 384 人。

第五件事,是在上级相关部门的领导下,确定了第一届华政的干部体系。虽然从上级批文中,正式确定华政校领导班子,是 1953 年的事。该年 2 月 21 日华东军政委员会教育部人(一)字第 7258 号通知称:"华东军政委员会已提请中央任命魏文伯为你院院长,郑文卿、张定夫(未到职)为副院长。"但一方面,1952 年 11 月 15 日华东政法学院举行开学典礼,已经正式宣告成立,魏文伯已经履行了院长之职责。另一方面,根据当时筹备处的各种文件记载,魏文伯虽然是兼任院长,但来学院时间不多,学院成立后的工作都是由郑文卿主持的,如从 1952 年 7 月 28 日至 1952 年 12 月 9 日,华政一共召开院务会议、办公室会议 25 次,魏文伯一次都没有参加,全部是由郑文卿主持的。但魏文伯作为华东政法学院的院长,已经在各类筹备处的文献上出现了。如在 1952 年 8 月筹备处报请上级成立华政党委的文件上,就有"魏文伯(兼院长)"的记载。

至 1952 年 10 月 25 日,华东军政委员会教育部发出"教高字第 204807 号"通知,指出:"华东区高等学校院系调整后新设院校的定名及原校改名,已奉中央教育部批准。现制发你院院印一颗,文曰'华东政法学院印'(方形)。院印自 10 月 29 日起启用。"这一文件说明,华东政法学院的开学典礼是在 1952 年 11 月 15 日,但实际上已经于 1952 年 10 月 25 日被批准设立,从 10 月 29 日起开始用印了,华东政法学院从这一天起就诞生了。

筹备处之卓越的组织能力和高效的办事效率,与筹备处这几位领导的奋发有为、殚精竭虑的工作热情和工作态度相关。我们今天在享用华政的发展成果时,虽然首先应该铭记全体华政教职员工的创业精神和工作努力,但也要记住这五位筹备处领导的贡献。他们之中,总负责人郑文卿,我们在后面会专文介绍,这里先对其他四位领导做些叙述。

首先要提及的是赵野民(1912—1960)。根据《华东政法学院校友名录(一)》的介绍,赵野民是山东省东平县人。1938 年加入中国共产党,之后在山东地区从事党的基层工作。1945 年抗战胜利时,在威海卫市政府参加接收工作。1950 年 6 月任华东人民监察委员会政法文教处处长。1952 年 6 月参加华东政法学院筹建工作,负责教务。同年 10 月出任教务长。1955 年 5 月至 1958 年 3 月任华东政

赵野民副院长兼教务长

法学院副院长。1958 年 3 月 31 日起,调任中国科学院上海实验生物研究所副所长。

刘克牧,1916 年出生,祖籍山东,1936 年参加工作。来华东政法学院担任院长办公室负责人之前,是华东民政部的一位副处长。刘克牧在担任行政工作的同时,还兼任大学部教研室主任,主讲"中共党史""中国新民主主义革命史"课。据李宗兴老师回忆,刘克牧老师有一个好习惯,就是喜欢买书,也喜欢看书,非常勤奋。因此,他的课讲得很好。

张格,1908 年出生,湖北英山县人,来华政筹备处任教务负责人之前,是华东司法部督编处的处长。华政正式成立后,担任政治辅导处主任,华政团委书记,党委副书记。1955 年因安徽省委"刘秀山一案"的牵连,受到停职降级、调出华政的错误处分。1978 年改革开放以后,张格获得平反,1982 年其工资级别也得到恢复(恢复至 11 级)。后任上海市业余工业大学的顾问。

吴建章,1903 年出生,祖籍山东,1931 年入党,1937 年参加八路军,后一直在山东地区从事抗日斗争,曾任章丘县、历城县的县长。1951 年进入华东民政部工作。在华政筹备处,他担任总务处的副总务长。1956 年受司法部指示离开华政,负责筹备上海法律学校。在华政档案馆所保留的一份华政给司法部请求筹建经费的报告(1956 年 3 月 22 日)上,写明:"上海市法律专科学校的筹备工作已于本年 3 月初旬开始,筹备工作已确定由上海市司法局胥光与华东政法学院吴建章同志负责。"

正是筹备处的辛勤工作,为华东政法学院的顺利组建奠定了基础。从调配师资,到招募学生,到落实校址,到准备图书文献,到解决办公用房、购置课桌椅等教学生活用具,等等。筹备处都以只争朝夕的精神,完成了所有这一切事务。至此,新中国第一批政法学院之一,我们的母校,华东政法学院,这颗"法学教育的东方明珠"就要正式面世了。1952 年 11 月 15 日,华东政法学院在万航渡路 1575 号的圣约翰大学旧址(交谊楼)举行了简单、庄严、隆重的开学典礼。

2. 调配老师

创办大学，首先就要有教师。一支优秀的教师队伍是办好一所大学的首要条件。华东政法学院也不例外。筹备处一成立，他们所关心的第一件事，就是如何调配、延揽优秀的教师。华政档案馆所保存的1952年10月30日的教职员工统计表显示，此时，华政的教员已经达到了54名（教员4名，助教6名，研究生［员］44名），加上87名职员（处长以上5名，科长10名，科员38名，办事员34名），工警106名（校警8名，炊事员24名，公务员74名），学校教职员总数为247人。

而第一批进来的，就有几位是民国时期比较知名的法学家，如李良、刘焕文等。

李良，1902年出生，云南华宁人，1926年入北京朝阳大学学习法律。1929年毕业后，1931年入法院工作，并在朝阳大学任课。1940年，转入上海第二特区法院当法官，并在上海法政学院任课。1945年抗日战争胜利后，李良先后在震旦大学、光华大学、上海法政学院、新中国法商学院、大夏大学任法学教授。1950至1951年入上海法学院任职，担任教授、法律系主任、校长。1951年7月，上海法学院被合并入上海学院后，担任上海学院的法学教授。1952年9月，上海学院被撤销，并入华东政法学院后，被吸收进华政任职。

李良在民国时期已经是一位知名学者，自1927年以后，陆续发表《民商法上留置权之比较观》等论文，出版有《刑事诉讼实务》《刑事诉讼法通义》等著作。进入华政工作后，虽然，因为"旧法人员"的身份，李良一直没有机会上法律专业课，但他一直没有放弃自己的法学专业研究。据华政王召棠教授的回忆，华政法史学科在20世纪50年代的迅速成长，一是靠了当时教研室主任宋光的努力；二是靠了以高其迈教授为主的历代刑法志注释工作；三是靠了李良教授的传帮带，因为李良一直在默默地坚持着唐律的研究。

在 1956 年《华东政法学报》创刊号上，李良还曾发表了论文《"百家争鸣"和法律科学》。李良后来担任了华政图书馆主任（馆长），一直到 1958 年 8 月 22 日，经中共上海市委教育卫生工作部决定免职。

刘焕文，1907 年出生，湖北天门县人。1925 年湖北省立第二中学毕业后，进入北平大学法学院学习。1931 年毕业，1932 年入北平私立华北学院工作，时间不长，即入北平私立民国学院教书。1933 年，去山东省济南市及泰安县工作。1938 年去贵州贵阳等地教书。1942 年起，回到上海在私立大夏大学任职。至 1951 年 7 月，始调入复旦大学法律系工作。1952 年 1 月，入中央政法干部学校接受培训，其间因复旦大学法律系撤销，被分配至华东政法学院担任老师。1953 年 2 月正式报到。在民国时期，刘焕文在各所法律院系讲授民法总则、刑法和商法等课程。进了华政以后，鉴于"旧法人员不让上法律课"的背景，担任了现代汉语教研组组长，开设现代汉语课程，每周上 4 个课时。虽然如此，刘焕文在有机会时，还是会积极地参与法学界的讨论。如 1956 年 6 月《华东政法学报》创刊时，他就在创刊号上发表了《在"百家争鸣"中谈旧法思想》的论文。

当然，由于当时特殊的政治环境，即对"旧法人员"的批判、排斥和否定，华政的师资，更多的是刚刚从大学毕业的青年教师。而他们在华政后来的发展中，成为了学校各个学科的骨干力量，如傅季重、浦增元、席祖德、彭万林、金立琪、范关坤、赖彭城等。1979 年华政第二次复校后，这批老师就成为法理学、宪法学和民法学等学科的负责人。虽然，傅季重和浦增元在 1958 年华东政法学院撤销、上海社会科学院成立后去了上海社科院工作，1979 年华政复校时没有回来，但他们仍然一直兼任着华政复校后的法哲学课和宪法课。

这里，对傅季重老师再多说几句。傅季重（1922—2001），江苏省南京市人。1942 年于东吴大学法学院法律系毕业，在南京警察厅任职。1946 年回到东吴大学法学院任教。1952 年底华政开学时

青年时代的傅季重

傅季重作为副教授成为骨干教师。1958 年 9 月华政撤销后,转入新成立的上海社科院哲学研究所工作,一直致力于逻辑学的研究。1979 年中国逻辑学会成立,会长为金岳霖,而傅季重当选为副会长。同时,继续兼任华政的教授。其译著主要有《哲学和逻辑句法》(作者〔德〕鲁·卡尔纳普,上海人民出版社 1962 年版),《猜想与反驳——科学知识的增长》(作者〔英〕卡尔·波普尔,上海译文出版社 1986 年版)等。

笔者于 1982 年 2 月入华政读研究生时,傅季重老师还为我们第一届研究生开过法哲学的讲座。他讲话语速很慢,口气平和。之后,虽然傅老师主要工作在上海社科院,但因为他家住在华政长宁校区内,因此还可以常常见到他。顺便说一句,傅季重老师的平易近人是有口皆碑的。1983 年进入华政工作的刘鸿钧教授在其回忆文章中,就对傅老师的这一品质大加赞赏。

当时刚刚从大学毕业留校任教,然后马上就转入华政工作的青年教师中,还有一位优秀者浦增元老师。

浦增元(1928—2012),上海嘉定人。1947 年考入东吴大学法学院法律系,1951 年毕业后留校任教,1952 年 7 月转入华东政法学院。1958 年 9 月华政撤销后,转入新成立的上海社科院政治法律所(主要由华政的原班人马组成)。之后,一直在上海社科院法学所工作,也兼任华政的宪法课老师。从 80 年代中期始,在 18 年中,一直主持华政宪法学研究生的论文答辩。1993 年获国务院政府特殊津贴。

青年时代的浦增元

曾任上海社会科学院研究员、硕士生导师,上海社科院法学所副所长、宪法室主任、《政治与法律》杂志副主编,兼任上海市人大常委会立法咨询员、中国法学会宪法学研究会副会长、上海市法学会理事兼宪法学研究会总干事、上海市政治学会副会长、国际宪法学协会执委等职。

这一时期,从被合并的各所大学(如复旦大学、东吴大学、上海学院等)以及江苏等地转入的老师,还有王绍唐、卢法祖、赵震、俞伟奕、汪家焯、孟庭柯、胡永龄、周文尧和宋恩博等。当时出具介绍信的调配部门,有的是"中央人民政府高等教育部华东高等教育管理局”，有的是“华东军政委员会教育部”。在此期间，支持华政师资最多的是复旦大学、东吴大学法学院、上海学院，尤其是教授级别的，如上述李良，以及汪家焯、孟庭柯、胡永龄等，基本上都来自上海学院。

我们从华政副院长郑文卿于 1952 年 12 月 4 日打给上级领导的一份报告中得知，当时对来华政工作的教师来源，曾提出了三条路径：一是从华东直属机关科处长里面调配；二是从前政法专业第一类（即表现好的、历史上没有问题的）教授中找“个把人”，或者是从上海前政法专业的助教、现在北京中央政法干校中学习的那 19 个人中找；三是希望上级调配。

而我们从华政档案馆所保存的 1952 年底的一份教员登记表上可以看到，当时教员的主体是南下干部和被华政合并之各所大学刚刚毕业的学生，有：刘克牧（干部），主讲中共党史；赵野民（干部），主讲中国近代史；林景仁，是从当时中国人民大学法律系借调来的，主讲马列主义国家法权理论；王舜华，也借调自中国人民大学法律系，主讲马列主义基础；徐盼秋（干部），主讲新民主主义论；王亚文（干部），讲政治经济学；陈启育（干部），专修科讲国文；宗丹楠（复旦毕业），专修科讲中外地理；朱庆祚（圣约翰毕业），专修科讲中国历史；樊勇（复旦毕业），专修科讲新民主主义论；席祖德（东吴毕业后分配到上海学院，后随着上海学院一起被并入华政），讲中国近代史；项宏扬（复旦毕业）、邱霞生（大夏大学毕业）、陈辉（东吴毕业）、江邈清（圣约翰毕业）、郑经伦（复旦毕业）、周文尧（上海学院毕业）、程叔瑜（复旦毕业），主讲专修科国文；陈忠诚（东吴毕业）、塔克马林娃（苏联），大学部讲俄文；曹漫之，在大学部讲政治经济学（名单上有，但当时尚未到岗）。

从以上叙述中，我们可以得知，当时开课的老师不多，总共才 20 位。而且，讲法律的极少，只有一位来自中国人民大学的林景仁，讲的是马列主义国家法权理论。其他老师讲的都是政治、党史、中国历史。尤其是国文老师，特别多，这说明当时学生（学员），主要是从工农兵中招募进来的学生，文化水平普遍比较低，所以需要加强国文的教育。

除了这些任课老师之外，我们从当年的教员登记表上还看到了如下一些老师的名字:庄咏文、谭永介、胡国冠、宫燕侠、吕毓敏、潘宇鹏、梅文秋、蒋超平、施荣根、彭舟、翁继华、王万銮、范关坤等,他们毕业于东吴大学法学院;王志平,毕业于南京大学法学院;徐顺教、严临英、李宏儒、江卫卿、胡福林、杨德纯、唐培吉、黄永灿、宋文达、赖彭城、彭万林,毕业于复旦大学政治系、法律系;金立琪,来自上海学院;王群、王治安、王全德、张庆苏,来自沪江大学政治系;翟廷瑨,来自于安徽大学法律系。此外,我们也知道当年华东政法学院也接收了苏联专家前来讲课,她们是瓦西丽娃和塔克马林娃。

　　受篇幅限制,下面我们就对当时的两位青年才俊范关坤老师和唐培吉老师做点介绍。

青年时代的范关坤

　　范关坤(1931—2021),浙江吴兴县人。1952年7月毕业于东吴大学法学院,转入华东政法学院任教。1956年以后,支援上海法律学校的创建,担任教师。之后,又任职于上海中医学院。1979年华政第二次复校后,回华政担任政治理论部主任,是华政知名教授。

青年时代的唐培吉

　　唐培吉(1930—　　　),浙江吴兴县人。1952年7月毕业于复旦大学政治系(主攻国际关系),入华东政法学院工作。1958年华政被撤销、成立上海社科院后,转入上海社科院工作,接下来又先后在复旦大学、上海大学和同济大学等校任教授,曾任同济大学文法学院院长,对这几所大学的法律教育、政治学教育和中共党史教育做出了巨大贡献。

　　在华政档案馆所保存的一份文件中,我们看到,当时学校筹备处曾提出了一份"原华东9个大学政法系教授分布、分配情况",里面提到:原9个大学政法系教授(教师)共有126人,其中教授69名,副教授8名,讲师8名,助教28名,行政人员13名。分布情况为复旦大学35名,南京大学16名,安徽大学8名,圣约翰大学7名,震旦大学2名,沪江大学5名,上海学院9名,东吴大学法学院26

名，厦门大学 18 名。而这 126 名教师中，最后进入华政的才 19 人，他们是：李良、孟庭柯、胡永龄、王绍唐、赵震、刘焕文、汪家焯、傅季重、俞伟奕、宋恩溥、翟廷瑨、高程德、薄英豪、曾演新、卢法祖、席祖德、吴效堤、彭舟、浦增元。即使是进来的这 19 位老师，也只有刚刚从 9 所大学毕业的年轻教师，才可以讲授法律专业课，其他如李良、孟庭柯、胡永龄、王绍唐、赵震、刘焕文、汪家焯、傅季重、俞伟奕等已经在民国时期成为法学教授、副教授和讲师的，都没有让教法律专业课。

而在另一份文献中，我们看到有华东前"政法师资"78 人的名单，但上级部门只答应将其中的 14 人给华政。而就是这 14 人，虽然曾是民国时期的著名法学家，但在政治审查中，仍然被发现了许多"历史问题"：有 6 人是历史上的"特务分子"，如吴岐曾任国民党新闻检查局少将主任的秘书、中训团主任；刘家义曾代表三青团在伦敦参加"反动的"国际青年团体的会议；祝修爵是复兴社分子，做过陈诚、蒋经国的秘书；林我朋是国民党审判日本战犯的检察官，与中统、军统有过来往。此外，还有两人是国民党地方法院院长以上级别的人物，如倪征噢和谢志英。其余 6 人，除张汇文没有材料外，另 5 人是这次高等学校思想改造中，表现都被定为二、三类的人物。如李良、靳文翰是三类；史国纲、孙熙存是二类，等等。

当时对华东地区旧法教师的政治历史背景做出的分类

　　这里，需要就当时上级相关部门对政法专业教师分的类型稍做说明。从华政保留下来的档案文献中可以看到，第一类人员是经过审查，证明政治历史没有问题的，基本上是"纯洁者"；第二类是有一点问题，但不严重；第三类是历史背景复杂、政治上有点问题的；第四类是政治历史问题比较严重、业务差的人；第五类是政治面貌不清，历史问题严重，业务上不学无术者。这五种分类，基本上将旧法教师尤其是教授级别的都剔除出去了。因为当时的著名教授，几乎都与国民政府发生过这样或那样的关系，而这些关系是很难说得清楚的。当时的政策就是，即使前三类人员，也只能从事非法学专业的教学（如外语、逻辑和哲学等）和管理工作。

漆竹生教授

　　这方面的经典事例，是厦门大学法学院的教授漆竹生（1916—1987），他是留学法国的高才生，在华东政法学院建立时，就无法进入，而厦大法学院后来又于 1953 年被撤销，因而就改行去上海俄文专科学校（现上海外国语大学）当了法语教师。漆竹生老师后来因翻译了法国比较法学家勒内·达维德（René David，1906—1990）的名著《当代世界主要法律体系》（上海译文出版社 1984 年版）一书而广为法学界所知。

　　南京大学法学院的所有教师，本来在法学院撤销时，得到通知说要被分配来上海，进华东政法学院当教师，当时许多人还一时想不通。但后来想想也只能服从，毕竟去华政还是当大学教师，且专业对口。但他们等了好几个月一直没有收到通知。最后到 1952 年 11 月，从报纸上得知华东政法学院已经建立，他们没有能够进入华政当教师，而是被要求自找门路。在这些教师中，如高一涵、吴学义等，都是民国时期著名的法学家。所以，厦门大学和南京大学的法学院，最后只是进来了学生，并没有教师进来（南京大学当时有一位毕业生王志平转入了华政）。

　　当时复旦大学的王造时（1903—1971）和东吴大学法学院的杨兆龙（1904—1979），情况也一样。王造时是民国时期反抗蒋介石的专制独裁、要求抗日爱国的"七君子"之一,也是中国著名的政治学家、宪法学家;杨兆龙是美国著名法学家、社会学法学的代表人物、哈佛大学法学院院长罗斯科·庞德(Roscoe Pound,1870—1964)的第一个中国博士生,拿到学位后又去德国进修,精通八国语言,也是东吴大学法学院的最后一任院长,是中国著名的刑法学家。但华政筹备处在反复讨论之后,最终还是选择了放弃。所以王造时和杨兆龙这两位著名法学家也没有能够加盟华政(杨兆龙的故事后面还会详述)。

王造时教授   杨兆龙教授

此外,我们从上述名单中,还看到了胡曲园、陈文彬等的名字。胡曲园(1905—1993),马克思主义哲学家,复旦大学哲学系教授。原名胡延芳,湖北江陵人。胡曲园很早就参加了革命,是著名的民主教授。曾留学日本,回国后在北京大学任教。1937年回到上海,先后担任上海法政学院、上海法商学院、上海无锡国学专科学校、上海法学院教授。1946年以后,一直在复旦大学任教。

陈文彬(1904—1982),日本法科留学生,回中国后曾任复旦大学法律系教授、系主任。新中国成立后,任商务印书馆编审,全国政协委员。民国时期,曾以《中国新刑法总论》(上海商务印书馆1936年版)一书闻名于世。在20世纪30—40年代中国刑法学界,陈文彬是与陈瑾昆(1887—1959)、戴修瓒(1887—1957)、赵琛(1899—1969)等齐名的学者。

以上两位教授,也没有能够通过政治审查,进入华政任教。

我们现在经常会听到这样的话:"本来应该如何如何,只是由于'种种原因',我们没有能够做到。"华政当时调配教师也是这样。当时华东地区那么多著名法学家,都没有能够进来。除了上述王造时、杨兆龙、漆竹生、胡曲园、陈文彬等人之外,还有:

高一涵,1885 年出生,安徽六安人。曾留学日本明治大学攻读政法,1916 年 7 月回国与李大钊同办《晨报》,经常为陈独秀主编的《新青年》撰稿,并协办《每周评论》,是 1919 年新文化运动的主力之一。著作有《政治学纲要》《欧洲政治思想史》等。1949 年新中国成立时,担任江苏省司法厅厅长,兼南京大学法学院院长。1968 年去世。

丁元普,1888 年出生,原籍浙江萧山。著名法律史学家,日本早稻田大学法科留学生,回国后在担任江苏及上海地区法院法官后,又先后入上海法政学院、复旦大学法律系和大夏大学法律系任教,出版有《中国法制史》《法律思想史》等作品。也是因旧法人员背景之原因,1953 年去了上海文史馆,而没有能够来到华政工作。1957 年去世。

向哲濬,1892 年出生,湖南省宁乡县人。著名国际法学家,1946 年 5 月至 1948 年 12 月举行的"东京审判"的中国检察官,与梅汝璈(1904—1973)大法官一起,将松井石根、板垣征四郎和土肥原贤二等日本甲级战犯绳之以法。但也是因为这种国民政府检察官生涯,使他无法进入华政工作,去了上海财经学院,担任外语教师的工作。

胡长清,1900 年生,四川省万县人。留学日本明治大学法学部。回国后曾担任中央大学等多所大学法学院的刑法、民法教授。其专著《中国民法总论》《民法总则》等,不仅是民国时期各大学的法学教科书,也影响了新中国民法学和刑法学的研究。1960 年 1 月起担任上海市人民政府参事室参事。1988 年去世。

盛振为,1900 年生,上海人。著名证据法学家、法律教育学家。1925 年赴美留学,拜威格摩尔(John H. Wigmore,1863—1943)为师。回国后担任东吴大学法学院首任华人教务长,也是中国第一位开设证据法学课程的教授。其主要成果有《证据法学论》、《中国继承法原理》(英文版)等。1949 年任东吴大学法学院院长。曾受冤 30 年,1997 年去世。

孙晓楼,1902 年出生,江苏省无锡市人。原东吴大学法学院教授,著名国际法学家和法律教育学家,其主要作品有《领事裁判权问题》(上、下)以及《法律教育》等。当时复旦大学法律系解散后,没有能够来华政,留在复旦任图书管理员。1958 年去世。

吴学义,1902 年出生,江西南城人。留学日本京都帝国大学法学部,1931 年回国后任武汉大学法学院教授。新中国成立后,担任南京大学法学院教授。吴学义是民国时期著名法学家,著有《法学纲要》《中国民法总论》等数十种作品。1952 年政法院系调整时没有能够成功来华政,结果去南京药学院做了图书管理的工作。1966 年在南京去世。

倪征燠,1906 年出生,江苏省吴江县人。1946 年 5 月至 1948 年 12 月举行的"东京审判"的中国检察官助理,在法庭上舌战日本甲级战犯及其辩护律师,声震法庭。但正是因为这一伟大功绩,以及他曾经担任过上海市地方法院法官的经历,没有通过政治审查。

王效文,民国时期著名商法学家、公司法学家。曾任浙江公立法政专门学校、吴淞中国公学、上海南方大学商法学教授。1924 年以后,担任上海法政大学商法学教授。1929 年起,任上海法科大学商法学教授。1952 年华政筹建时,王效文正任教于上海学院。著有《中国公司法论》《中国保险法论》《中国海商法论》等数十种。

此外,我们还看到了如下一些在华东地区著名的政法学家的名字:张企泰、蔡尚思、卢峻、丘日庆、范扬、祝修爵、赵理海、王养冲、林我朋、李景禧、陈朝璧、周子亚、陈安等。他们也由于政治历史原因,没有能够进入华政(周子亚先生后来于 1956 年政治环境相对比较宽松时被调入华政)。从理论上讲,华东政法学院建立,覆盖了华东六省一市,即此时,这六省一市的所有政法类院系都已经撤销,被归并到了华政。那么,这六省一市所有的政法教师,也都应该进入华政。但实际上,当时华东地区的法科教师,能够进入华政的,连十分之一都不到。其原因就是绝大多数民国时期的法科教师,政治上的"审查"没能过关。

　　以上各位著名法学家没能够进来,固然有国家政治大气候的原因。但同在一个大气候之下,为什么同样是旧法人员的王铁崖、芮沐和费青等先生,可以进北京政法学院;钱端升先生还担任了北京政法学院的首任院长呢? 这说明,当时华东局乃至华政在对政法专业教师政治审查时还是太过于严格了。

　　因此,虽然华东政法学院建立在华东地区九所著名的法律院系基础之上,本来她完全可以成为中国拥有最优秀师资、最强大人才优势的法科大学。但非常遗憾的是,由于新中国成立之初将《六法全书》废除,司法改革运动中对旧法人员不加区分,以及政法院系调整时对旧法人员几乎全部不让其再上法律讲台,因而使得华政从建立之时开始,在师资队伍方面就不如北京政法学院、西南政法学院,这是让我们最感到遗憾的地方。

3. 招募学生

有了老师，没有学生，大学还是无法开办的。筹备处根据华东军政委员会教育部等上级领导部门的指示，对即将挂牌运行的华政的招生，主要采取两条路径：

一条路径是将既有的被并入华政的九所大学的在读学生转入华政。

如从南京大学政治系、法律系转来的有陆锦碧、钱英和方晓升等 50 余人。这中间，陆锦碧的经历有点特殊性。陆老师 1949 年考入杭州的之江大学，没有毕业，后面就考到南京大学去了。之江大学当时有工学院、农学院、文学院、理学院，陆老师读的是政治系，是文学院的一个部分，当时上课的有外国人。之江大学学费比较贵，但是有助学金，帮助家庭条件不好的同学，陆老师拿了四分之一的助学金。但是陆老师当时还是想到国立大学去读

青年时期的陆锦碧

书，所以第二年就重考，进了南京大学。陆老师上学时候的南京大学地址，就是现在的东南大学，房子还是原来的老房子，那个大礼堂也依旧。

当时南京大学规模比较大，有 7 个院，33 个系，全校那时候有将近 4000 人。但南京大学当时只有政治系、法律系并入了华政，而且来的都是一年级、二年级的学生，总共来了 50 余人。据陆锦碧老师回忆："南京大学没有老师过来（笔者按：实际上是有一位刚刚毕业的年轻老师过来的，他就是王志平，后文会叙述），学生们来华政的时候，临走的那一天，南大法学院院长到我们宿舍。因为他是安徽人，年纪已经有 68 岁了，他上课的讲义是我帮他抄写的，属于当时的勤工俭学啦。院长当时说，你们先走，我们后面就来。但后来教专业课的老师没有一个来的。1957 年 5 月 10 号，《人民日报》（笔者按：陆老师记错了，是《文汇报》）发表了一篇采访文章，采访南京大学法学

院教授对院系调整的意见。从这篇采访中可以知道,他们当时得到的承诺都是到上海华政报到的,但最后上级部门没有兑现。"

而据从南京大学法律系转入华政的方晓升老师回忆:"我们到华政的时间大概是 1952 年 10 月初,当时华政筹备处有一个老师到南京来接我们,向我们报告新成立的华东政法学院是社会主义类型的大学。原来圣约翰大学是教会大学,1879 年开始创办,上海全日制的第一所大学,培养了很多人才,有外交家、西学家、文学家,邹韬奋就是从这里毕业的。"陆锦碧老师也说,当时从南京大学转来的还有许志伍等人。许志伍是政治系的一年级学生,1954 年毕业后,就一直在山东地区的普教系统工作。

陆锦碧老师回忆说:"华政的正式开学是 11 月 15 日。上级来参加这个会只有两个官员,一位是上海市教育委员会的秘书长(印象中姓陈),另一个是华东局的教育部长(笔者按:应该是宣传部常务副部长)匡亚明,这个人后面到南京大学担任过校长。当时名义上院长是魏文伯,他是当时中国人民检察署华东分署的检察长,他当华政院长只是挂名,从来没有见他在学校办公,只给我们讲过几次话。魏文伯院长在开学典礼上做了什么,你们是想不到的,他给我们念了一段白话诗,赞美华东政法学院的建立,给人印象太深刻了。"(后面介绍魏文伯院长时会详述)

钱英和方晓升,一位来自南京大学政治系,一位来自法律系。进入华政以后,他们都担任了学生干部,毕业后均留在华政工作,后来结成伉俪,相濡以沫,相守至今。(后文会详述)

从南京大学转来的还有何雪芬,当时她是二年级的学生,1953 年 7 月毕业后,先在东北地区法院系统工作,后来去云南地区从事律师业务。当然,当年从东吴大学法学院、上海学院和复旦大学转来的学生更多。

在华政档案馆所保留的一份学生名册里面,我们看到了程辑雍和李宗兴的名字。程辑雍(1931—　),籍贯安徽。于 1950 年 9 月考入复旦大学政治系,1952 年因院系调整而转入华东政法学院学习。李宗兴(1931—　),江苏青浦人,入学情况与程辑雍相同。他们两个人后来都留下来担任了华东政法学院的助教。1958 年 8 月华政第一次解体,他们进了上海社科院工作。程辑雍从事宪法研究,李宗兴一直在行政法领域耕耘。

当时,从复旦大学法律系和政治系转来的尚有孙必富、何毓庚和陆进达。孙必富于 1954 年 7 月毕业后,就一直在江苏省检察、公安系统工作;何毓庚毕业后也一直在江苏省常州地区从事基层司法工作;而陆进达,1954年毕业后,一直在上海地区从事法官和律师职业。

从复旦大学政治系转入的还有卢莹辉(1934—)。她是广东梅县人,于 1951 年 9 月考入复旦大学政治系,1952 年 7 月转入华政,1953 年 7 月毕业后留校工作。1958 年后,她就一直在上海社科院工作,著有《国际法入门》等作品。卢莹辉 1984 年起担任上海社科院副院长,80 年代后期担任了上海市人民政府的副秘书长。

复旦转入华政的卢莹辉

胡绿漪(1933—),福建泉州人。1951 年考入复旦大学法律系,1952 年 10 月转入华政,1954 年毕业,后去北京政法学院读研究生班。毕业后回华政任教,之后一直在华政和复旦大学工作。1983 年起担任上海市教委的领导工作,并在上海市人大担任常委、华侨民族宗教事务委员会主任委员。

第二条路径是面向司法机关以及社会招收学生。

据参加 1952 年 11 月 15 日华政开学典礼的陆锦碧老师回忆:除了从华东地区其他高校转来的在读大学生以外,当时华政"还有 600 名左右[从社会上招募的]学生,其中 399 个人是服务部门的失业工人,作为学员到华政来。还有 201 个,[是解放军部队上]通信员、勤务员、科员,[还有]妇女委员会的主席。对这些人的文化要求有:一、年龄 25—30 岁;二、必须是工农成分;三、文化程度小学以上,'以上'到什么程度,没讲;同时,四、五年以上工龄;五、没有传染病"。

为了印证陆锦碧老师的回忆是否准确,笔者查阅了华政档案资料。一方面,从华政 1952 年招收的政法专修科学生的学籍名册上可以看到,接近半数的学生,其文化水平都只有高小学历,与"文化程度小学以上"相吻合。

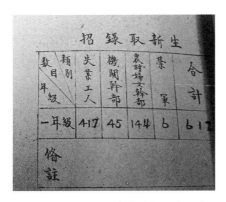

1952 年华政招收的专修科新生来源表

另一方面,华政校办的韩信昌老师,对华政 1952 年的档案进行统计、整理以后,列出了如下当年学生的数据(学籍卡统计数):本科生为 506 人,其中日校部复旦转来法律系学生 55 人,政治系学生 46 人;南京大学法律系 33 人,政治系 19 人;安徽大学法律系 9 人;圣约翰大学政治系 18 人;震旦大学法律系 1 人;沪江大学社会系 9 人;东吴大学法学院法律系 78 人;上海学院法律系 105 人。此外,夜校部接受了东吴大学法学院 87 人,上海学院 46 人。但实际上,最终来报到的人数为日校本科生 320 人,夜校本科生 85 人,合计 405 人。这样,加上 1952 年面向政法机关以及社会招收的政法专修科学生 608 人,全校第一年(1952 年)入学学生总人数为 1013 人(厦门大学法律系的 53 名学生于 1953 年转入)。

而 1952 年面向政法机关以及社会招收的政法专修科学生 608 人中,除了华政 1979 年第二次复校后长期担任华政校办主任的华信江、长期从事华政档案资料整理研究的韩信昌等外,与母校联系比较密切的还有一直在上海市检察院系统工作的张福道检察官(后从事律师工作),毕业后一直在上海市市政工程管理系统基层工作的彭巧玲书记,毕业后一直在山西省基层检察、公安、监狱和政法管理干部学院工作的周爱莲副研究员,毕业后一直在上海市长宁区和静安区法院系统及最后从事律师事务的陶云宝律师,以及毕业后一直在山西省和上海市的法律教育系统(复旦大学分校和上海大学法律系)任职的黄振亚副教授等。

由于掌握的资料有限,下面我们就简要介绍一下专修科第一届华信江、韩信昌和徐逸仁三位老师,以及第二届的庄善裕老师。

华信江(1933—2000),浙江镇海县人。1954年毕业后留校工作。1958年华政撤销后去了上海社科院工作。之后,又先后在上海对外贸易局、上海市服装进出口公司、上海市委办公厅等单位工作。1979年回到华政后,长期在校办工作,担任副主任、主任。

韩信昌(1932—2019),浙江慈溪人。1954年毕业后留校工作。1958年华政撤销后去了上海社科院,任院党委机要秘书、院办公室文书档案科副科长。1979年华政第二次复校后,于1985年调回华政,一直在校办工作,担任主任科员、副处级调研员、助理研究员。长期从事华政档案的整理工作。

徐逸仁(1933—　　),江苏海门人。1952年10月入华政专修科学习,毕业后赴刚刚恢复的复旦大学法律系工作。1958年复旦法律系撤销归入上海社科院后,徐逸仁离开复旦,先后去了上海各中学任教,曾担任中学的副校长、校长。1980年参加复旦大学分校法律系的筹建工作。1983年复旦分校并入上海大学以后,一直在上海大学法律系任教。曾长期担任上海大学法律系的负责人。

庄善裕(1936—　　),福建泉州人,1953年10月入华政专修科学习。1955年毕业,留校担任助教,并兼职从事刚刚兴起的律师工作。之后曾在吉林地质专科学校任教。1978年以后在华侨大学任教,历任讲师、副教授、教授。曾任法律系主任、华侨大学副校长、校长等职务,讲授民商法、香港商事法律概论、国际商事诉讼与仲裁、比较法学、中国社会主义法制通论等课程。著有《我国大陆与台湾财产权

任华政助教时的庄善裕

制度比较》,担任《诉讼法大辞典》副主编。发表有《对华侨和港澳同胞捐资兴办公益事业的法律保护》等论文。

从部队转入华政工作的荣军(荣誉军人),当时也有一部分参加了专修

科的学习。如 1979 年华政第二次复校后在纪委工作的郝银和老师就在回忆录中提到,1952 年 9 月,筹建华政时,华东局到蚌埠华东荣军学校,选调40 名残疾军人干部,来华政报到,参加筹建工作。在此过程中,这批荣军干部,向学校领导提出了入学读书的要求,至 11 月 15 日开学前,获得了批准,入华政专修科读大专。这样,他们也成为了华政的第一批学生。

　　总之,不管是从上海及华东地区被撤销的大学法律系、政治学系和社会学系转入的本科学生,还是华政在筹备过程中自己招收的专修科学生,这一千多名学生,构成了华政首届学子,是华政当之无愧的首届"大师兄、大师姐",由于他们的到来,华政才可以充满生气地往前迈步了。

4. 图书文献

要创建一所大学，有了老师和学生，第三个所必需的要素就是图书文献资料。

从华政档案馆所保存的档案来看，当时华政接受的图书文献，首先来自圣约翰大学。从档案馆的一份 1952 年 10 月 10 日的书籍移交账册上可以看到，中文报纸有《人民日报》《大公报》《中央日报》等 21 种，外文报纸有 *New Times*（《新时代》）、*Journal of Comparative Law*（《比较法杂志》）等 52 种，总数为 1348 册。还有《法学季刊》《立法院公报》《新法学》《大理院公报》《震旦法律经济杂志》，以及 *Far East Year Book*（《远东年鉴》）等中外文杂志 85 种，共 291 册。

其次是来自沪江大学的图书文献。从 1952 年 9 月 15 日、9 月 19 日上海私立沪江大学移交华政的图书清单上，我们可以看到，当时沪江大学留给华政的中文版资料，有《大众知识译丛》《新华时事丛刊》等，共 2505 册；西文未编图书 325 册，剪贴报刊资料 5 捆共 1013 册，还有其他各种图书文献资料，沪江大学支援华政的图书文献总共有 1 万余册。从沪江大学图书馆当时给华政的信函中可以看到，图书文献移交，是统一遵循华东教育部的通知进行的。如信函中说："华东政法学院图书馆：[接]华东教育部的通知，本馆有图书约 1 万余册移交你校，希于 9 月 15 日派两人（请自带包扎用件如绳之类及运输工具等），前来接收为荷。"移交书刊时有点交人和点收人的签字盖章。

私立震旦大学移交给华政的图书文献共有 12724 册。在移交单据上，写得非常清楚，如移交单位私立震旦大学；负责人王国秀、姜则人；经手人景培元；接收单位华东政法学院；负责人副院长郑文卿；经手人丁鼎；时间：公元 1952 年 10 月 7 日。上面分别有私立震旦大学的印章和华东政法学院的印章。还写有图书杂志清单，总计 1 页。而在这 1 页清单上，写着政治书籍

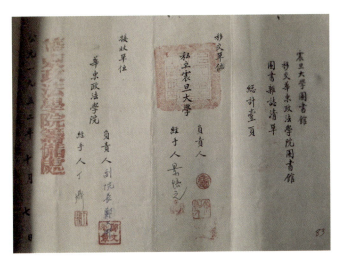

震旦大学图书馆给华政图书馆的信函

11 类,2758 册;法律书籍,13 类,6911 册;行政书籍,14 类,218 册,总计
9887 册。杂志方面,政治,9 类,1134 册;法律,11 类,1703 册。可见,当时
的图书文献移交工作还是非常规范的。

　　如上所述,安徽大学法律系并入华政时,学生来的不多,只有 9 个人。
教师只来了 1 个青年教师翟廷瑨。但安徽大学法科所存有的图书文献资
料,则基本上都移交给了华政。根据 1952 年 9 月 30 日安徽大学法律系图
书馆移交华东政法学院图书杂志清册,当时共往上海托运了 10 箱书籍杂
志。里面西文书籍有 193 册,西文杂志 261 册,中文书籍 303 册,中文杂志
235 册,总计 992 册。由于是法律系的藏书,所以在这些图书杂志文献中,
许多都是法学经典,如《朗伯罗梭氏犯罪学》《法理学大纲》《国家与法律的理
论》《国际条约大全》《国际法的基本观念》《现代国际法史论》《比较法学概
要》《法律哲学原理》《社会法理学》《比较法律哲学》等。可以说,安徽大学法
科的图书文献从 1928 年建校开始 20 多年的积累,已经全部移交给了华政。
华政应该感谢安大的这一笔巨大的文献遗产,但这一点以前几乎没有人提
及,非常令人遗憾。

安徽大学法律系移交华政图书清册

　　复旦大学图书馆也将法科图书移交给了华政。与其他大学所不同的是,复旦给华政图书文献是分几批,陆续交给华政的。在复旦大学图书馆给华政图书馆的信函中,他们是这么说的:"随院系调整,我校曾有一批杂志调配至你校之后,上项期刊中仍有陆续由书店寄来我校,兹已汇集齐全。特此通知并附上期刊单一纸,请备收据前来我馆领取为荷。此致敬礼。"只是不知什么原因,复旦所附的图书清册,华政档案馆没有保存下来,所以笔者也不清楚从复旦大学最终移交来了多少书籍和杂志。从复旦大学法律系在合并入华政之前已经先行合并了五所大学的法科这一件事情中,我们可以推测,复旦转入华政的图书等文献资料当不在少数。

　　与前面几所大学相比,东吴大学法学院移交华政的图书,数量非常可观,超过了前面几所大学的总和。从 1952 年 9 月 25 日东吴大学法学院(有院长杨兆龙教授的签字盖章)给华政的信函中,我们可以得知,当时东吴大学法学院给了华政各类中文图书、外文图书、中外文杂志、中外文报纸等,总计达到了 32766 册。可以说,在华政创建过程中,东吴大学法学院是给予华政最多的大学,转入华政的学生最多,转入华政的年轻教师也最多。

　　当然,就图书文献而言,给予华政最多的是上海学院。从 1952 年 10 月 3 日上海学院给华政的信函中,我们可以得知,当时上海学院给了华政中文图书 26967 册,中文杂志 10958 册,中文报纸 501 册,俄文图书 508 册,西文图书杂志 5805 册,日文图书 535 册,共计移交华政中西文图书杂志报纸 45264 册。上海学院还把清册、随书铁夹、图书卡片、图书底册,以及预约《苏联百科全书》购买凭据一张等,全部给了华政。因此,上海学院留给华政的遗产,不仅是数量第二的学生,数量第一的老教授,还给了华政数量第一的珍贵的图书文献资料,我们华政学子应该深深地感谢她。(关于上海学院和华政的密切关系,后文有详述)

正是在圣约翰、沪江、震旦、安徽、复旦、东吴、上海学院等大学的全力支持下,将其法科图书文献资料(总数近 10 万册)无偿地移交给了筹建中的华东政法学院,才使华政迅速完成筹备工作,不仅给入学的师生提供了必需的学习和研究文献,而且使华政这所刚刚建立的法科大学拥有了南中国最为丰富的政法类藏书,成为当时中国收藏法律图书文献量数一数二的重镇。

5. 开学典礼

筹备处认真、勤奋、争分夺秒整整 5 个月(1952 年 6 月 14 日到 11 月 14 日)的辛勤工作,为华东政法学院的顺利诞生奠定了基础。尤其是调配老师、招募学生和调配图书文献资料工作的顺利完成,使华政的诞生"万事俱备,只欠东风"了。而随着 11 月 15 日华东政法学院开学典礼的举行,华政这一新中国法学教育重镇、第一批政法大学之一终于诞生了。所有华政人都记住了这一天:1952 年 11 月 15 日,我们母校的生日。

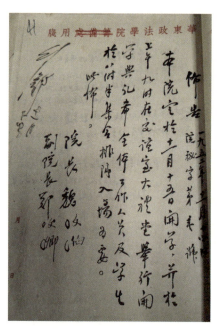

1952 年 11 月 14 日开学典礼布告(手稿)

参加开学典礼的主要成员,是华东政法学院首任院长魏文伯,筹备处的各位领导如郑文卿、赵野民、张格、刘克牧、吴建章,华东局和上海市教育系统的领导,据参加典礼的老师和学生回忆,共来了两位,一位是中共华东局

宣传部常务副部长匡亚明（1906—1996，学校有
些文献上写"华东局教育部长"，应该有误。当时
中共中央华东局宣传部部长为舒同），他是一位
老革命，后来到吉林大学和南京大学担任了校
长。在师生印象中，还有一位上级领导是上海市
教育委员会的秘书长。

参加典礼的首任院长魏文伯

　　从华政档案馆所保存的1952年11月初华政
拟邀请参加开学典礼的领导名单上，本来想邀请
的华东军政委员会教育部孟部长，以及陈副部
长、唐副部长和沈副部长，似乎都来不了，故由宣传部匡亚明代替。司法部
何部长，以及陈副部长、张副部长，民政部李副部长，似乎也都来不了，取代
他们的是组织部的胡立教部长和李步新副部长。

　　笔者没有找到1952年11月15日开学典礼的邀请函，但看到了当时的
邀请信，内容为："×××：我院定于十一月十五日上午九时在本院（梵皇渡
路一五七五号前圣约翰大学）举行开学典礼，谨请莅临指导。华东政法学院
院长魏文伯，副院长郑文卿。"受到邀请的除了公、检、法、监察等部门领导，
上海市教育部门领导，华东农业委员会、文化教育委员会、人事部等以外，还
有华东体育学院院长、华东师范大学校长，《解放日报》《大公报》和《文汇报》
的记者。

　　从档案文献上看，1952年参加华政第一届开学典礼的青年教师和学
生，共有一千多人。全部列出这些典礼出席者的名单，既受篇幅限制，也没
有详尽的资料，很难做到。但从现存的文献中，我们还是可以列举出一些教
师和学生的名字（虽然这样做，很容易犯挂一漏万的错误），他们是：

　　　　徐盼秋（后长期在华政工作，曾任华政校长，后文有详述）

　　　　钱英（由南京大学政治系转入，1954年毕业，后长期在华政工作，
　　　后文有详述）

　　　　方晓升（由南京大学法律系转入，1954年毕业，后长期在华政工
　　　作，后文有详述）

谭永介（由东吴大学法学院转入，后长期在华政工作，后文有详述）

李宏儒（1952 年 7 月于复旦大学法律系毕业，转入华政任教）

宗丹楠（1952 年 7 月于复旦大学政治系毕业，转入华政任教，后文有详述）

陆士明（后来先后在上海市和安徽省的基层工作）

浦增元（1951 年 7 月于东吴大学法学院毕业，转入华政任教）

张福道（后一直在上海市检察系统工作）

彭巧玲（后一直在上海市城建系统工作）

丁杰（后在浙江省从事司法行政和法律实务工作）

王万鎏（后来留校担任刑事政策、犯罪学的教学和研究工作）

石国强（毕业后先后在华政、上海社科院、上海中医学院等单位工作）

朱家驹（后赴江苏从事中学教学）

许志伍（后一直在山东地区从事基础教育工作）

乐瑞祥（后来在浙江省检察院和华政工作，后文介绍上海学院时有详述）

孙必富（后一直在江苏从事检察和公安工作）

杨柏年（后一直在上海市公安系统从事宣传和文艺创作工作）

周爱莲（后在山西省从事基层法律实务工作）

陶云宝（后一直在上海地区担任法官、律师工作）

黄仁龙（后在上海、安徽等地从事检察官和律师工作）

黄振亚（后一直在上海从事高教和普教的工作）

张继光（后一直在上海地区从事基层法律事务工作）

蔡金城（毕业后一直在上海企业工作）

强远淦（后来在华政、上海社科院和中央党校工作，后文有详述）

宣冬玲（毕业后一直在华政工作）

李宗兴（毕业后在华政工作了 20 多年，后入上海社科院法学所工作）

　　郑克强(圣约翰大学出身,留华政教书,后长期在上海社科院工作)

　　陆锦碧(当时名字为陆锦毕,毕业后留校工作,后经历坎坷,最后一直在华政工作)

　　施荣根(毕业后一直在华政工作)

　　徐顺教(由复旦毕业生转入,后一直在上海社科院哲学所工作)

　　徐圣庆(后一直在华政工作,1957 年被打成"右派",经历坎坷)

　　胡绿漪(后长期担任上海市教委领导工作)

　　翟廷瑨(系安徽大学老师,转入华政国家与法的理论教研组,后入上海社科院工作)

　　欧阳文(由东吴大学法学院转入,毕业后分配到山东法院系统工作,改革开放后回到上海,在吴淞区法院工作)

　　为了解 1952 年 11 月 15 日华政第一届开学典礼的详细情况,我们同时采访了当年参加这次典礼的青年教师江邈清,当时从各所高校转来的学生钱英、方晓升、陆锦碧、乐瑞祥、徐建、谭永介、强远淦,以及 1952 年华政新招进的学生韩信昌等老师。

　　江邈清老师,1949 年转入圣约翰大学学习,于 1952 年夏天毕业。他也参与了华政筹备处的工作。在他的印象中,魏文伯、徐盼秋等那天都出席了开学典礼。而更加详细的关于开学典礼的情况,我们则从韩信昌老师那里得知。韩老师是 1952 年 11 月 15 日开学典礼之前一个月左右来到筹备中的华政报到的,他当时已经有了工作,在上海一个单位做会计,因为这个原因,韩老师同时在立信会计学校办的补习学校学习。看到华政在招生,就以工农学员的身份报考了华政。进来后才过了 1 个月,即到 11 月 15 日,就参加了华东政法学院的开学典礼。

　　据韩老师回忆说,开学典礼那一天,华东局和上海市大概来了两三位领导,具体名字已经记不清了。开学典礼举行的地点就在我们的交谊楼二楼报告厅。用粗木头搭了一个台子,这个台子和现在报告厅前面的主席台位置差不多,但要小一些。当时交谊楼二楼的报告厅会场周围有一圈看台,上面是有长条木板凳子的,因此可以坐三百多人。而报告厅会场里面坐的人

2018 年 10 月 30 日笔者采访参加 1952 年 11 月 15 日华政开学典礼的韩信昌老师

更多。因为会场是一个室内篮球场,所以前面的学生既可以坐在临时活动凳子上,也可以席地而坐。11 月 15 日开学典礼那天,报告厅看台上面有300 多人,会场里坐了 700 多人,总共有一千多人参加了典礼。

开学典礼除了校领导、来宾讲话外,作为学生代表发言的是从南京大学政治系转入的钱英同学。只是非常可惜,开学典礼现场没有照片保存下来,韩信昌老师留校以后,主要工作一大部分就是在学校整理档案,但一直没有看到开学典礼的照片。

开学典礼会场。原来可以随时摆放凳子的交谊楼二楼篮球场,现在变成了装有固定座位的报告厅,现在主席台的位置,就是 1952 年 11 月 15 日华政开学典礼时搭临时主席台的位置

为了了解更多华政首届开学典礼的情况，笔者查阅了 1952 年 11 月 15 日前后几天的《解放日报》和《文汇报》，关于华政 1952 年 11 月 15 日举行开学典礼的情况，在报纸上，没有一个字的介绍。我们只是从 1952 年 11 月 13 日的《文汇报》上，看到了一篇比较详细地专门介绍华东政法学院成立以及学院大体情况的报道。

华东政法学院

为了更好地培养人民的行政、司法、监察干部，巩固人民民主专政，华东区成立了一所新型的政法学院——华东政法学院。该院除由华东教育部领导外，在具体业务上由华东政法委员会具体领导。

本学期全校学生约一千余人。二、三年级系由复旦大学、南京大学、安徽大学、沪江大学、圣约翰大学、上海学院、东吴法学院等校政治法律两系调整成立，共有三百七十多人。一年级新生七百多人，全部系工农成分，其中四百多人是通过上海总工会吸收的产业工人和店员，有华东区各政法机关保送的干部 40 多人，华东各地保送的妇女工作干部 140 多人。另有中国人民解放军及志愿军连级以上的荣军 40 多人。……这些来自不同岗位的工人、妇女、光荣的战斗员，经过二三年培养以后，都将成为县、区级以上的优秀坚强的政法干部。

在华政档案馆里，保存着一份 1952 年 11 月 8 日华政关于典礼的工作计划，上面列举了三项工作和困难：一是典礼会场里里外外环境的布置；二是典礼活动内容：上午 8 时开会，首长报告，结束后合影，闭会，中午聚餐，下午 1 点半开始作为庆典之一部分的体育比赛，与此同时还要出各种喜庆的墙报和大字报等；三是尚存在的困难，如师生对开学典礼的重要性认识不足，当时学生的学习压力比较大，抽不出充分的时间来举行过多次数的彩排，且因经费紧张，各种准备工作以及庆典器材等短缺。

而据李宗兴校友的回忆，1952 年 11 月 15 日开学典礼后的当天晚上，华政还举行庆祝文艺联欢晚会，邀请了中国著名相声大师侯宝林等艺术家来演出。可以想象，那个晚上，建立在圣约翰大学旧址上的新生的华东政法学院校园里一定非常热闹欢乐。

1952 年 11 月 15 日华东政法学院的开学典礼,宣告了华政的正式成立,与华政同一年创办的,还有北京政法学院。1953 年,西南政法学院和中南政法学院挂牌。1958 年,在西北大学法律系、陕西公学和陕西革命大学司法行政等系处的基础上,成立了西北政法学院。这样,加上原有的中国人民大学法律系、吉林大学法律系、北京大学法律系(1954 年恢复)和武汉大学法律系,在新中国形成了"五院四系"的法学教育的基本格局。

距离 1952 年 11 月 15 日华东政法学院成立的开学典礼,已经过去了整整 70 年,参加这次典礼的教师和学生,年龄最小的现在也都近 90 岁了。我们祝愿他们保重身体,幸福安康!华政学子永远会记住你们的贡献。

6. 开校元勋魏文伯

　　华政在短短五个月时间中建立起来,包括在接下来的短短四年中走上正轨、迅速崛起,是非常不容易的。为此做出贡献的,除了筹备处的老师,还有三位华政的校领导,他们是魏文伯、郑文卿和雷经天。本篇先介绍一下魏文伯的事迹。

　　魏文伯(1905—1987),是华东政法学院的第一任院长,也是筹备华东政法学院的决策者之一。他出生于湖北黄冈双柳街魏尚村,1926年加入中国共产党。是一个参加了1927年南昌起义的老革命。抗日战争爆发后,魏文伯被调往河南商城开展工作,担任县一级的领导。1943年后任皖中行政公署副主任等职,致力于巩固发展皖中抗日根据地,坚持敌后游击战争。解放战争时期先后任皖江行政公署副主任、主任,皖南行政公署副主任,中共中央华东局民运部部长、秘书长等职。

　　虽然,魏文伯担任华政院长时间不长,且还是一种兼职,但这不等于魏文伯对华政的诞生没有贡献。实际上,在华政的组建过程中,魏文伯起了关键性作用。

　　一方面,华政选址圣约翰大学,就是魏文伯做出的决定。这一点我们在前面已经做了详细论述。另一方面,1952年11月15日华政的开学典礼,就是在魏文伯的主持下召开的。据参加这次开学典礼的强远淦老师的回忆,在典礼上,魏文伯做了热情洋溢的讲话,并为华政的成立当场献诗一首:

　　　　你,
　　　　宛如初升的太阳,
　　　　闪耀着绮丽的光芒;
　　　　你,
　　　　宛如春到人间,

东风和畅。

看那花草在向我们微笑，

听那百鸟在向我们歌唱。

在这美好的园地上，

让我们做一个善良的园工，

勤劳地耕作、培养，

用美满的收获来酬答人民的期望。

此外，魏文伯定下来的关于华政的办学宗旨非常清晰，为华政的发展描绘了蓝图。1952年底华政刚刚创办时，魏文伯就对一些老师说，如何办学，华政还缺乏经验。学习苏联办学吧，我们条件还不够；而就我们现在的特点吧，可以说是大学，也可以说是培训班。但这只是一个过渡形式，将来仍然要向大学的方向走的。华政后来发展的事实，证明魏文伯所说的非常正确。1954年华政开始招收自己的本科生（原来1952、1953级本科生，都是由华东地区九所大学转过来的），同时也建立了"干训部""函授部"，还聘请了苏联专家。至1958年，四年制本科教学计划（苏联模式）的课程已经全部开足，师资基本上配齐，并且还承担了司法部下达的任务，派出50多位教师，支援上海法律学校和山东济南法律学校的创建工作。

作为华东政法学院的第一任院长，魏文伯在华政工作的时间不长。虽然，名义上的院长，他一直兼着，到1955年5月才为郑文卿所代替。但实际上，1953年春魏文伯就被调任司法部副部长、党组书记，并参与建设中央政法干校。之后又回到上海担任市委领导的工作。然而，这些都没有影响魏文伯对华政的深厚感情。1957年12月，应华政领导的要求，魏文伯来华政做报告。此时，魏文伯已经是上海市委书记处书记了。在报告中，魏文伯专门阐述了司法改革的意义和法律的阶级性和继承性问题，勉励华政师生做又红又专的政法人才。

1979年，魏文伯任中共中央纪律检查委员会副书记兼秘书长，同年9月至1982年5月，又出任司法部部长。在其任内，魏文伯向彭真建议，创办中国政法大学，创办《中国法制报》（《法治日报》的前身）和恢复法律出版社，

这些,都是功德无量的作为。1982 年 5 月,魏文
伯主动辞去了所有职务。1983 年,魏文伯被补选
为中共中央顾问委员会委员。在之后与疾病做
斗争的过程中,魏文伯仍心系改革开放,心系华
政的发展,并应邀题写了华政新图书馆馆名。
1987 年,华政 35 周年校庆前夕,魏文伯题词寄语
华政人:"振兴政法教育事业",并为华政校史陈
列室题写了室名。

华政首任院长魏文伯塑像

　　与此同时,魏文伯抱病参加了党的十三大,
回到上海后病情突然恶化,抢救无效,于 1987 年
11 月 15 日逝世。也许是冥冥之中有所约定,也许是上天显灵吧,这一天刚
好是华东政法学院的校庆日——35 年前的这一天,在魏文伯的主持下,华
东政法学院宣告成立。

　　2003 年 10 月,华东政法学院松江新校区一期工程竣工,招进松江校区
第一届本科生。2004 年,松江校区漂亮的图书馆落成。为了纪念华政首任
院长魏文伯,在图书馆大厅里,华政让艺术家制作了这位老院长的头像。
2016 年,华东政法大学学习美国的书院制度,将华政法学各个专业的大一
新生,全部放在书院中,集中一年时间学习各类"通识课"和"基础课",到第
二学年大二时,再进入各个相关专业继续深造。这个书院,华政就将其定名
"文伯书院",以示华政学子对首任院长魏文伯的纪念。

7. 开校元勋郑文卿

华政的开校元勋,第二位就是华政第二任院长郑文卿了。

郑文卿(1910—1997),河北博野县人,1929年考入河北大学医科学习,1930年夏加入中国共产党。1933年5月起,历任中共河北定县中心县委、河南省委、中华全国总工会等部门的领导职务。1938年6月郑文卿到达延安,先后任抗大六队一大队政治主任等职。1942年6月到山东解放区,任115师政治部保卫部副部长等职。抗日战争胜利后,历任华东军区及山东军区政治部、社会部部长等职,以及山东省公安厅厅长等职。1952年3月调任华东军政委员会公安部政治部主任。同年6月,参加华东政法学院筹建工作。1952年10月起任华东政法学院副院长,1955年5月任院长。

1956年6月调最高人民法院任督导员。为响应党中央支边的号召,1959年2月起,赴青海任财经学院党委副书记、院长,青海大学副校长,青海医学院院长等职。1963年后任青海省高级法院院长,青海省委常委,青海省检察院检察长,青海省人大常委会副主任。1993年5月被司法部授予"司法行政一级金星荣誉奖章"。1997年3月1日在北京逝世。

郑文卿在华政工作,虽然只有短短的4年时间,但对华政诞生的贡献非常巨大。一方面,他是华政筹备处的总负责人,从1952年6月到11月15日开学,筹备处做了大量的工作,包括调配教师,招募学生,选择校址,准备办公用房,落实教室,购置教学和办公设备,从其他合并入华政的大学中调配图书文献资料,等等,从而使华政得以顺利创建并运转。

另一方面,华政建立以后,虽然院长是魏文伯,但实际主事的,是副院长郑文卿。从教研室章程的制定,到院务会议制度的改革、完善,到学术委员会

华政第二任院长郑文卿

的创建,到华政第一批教师职称的评聘,到第一批教学大纲、教材和讲稿等的编写,到教学实习点的确定,等等,也都是在郑文卿的主持下,一件件达成的。正因为郑文卿老院长对华政充满了感情,因此,他在离开华政去其他单位工作后,仍然牵挂着华政的发展。据华政首届专修科学生华信江的回忆,1982 年,华政举行校庆 30 周年大会时,郑文卿特地从北京赶来参加,与华政初创时的几届学生相聚。

2002 年,适逢华政建校 50 周年。为了纪念这一特殊的日子,上海三联书店出版了由童西荣、谭永介主编的《岁月留痕:华东政法学院校庆五十周年纪念文集》。里面,刊登了当年曾经担任郑文卿院长秘书的徐建老师的回忆文章《花开淡墨留清香——回忆第二任院长郑文卿》。在文章中,徐建老师通过亲身经历的一些小事,叙述了郑文卿对华政做出的贡献。

比如,华政刚刚建立时,师资力量比较弱。郑文卿就大抓专业课教学,学校聘请了华东与上海地区政法、工商、税务有关方面的主要领导,系统讲述有关理论、法规、政策。“郑院长抓教学很细致,他要求我把学校开的各种课程大纲、教材集中在专门的书橱里,以便随时查阅。他还亲自抓一些新开课程的教学大纲与讲稿的修改。他要求我为他收集材料,利用晚上时间学习研究,亲自听课,与有关老师一起讨论,由此诞生了我校最早一批自己编写的教学大纲与铅印材料。”

又如,1952 年,原山东胶东行政署专员,上海解放后出任市政府秘书长、民政局长的曹漫之,在“三反”“五反”运动中受到错误处理,被开除党籍,撤销一切职务,分配到了华政担任普通教员。郑文卿就交待徐建:“漫之同志过去对革命有很大贡献,才学渊博,他的错误不像报上所讲的那么严重。你是我的秘书,要经常去看望他,关心他,有什么困难及时向我汇报,由我来解决。”

再如,1971 年的冬天,被作为“走资派”打倒的青海省高院院长郑文卿,重新复出,被结合进了省政法领导小组。有三个被判处死刑立即执行的犯人的材料送到了领导小组的面前进行例行审查。开会讨论时,郑文卿看到三人中有一个“反革命”犯人陆锦毕(碧)是 1953 年华政毕业留校的老师,而他对这位年轻老师的人品有所了解。他就仔细看了材料,发现定其死罪的证据不足。虽然,此时郑文卿自己也是刚刚恢复工作,处境很困难,但他感到法律不能就这么将死罪证据不足的公民处死。他就反复看材料,发现了其中有一段文字:"(陆攻击毛泽东主席的)'万言书'藏在牙膏管中。"于是,郑文卿急中生智,冒着极大的政治风险提出疑问:厚厚的"万言书"怎能装进一支小小的牙膏管?当时在座的小组其他成员都没有直接接触案件,一时无法做出说明。于是,郑文卿说,脑袋搬家是装不上的,这个案子事实不清,需要进一步了解。结果大家都同意了郑文卿的意见,没有立即执行死刑,陆锦毕因而保住了性命。1976年"四人帮"被粉碎后,在郑文卿等的努力下,陆锦毕经最高人民法院平反,宣布无罪,重新回到华政工作。

徐建老师在回忆文章中最后提到,郑文卿院长晚年因下肢不便,多年伴随轮椅生活,但他对华政有着深厚的感情。1997年初他还表示要参加华政的45周年校庆,没料到同年3月1日竟与世长辞。郑文卿的一生没有什么特殊的荣誉、桂冠与花环,但他淡墨一生散发出的令人钦佩的清香,永远激励着华政学子奋发向上。

8. 开校元勋雷经天

华政的第三任院长,就是雷经天。

雷经天(1904—1959),广西南宁津头村人。1923 年,19 岁的雷经天考入厦门大学。翌年,转入上海大夏大学继续求学。1925 年,在震惊中外的五卅惨案中,雷经天组织了大夏大学同学声援工人的斗争,并在运动中由恽代英、贺昌介绍加入中国共产党。五卅运动后,22 岁的雷经天奉命前往广州黄埔陆军军官学校工作。1926 年 7 月,国民革命军北伐时,雷经天任国民革命军第六军政治部宣传科科长。北伐军攻占九江后,雷经天调任第六军政治部九江留守主任。"宁汉合流"、汪精卫随蒋介石叛变革命时,中共中央军委调雷经天到叶挺部队中任党代表,参加"八一"南昌起义。

青年时代的雷经天

后来在广州起义时,雷经天奉命顶替被捕的周文雍担任广州赤卫队总指挥部政治部主任。起义失败后,雷经天随一部分部队进入广西左江、右江地区,开展游击战争。1929 年 10 月,与邓小平、张云逸、韦拔群等并肩作战,在广西发动了著名的"百色起义",成立了工农红军第七军和右江苏维埃政府,雷经天出任主席。

由于王明"左"倾冒险主义的危害,1934 年 10 月中央红军被迫长征。雷经天也参与其中,到达了陕北。1937 年 7 月 9 日,陕甘宁边区高等法院成立,谢觉哉、董必武先后任院长,雷经天先任审判庭庭长,10 月后任代院长、院长。上任不久即遇上了轰动延安的"黄克功杀人案"。作为该案审判长的雷经天,深入基层,倾听各方意见。根据黄克功的犯罪事实,雷经天顶住压力,力主对黄克功处以极刑。毛泽东主席也在给他的亲笔信中表示支持。以后,雷经天在主持陕甘宁边区高等法院工作期间,为陕甘宁的司法建设做出了重要贡献。

1956 年 6 月 28 日，雷经天出任华东政法学院院长，过了 4 个多月，又兼任华政党委第一书记。从此，雷经天全面负责华东政法学院的党政领导工作。他十分重视教学工作，要求院党政领导干部选择一门课程，一面学习，一面指导，作为教改的试点。他要求干部深入教研室，具体抓好教学。他领导全院制定向科学进军的科研工作规划，调动教师科研的积极性，促进了教学质量的进一步提高。他强调大学必须要有科研，必须要有高水平的作品和

华政第三任院长雷经天

人才，在这一指导思想下，他倡议并全力推动，将季刊《华东政法学报》改造提升为月刊《法学》。他顾全大局，抽调大量的骨干教师和职工，输送给新建的上海法律学校和济南法律学校。他关心群众，克己奉公。当时，学校分派了较好的楼房给他住，他婉言谢绝。外出开会，他也不坐小轿车，而和大家一起坐大客车。炊事员生病，他还亲自去探望。

在雷经天的领导下，华政的影响力不断扩大。1957 年 1 月 17 日，在上海法学会全体会员大会上，雷经天被选为首任会长。雷经天一个非常优良的品质，就是以善待人，以德感人，宽松、包容。比如，当时"五反"运动刚刚结束，许多在运动中被揭露出来有问题的教师面临组织处分，这些教师也心有余悸。而在雷经天的影响下，当时的华东政法学院党委对教师的处分非常慎重，也尽量往轻缓的方向引导。比如，在"金亚声"一案中，雷经天主张把人的思想和行动分开，没有给曾收听过"美国之音"的金亚声以处分。最为历史所铭记的是：雷经天坚持实事求是原则，坚决不搞反右扩大化，因此没有完成分给华政划分右派的指标，保护了一批干部教工。尤其是青年教师黄道，由于发表了《论无罪推定》的文章，在反右派运动中处境岌岌可危。而雷经天通过一次有当时中宣部部长陆定一参加的座谈会上与领导的对话，为黄道争取到了"这是一个学术问题，而不是政治问题"的答复，从而使黄道躲过了一劫。

1958 年 8 月，华东政法学院、上海财经学院、复旦大学法律系、中国科

学院上海经济研究所和上海历史研究所合并组建上海社会科学院,雷经天出任上海社会科学院第一任院长。这时,他的肝癌已到晚期,他用凳角顶住肝区仍坚持工作。在医院弥留之际,雷经天拒用珍贵药品,他对医护人员说:"我不行了,药品都留给其他同志用。"1959 年 8 月 11 日清晨,雷经天去世,享年仅 56 岁。

2011 年,在纪念中国共产党建立 90 周年之际,华东政法大学校长办公室的韩信昌老师,专门撰写了《悲歌瑰丽的人生——缅怀雷经天同志》一文,对雷经天的坎坷人生和其对国家法治建设的贡献做出了系统的阐述。

2015 年 1 月,上海社科院出版社出版了《重拾历史的记忆:走近雷经天》(上海社会科学院院史办公室编著)一书。该书共分 7 章,加 15 个附录,全面系统地论述了雷经天一生的光辉业绩,也叙述了他那坎坷的人生历程。

2017 年,华东政法大学创排了音乐剧《律诗·雷经天》,2021 年,华政与上海戏剧学院合作,又推出了话剧《雷经天》,展现了由华东政法大学老校长雷经天主审的"延安第一案"——黄克功案的全过程。

作为华政人,我们在缅怀雷经天老院长时,主要是要学习雷经天为民族、为人民的独立自由、民主权利奋斗终身的信念,为司法公正、为社会正义坚持原则、决不退缩和动摇的精神,在遭受不公待遇、误解和错误处分甚至打压时仍然不忘初心、坚守法律人底线的立场,以及为了实现法律人的法治梦奋斗终身的追求。

二、华政的传承

1. 南京大学的遗产

华东政法学院一经成立,虽然师资队伍调配留有遗憾,但总体而言是站在了一个比较高的起点上,这完全得益于她所继承的华东地区原九所名牌大学之优秀的法律教育资源。本篇我们先来说说南京大学法律系和政治系的遗产。

南京大学法学和政治学的前身,是原中央大学法学院。原中央大学设有文学院、法学院、师范学院、理学院、工学院、农学院和医学院七大学院,其中法学院下设政治系、经济学系和法律系。而中央大学的历史,则可以追溯到 1902 年建立的三江师范学堂。1905 年,三江师范学堂易名两江师范学堂。1914 年 8 月 30 日,两江师范学堂改为南京高等师范学校。1920 年,在此基础上又组建了国立东南大学。1927 年,国立东南大学、河海工科大学、上海商科大学、江苏法政大学、江苏医科大学以及江苏境内四所公立专门学校等九所公学合并,在南京改组易名“国立第四中山大学”,1928 年 2 月改名为“江苏大学”。5 月,“江苏大学”又改称“国立中央大学”。

1945 年抗战胜利后,中央大学于 1946 年 11 月 1 日在南京开学。全校设文、法、理、农、工、医、师范七个学院、37 个系、6 个专修科、26 个研究所,是全国院系最全、规模最大的大学。根据 1947 年的统计,全校教职员 1266 人,学生 4066 人,是“民国最高学府”。1948 年,在普林斯顿大学的世界大学排名中,中央大学已超过日本东京帝国大学(现东京大学),居亚洲第一。1949 年 8 月 8 日,国立中央大学更名为国立南京大学。1950 年 10 月 10 日,校名去“国立”两字。1952 年 7 月国家进行院系调整,南京大学的法律系和政治系并入华东政法学院。

为了更加清楚地了解南京大学法律系和政治系并入华政的详细情况,笔者委托南京师范大学法学院副教授、华政校友李洋老师去南京大学档案馆查阅 1952 年夏天全国政法院系调整时南京大学法律系的教职员工情况。

根据李洋老师所查到的资料,在 1952 年 12 月 9 日院系调整之时,旧南京大学法律系教员为江康黎、万燦、陈毅夫(均为教授),林我朋(副教授),罗华俊、邵士玫、钟肇勋、孙煦存(均为助教)。政治系教员有蔡志钿和夏基松。学生数为 47 人。但这些老师都没有来华政,李洋老师说:"初步的判断是院系调整后教师各自谋业的可能性比较大。"

　　从华政档案馆所保存的资料来看,南京大学政治系和法律系转入华政的学生,共有 52 人,其中法律系 33 人,政治系 19 人。除了陆锦碧、方晓升、钱英我们比较熟悉外,查得到资料的还有陆启泉、苏隆球、赵泽民、张崇瑚、朱绳钟、刘德周、谢陵、程鹤年、张旭、吴肇荣、谭文娟、陈玉鹏、刘守薇、戴增煌、翟云珊、刘可元、陈清藻、崔连庆、李梦楼、刘奉礼、李传强、郭学贵、姚苇曾、李志鸿、王强华、吴介秋、邵祖年、张震、沈志杰、陈宇文、朱延年、章道全、柳岚生、郑奕瑞、邱洪、张景祥、金婉姬、田瑞贞、哈家伦、张启斌、吴维文、林贤宾、叶石荣、侯明兰、刘天功、陈性坚等。

　　还有几位,后来与母校联系比较多的,如许志伍(1927—　　)。他是福建石狮人。1951 年考入南京大学政治系,1952 年 10 月转入华政学习,1954年 7 月毕业后,分配至山东省高级法院工作。后长期在山东省滕州市教育系统工作,曾任滕州市人大法制委员会副主任。何雪芬(1928—　　),江苏无锡人。1950 年 9 月考入南京大学法律系,1952 年 10 月转入华政学习,1953年 7 月毕业,分配至最高人民法院东北分院、辽宁省高级法院工作。后赴云南昆明从事律师工作。1982 年被昆明市司法局评为先进工作者。

　　而从南京大学法律系转入的老师几乎就没有。现在我们所知道从南京大学转入的就一位青年老师王志平。童西荣、谭永介主编的《岁月留痕:华东政法学院校庆五十周年纪念文集》里刊登了当年的年轻教师王志平的回忆文章《点滴回忆》。文章提到:1952 年 6 月,王志平作为南京大学法律系大三学生的代表来上海参加筹建华东地区政法学院工作的会议。到上海后,王志平于第二天到徐家汇原立信会计专科学校参加会议。"当时,立信只有一所空荡荡的校舍。我到办公楼见到郑文卿同志,他热情地向我介绍了在一起工作的几位同志。记得他们是赵野民、莫超、张兰田、李润玉等。"

正是在这个会议上,郑文卿宣布了中央决定在上海筹建华东政法学院,筹备委员会由魏文伯任主任,郑文卿等为副主任。王志平后来就留在华政,当了老师。1956 年与王召棠、徐轶民等一起,评上了华政第一批讲师。1958 年华政被第一次撤销,王志平去了上海社科院工作,后担任社科院苏东研究所所长、研究员。

　　总体来看,由于种种原因,南京大学法学院的教师,基本上都没有能够来华政。尤其是一批法学大家,如高一涵、吴学义、钟肇勋、夏基松、陈敏之、祝修爵、林我朋、罗华俊、孙煦存、赵理海、邵士玫、江康黎、陈毅夫等,都没有能够来华政工作。这是非常遗憾的事情。

2. 安徽大学的遗产

为华东政法学院的成立做出贡献的第二所大学,就是安徽大学。

安徽地杰人灵,自古以来,就是人才辈出之地。1928 年 2 月,安徽大学创立,开始招大学预科。至 8 月,刘文典被推举为院长(校长),招收文法学院本科学生。其中,法学院院长由韦仲殷担任,法律系主任由吴仲常担任。

安大创建以后的历史,大体线索为:1930 年 6 月更名为省立安徽大学。1946 年复校,定名国立安徽大学。1949 年 12 月迁至芜湖,与安徽学院合并,恢复校名安徽大学。1952 年,全国高校院系调整,"安徽大学校名取消,其师范学院、农学院分别独立为安徽师范学院、安徽农学院",这个任务于1954 年 2 月完成,安徽师范学院、安徽农学院顺利建成。为了继承原安徽大学的办学精神和重点综合性大学的发展需要,1958 年安徽大学复办,这年的 9 月 16 日,毛泽东视察安徽时,亲笔为安徽大学题写了校名。当时安徽省委书记曾希圣兼任校长(1958—1962)。

听说笔者在写《华政的故事》,涉及安徽大学法律系的情况,安大法学院原院长、现任安大副校长程雁雷教授非常热情,专门让校办的老师帮助笔者收集相关史料。由于安大几经迁址、数次撤并,安大档案馆所保留的关于1952 年院系调整的史料非常少,因此 2017 年 12 月 7 日,笔者在安大开会期间,程雁雷校长专门指派法学院的高尚老师,陪同笔者一起去了安徽省档案馆,查阅 1952 年安大法律系并入华政的情况。

虽然安徽省档案馆所保留的关于这一方面的史料也很少,但我们还是把它们都摘录出来了。大体情况如下:

档案号 L048.000001.00230,国立安徽大学第一届毕业纪念刊,1927年陈调元出任省政府主席,筹备安徽大学。1928 年 2 月,筹备就绪,8 月刘文典为院长,招收文法学院本科。第一届毕业 80 人。

档案号 L048.000001.00229,敌伪档案案卷,伪安徽大学第二届毕业纪念刊,1933 年第二届毕业生,法学院法律系 46 人;政治系 21 人;经济系 10 人。

档案号 L048.000001.00226:安徽学院 1947 级毕业纪念册,大学部法律系一年级同学一览,有 50 位,只有 2 名是女同学,一是林惠珏,21 岁,一是王猷儒,20 岁。系主任吴季瑞,日本东京大学法学院毕业,北平法大教授。当年安徽学院法律系取得法学士学位的只有 5 个人:李森、李宗璜、杨占国、高显顽、魏中藩。

1947 年以后的材料就没有了,但一直到 1952 年安大被撤销,法律系每年招生没有中断,应该是可以肯定的。

安徽省档案馆的史料不多,但根据其他相关文献记载,当时许多法学大家,都在安徽大学学习或者工作过。如新中国著名民法学家、西南政法大学教授金平(1922—　　),就是安徽大学法律系 1949 年毕业的高才生,法律史学家、华政教授王召棠(1926—2017)是 1951 年毕业的高才生。而民国时期著名法学家陈顾远(1896—1981),1930 年曾受聘出任安徽大学法律系主任;著名行政法学专家范扬(1899—1962)和著名刑法学、犯罪学专家赵琛(1899—1969),也都曾在安徽大学担任过教授。

而从华政档案馆所保留的史料中,我们可以得知,1952 年 9 月,安大法律系并入华政的学生只有 9 人(但在学生花名册上,笔者找到了 10 个人的名字,他们是朱梦龄、汪耀荣、宋寅生、谢海源、李鸿盘、何宏贤、陈显文、莫梦龙、赵其玮、黄俊。这说明,要么当时统计时遗漏了,要么这 10 个人中间,后来有一个人没有来入学)。总之,安大法律系虽然没有停办,但此时规模已经不大。

至于安徽大学法律系有没有教师转入华政工作,在安徽大学档案馆、安徽省档案馆的史料中,也是没有记录的。华政档案馆也语焉不详,笔者只找到了一份当时华政拟从华东地区政法专业教师中可选择的名单,里面涉及安徽大学的有如下 8 位老师:翟廷瑨、张明时、张学琛、李汉俊、光仁洪、陶秀、陈鹏、刘恃读。但最后似乎只有翟廷瑨进来了。笔者从《岁月留痕:华东政法学院校庆五十周年纪念文集》所收录的、翟廷瑨所写的一篇回忆文章

《建院初期的激情岁月》中,看到了当年翟廷瑨从安徽大学转入华政的过程。

翟廷瑨(1921—),河南民权人。1946年考入
安徽大学法律系学习。1950年毕业留校任教。
1952年安徽大学并入华东政法学院,翟廷瑨也跟着
来到华政任教,主讲国家与法的理论、民法和刑法
等课程。当时华政的档案上对他的评价是:"翟廷
瑨,安徽大学法律系助教,团员,历史清白。"翟廷瑨
于1956年被评为华政第一批讲师,1958年华政第
一次被撤销后,转入了新成立的上海社科院哲学所
教中国哲学史,并担任研究室主任、研究员。

青年教师翟廷瑨

翟廷瑨在回忆文章中说:"我在华政工作时间不长",但对建校初期华政
以及老师的印象很好:一是全校上下对上课的重视和认真,每门课都有主讲
老师和辅导老师,主讲老师必须写出讲义,进行试讲;辅导老师必须依据讲
义内容写出辅导提纲。二是无论是老师,还是学生,都非常勤奋、刻苦,"白
天争分夺秒,晚上挑灯夜战"。三是平等意识非常强烈。无论是老师,还是
学生,彼此尊重,教学相长。翟廷瑨的讲义,从撰稿,到修改,到试讲,到正式
上课,都是在苏联专家以及同教研室老师的帮助下,一步步顺利完成的。

3. 厦门大学的遗产

为华东政法学院的成立做出贡献的第三所大学，就是厦门大学。

厦门大学由著名爱国华侨陈嘉庚（1874—1961）创办，是中国近代教育史上第一所由华侨创办的大学，是国内最早招收研究生的大学之一，被誉为"南方之强"。

1921 年 4 月 6 日，厦门大学借集美学校举行开校式，聘邓萃英为首任校长。初创时为私立，设有师范（包括文、理科）、商学两部。同年 7 月 4 日，林文庆接受陈嘉庚邀请继任厦门大学校长，陆续增设工学、新闻、法学、医药等科系，初步建成多学科的综合性大学。到 1930 年扩充为文、理、法、商、教育 5 个学院、21 个系。1936 年学生由开始时的 136 人发展到 300 多人。1937 年 7 月 1 日，经陈嘉庚函请，南京国民政府同意将私立厦门大学改为国立。9 月 4 日，由于日军侵犯厦门，学校决定迁入闽西长汀，于 1938 年 1 月抵达。师生克服重重困难，坚持教学，学校规模不断扩大。到抗战胜利时，厦门大学设置文、理、法、商 4 个学院、15 个系，学生从 300 多人增加到 1000 多人。

1945 年 9 月 19 日，国民政府行政院任命汪德耀博士为国立厦门大学校长，大学本部开始迁回厦门。1949 年 10 月 17 日，厦门解放，厦门市军管会于 10 月 20 日委派军代表接管厦门大学。1950 年 5 月，中央人民政府任命经济学家王亚南（1901—1969）为厦门大学校长。1951 年，原省立福建农学院并入厦大，改成厦门大学农学院，原私立福建大学的政治、法律、经济三系并入厦大。1952 年全国高等院校进行院系大调整，厦门大学成为文理科的综合性大学。原来的航空系、海洋系、土木系、电机系、机械系、法律系、企管系分别于 1952—1953 年陆续调整到南京航空学院、山东大学、浙江大学、南京工学院、华东水利学院、华东政法学院和上海财经学院。

法学院是厦门大学历史较为悠久的学院之一。1926 年 6 月，厦门大学设立法科,下设法律学、政治学、经济学三系。1930年2月,厦门大学改科为院,法科改为法学院。1934年6月,法学院与商学院合并为法商学院。1937年7月底,法商学院中的法科停办。1940年秋,原福建大学法学院划归厦门大学,与厦门大学商学院中的政治经济学系合并,组成厦门大学法学院,同时复办法律学系。1950年9月,厦门大学文学院、法学院合并为文法学院。1952年学校撤销学院建制,厦门大学法律系于1953年被撤销,并入华政。从厦门大学所保留的文献(笔者委托厦门大学法学院吴旭阳副教授查阅了厦门大学的档案)和华东政法大学档案馆所保留的文献,都清楚地显示了厦门大学当年的法学教师,如当时的法律系教授漆竹生、李景禧、薛祀光、陆季蕃、史家祺、柯凌汉、陈朝璧、徐汝瑚,助教林光祖、陈安等,没有一个能够转入华政。

而厦门大学的学生,则有53名转入华东政法学院。他们是刘松茂、柯景行、杨成祖、方仲卿、叶秋生、许玉山、叶生涯、吴孝全、王金镖、陈欠水、蔡明标、张斌生、张蕴烈、黄茂桂、陈桢、吴翠华、陈元璋、周佩珍、潘祥扶、王文华、李伯钿、陈鹏生、庄亨浩、许炳铭、林魁木、潘启能、施义明、张碧瑛、吕芝莲、杨春暖、姚铭全、林庆勋、姜斗南、张雪生、张耀祖、柯贤山、傅开泉、何建中、郑明旦、林景仰、施荣华、童从善、任万裕、林海澄、汤从心、卢柏书、蔡恩保、邱杏兰、柯振声、詹友三、钱德杰、陈振德、阮傅聪。

当时学生转入,本来是想打乱后插入到华政原有的5个班级中,但后来考虑到华政开学已近1年,学生班级应相对稳定,故决定厦门大学转来的学生单独组成一个班级。这些厦大转入的学生,后来都很优秀,顺利毕业,并分配至国家法制建设和教育事业的各个岗位。虽然,这些学生入学、毕业已经过去了60多年,但他们对华政母校的感情还是非常深的,尤其是陈鹏生(1932——　)、张斌生(1935——　)、庄亨浩(1935——　)、黄茂桂(1929——　)、吴翠华(1933—2015)、任万裕(1933——　)等一批校友,不仅自己成就斐然,而且和华政的联系也很密切。

厦门大学的法科于改革开放以后的1979年8月得以恢复,于1984年成长为政法学院,1998年更名为法学院,并迅速成长为全国法律院系中最

华政1954届校友合影,前排左起:陈鹏生、胡绿漪;后排左起:张斌生、庄亨浩

早一批拥有法学一级学科博士点授权单位之一,也成为南方法学教育的重镇之一。而在厦门大学法学院的发展过程中,值得厦大法律人骄傲的是薛锏(后改名薛人)、薛夷风和周苇航"一家三代厦大法律人"的故事。

薛人、薛夷风和周苇航三代毕业于同一个大学厦门大学、同一个法学院厦大法学院,这种情况全国极少,不仅表明了薛人、薛夷风和周苇航祖孙三代对法治理想的执着与追求,也表明了新中国法治事业的薪火相传,代代有人。它是厦大法学院的一段佳话,也是中国法学界的一段佳话。

4. 震旦大学的遗产

震旦大学的法律系,于1952年院系调整时也并入了华东政法学院。有些文献资料上说,震旦大学的法律系是先并入复旦大学,之后再并入华东政法学院,这种说法是不准确的。同济大学、大夏大学、光华大学等的法律系、政治系是先并入复旦,然后再并入华政。但是,震旦大学的法律系,是直接并入华政的。

震旦大学,原名震旦学院,由天主教耶稣会神父马相伯(1840—1939)于1903年2月在上海徐家汇天文台旧址创办,是中国近代第一所私立大学。"震旦"一词出自梵文,意即中国。1905年春,由于耶稣会领导层干涉校政,马相伯带领震旦爱国师生出走,成立了复旦公学。

作为震旦大学的首任校长,马相伯尽管同耶稣会有矛盾,但仍然是震旦的主要捐助人。1908年迁址卢家湾,1928年改称震旦大学。作为中国近代著名教会大学,震旦曾经有"东方巴黎大学"美誉,是中国第一所开展研究生教育并授予博士和硕士学位的学校。至1947年,震旦大学设有医学院、理工学院、法学院、文学院、震旦女子文理学院和两所附属中学,并附设两所高级护士学校。

1952年秋,在全国高校院系调整中,震旦大学被撤销,其法律系并入华东政法学院。这样,新建立的华东政法学院,也从震旦大学的法科教育中传承了她的理念和学科资源。

震旦大学法科,1917年开始授予硕士学位,1920年起授予博士学位。辛亥革命后,清朝法规一度仍在起作用,这时震旦加强了法国式法学教学,以便使学生熟悉地道的西方法律文化。1928—1931年,当中国中央政府采用了吸取西方法律精神的新法规时,震旦则首创了四年制法学教学课程。该教程分为两部分,第一部分用中文讲解,由校内教职人员讲课,其中不少人曾担任过地方行政官员,他们的教学注重实践,讲授中国的法律、制度及其历史。同时开设的第二部分课程用法语讲解,就欧洲大陆法系为基础的比较法学与法国法典进行严格培训。这两部分教程都使用实例研究的方法进行教学。在实施四年教学计划的最后阶段,要求学生提交一篇关于中国法学或比较法学的论文。

从 1932 年起,震旦大学分设法、理工、医三个学院。法学院包括法律与政治经济两学系,后者可授予政治学或经济学学位,全用法语讲授,并为中国外交部门造就未来的外交官。震旦大学法律教育带给华东政法学院的历史遗产,一方面是她的珍贵的图书资料文献转入了华政图书馆,这对提升华政的教学和科研贡献极大;另一方面,震旦大学也转入了一位法律系的学生,该生的具体情况不是很清楚,但从学籍表上查到,他叫周德源。至于震旦大学的老师,有否转入华政?笔者从华政档案所保存的一份名单中,看到当时震旦向华政提供了 4 位老师 7 位毕业生的名单,4 位老师是教授杨鹏、张企泰、俞承修和助教宣斯文,但华政最后是否接受,档案中没有记录。此外,是震旦大学的办学理念和办学精神。1903 年 2 月 27 日,震旦学院举行开学典礼,马相伯在会上发表演说,反对八股和科举制度,反对秦汉以来的"奴隶""为人"之学,提倡"格物致知""自立"之学。为引导热血青年学习科学文化知识,报效国家奠定了教育理念。

最后,是马相伯提倡的刻苦勤奋、教学相长的理念。马相伯继承中国书院传统,吸取外国研究院优点,采用名儒师徒传授办法,以 60 余岁高龄,亲自教授拉丁文、数学、哲学和写作,编写《拉丁文通》《致知浅说》等教材,视学生如家人子弟,共食同游,亲切恳谈,循循诱导。这种教学理念和方法,虽然并不是直接针对法学教育而实施的,但法学作为一门社会学科,所谓近代以后得到重视和发展的学科,无疑从中可以受到许多教益。此外,马相伯规定对学校内部事务,由学生自行管理,以培养学生自治精神;财政公开,借以养成共和精神。而这种自治、共和的思想,对法科学生的成长尤其重要。

在说到震旦大学的法律教育时,还有一段佳话,即震旦大学培养了中国著名法学家、中国国际经济法学学科的创始人之一、北京大学教授芮沐(1908—2011)。芮沐于 1927 年中学毕业后,入震旦大学学习法律。四年学下来，芮沐熟悉了法国的法律体系，外语水平也有很大提高。1931 年，芮沐到法国留学，获得硕士学位，1935 年又去了德国，在法兰克福获得法学博士学位。1939 年芮沐回到中国，先后在重庆的中央大学和云南昆明的西南联大教书。经历了对国民党统治的失望和赴美国访学的过程，1947 年芮沐回到北京，一直在北京大学教授法律（中间短暂成为北京政法学院的老师），直到退休。

年轻时代的芮沐

也许冥冥之中早有安排，震旦大学的法律教育培养了法学大师芮沐，而芮沐又培养了著名经济法学家、北大副校长吴志攀，吴志攀又培养了高足罗培新，罗培新博士毕业后又进了华政，成为中国公司法研究领域的青年才俊，后担任了华政国际金融法律学院的院长、华政科研处处长（后外调担任上海市政府法制办公室副主任，现为上海市司法局副局长）。历史的往复就是这么奇妙，始终将震旦大学和华东政法学院串联在一起。

5. 沪江大学的遗产

沪江大学的政治系、社会学系，也于 1952 年院系调整时并入了华东政法学院。由于沪江大学是一所以理工科为主的大学，且在沪江大学（现在的上海理工大学）的校史介绍中，对 1952 年沪江大学的政治系和社会学系并入华政一事，语焉不详，因此许多人对沪江大学有关系科包括许多图书资料也是华政学科建设的重要来源一事，了解不多。本文就想谈谈这所大学的情况、并入华政的过程以及其历史文化遗产。

和南京大学、安徽大学、厦门大学和震旦大学的法律教育成为华政的历史遗产不同，沪江大学留给华政的主要是她的政治学和社会学。沪江大学（University of Shanghai，直译"上海大学"）是建于上海杨树浦军工路的教会大学，创办于 1906 年，原名上海浸会大学，最初的校长为美国人柏高德博士（Dr. J. T. Procter），1914 年中文校名定为沪江大学，并确定校训为"信、义、勤、爱"。1917 年由美国弗吉尼亚州颁发学位。首任华人校长刘湛恩对沪江大学进行了一系列旨在"中国化"的整顿和改革，使沪江大学在当时私立大学中以学风纯朴闻名，较少教会气，更中国化。

1938 年 4 月 7 日，樊正康接任校长。在重庆的沪江与东吴大学的校友曾联合开办法商学院。抗战胜利后，沪江大学于 1945 年 10 月 1 日正式复校，1946 年 2 月又迁回杨树浦军工路原址。1951 年 2 月，沪江大学由上海市人民政府接办，校务由余日宣（1890—1958）、蔡尚思（1905—2008）主持。1952 年全国高等学校进行院系调整时，沪江大学被撤销，各院系分别并入上海地区其他高校，其校址移归上海机械学院（今上海理工大学）。

在沪江大学上学的法律人，有 1946 年 5 月至 1948 年 12 月审理日本甲级战犯的东京法庭的中国检察官助理倪征燠（1906—2003），有新中国成立后曾在复旦大学工作，1958 年以后一直在上海社科院法学所工作的研究员卢峻（1909—2000），有英国伦敦政治经济学院毕业后回国、后来在北京大学法律系任教并曾担任北京市司法局副局长的楼邦彦(1912—1979)，还有楼邦彦的同学、北京大学法律系教授、我国著名宪法专家龚祥瑞(1911—1996)等人。

而在沪江大学政治系上政治、法律课的教员，则有沪上有名的国际政治、国际关系专家程博洪。1952年华政筹建时，曾看过程博洪的档案材料，也是拟聘用教师，但最后不知什么原因(或许也是政治上的原因)，华政没有录用他。沪江大学提供的名单中，还有蔡尚思、叶树德、姚华廷、卓如四位教授，但华政似乎都没有接受。据后面王群老师回忆，程博洪教授最后去了复旦大学，一直在那里从事国际问题、国际关系的教学和研究。而蔡尚思后来一直在复旦大学担任历史学主任、教授。关于其他老师，王群就记不得去哪里了。

通过对华政档案馆所保存的学籍花名册等的查阅，我们对沪江大学法科教育的情况以及其政治系和社会学系并入华政的过程有了一些了解。

首先，沪江大学当时转入华政的学生共九人，全部来自政治系和社会学系，他们是：林维通、葛兴垒、陆嘉康、徐雅龄、姜闫芳、袁昌英、东芝芳、叶约瑟、吴之秋。虽然我们不太清楚这些学生毕业后去了哪些部门工作，但他们的政治学、社会学和法学的基础知识还是比较扎实的。而我们对王群教授的采访，则使我们了解了更多关于沪江大学的教学情况。

王群老师是1949年进入沪江大学学习的，专业是国际政治。他说当时沪江大学国际政治专业的程博洪老师讲课很好，名望很高。之后，程博洪老师留在复旦大学教书。对于当时沪江大学政治专业的学习情况，王群说："当时我们并不是大班上课，管理也并不严格，只要是感兴趣的课程，学生都可以过去听，当时最受欢迎的就是蔡尚思老师上的中国通史课。由于当时教师资源紧缺，有不少老师

沪江毕业时的王群

是同时在不同学校教课的，比如说我们的行政法老师李宗义先生，他也在复旦大学、圣约翰大学等其他学校教课。"

2018 年 11 月 4 日采访王群老师。由于王老师听力不行，只能以写字的方式进行交流

王群说："我考入沪江大学后，想充分用足交的学费，就多多旁听一些专业外的课程。我们沪江大学的音乐学院很厉害，配有 80 架钢琴，歌唱家周小燕、作曲家丁善德、小号王朱启东都是沪江大学音乐学院的。当时，旁听课程不需要另外付钱，但只能坐在窗口听，教室里面是没有位置的。但是，后来好像是坐在二楼窗口上旁听的学生中有人不小心掉下楼，受了伤，因此后来就不允许坐在窗口旁听了。"

王群老师反复强调，由于年代久远，现在年纪又大（王群老师今年已经 92 岁了，但身体很好，除耳朵听不清楚外，其他方面都很健康。之前还一直骑自行车，出门回家时每天要爬四层楼），因此，许多人名等可能有误。但笔者通过和他的访谈对话，已经大体勾勒出了沪江大学政治法律教育的情况以及 1952 年被撤销后其政治系等并入华政，只来学生不来老师的概况（实际上来了四名刚刚从沪江大学毕业的青年老师，他们是张庆苏、王治安、叶子雄和王群。其中，除了张庆苏之外，其他三位老师都于 1956 年 3 月 10 日被评为华政第一批讲师）。

当然，提到沪江大学和华东政法学院的关系，我们还必须说说另外一个人，即徐开墅教授的故事。徐开墅（1916—1999），浙江宁波人。1940 年毕业于沪江大学，后做过法官、律师、教授、研究员，学术成果丰硕。1980 年，徐开墅受聘上海社科院法学所，同时也受聘担任华政兼职民商法学科硕士研究生导师，长期参与华政民商法学研究生的教学和培养工作。

6. 复旦大学的遗产

在筹建华东政法学院时,复旦大学法律系和政治系的贡献非常巨大。

复旦的法学教育与复旦公学的创办同步。1905 年《复旦公学章程》明确宣布要设"政法科"以及"法学"的课程(1910 年正式开设)。1911 年,复旦公学又开设了罗马法、刑法和国际法等课程。1914 年春季,复旦公学增设法律专科班,首批招生 60 名,是为上海法科首次大规模单独招生。政府外交总长王宠惠受聘该校教授,讲授国际公法、法学通论等课程。1925 年春,在 1924 年建立的大学部添设了社会科学科,分政治学、社会学两系,政治学系分设法律、政治、市政三个组。

1929 年,复旦大学按照《大学组织法》进行改组,改科为院,设立文理法商四大学院,下辖 17 个系,但无"法律学系"。1930 年夏,复旦大学打破常规,一边创办法律学系进行招生,一边向教育部进行申请备案。此时,裴复恒先生受聘担任系主任,并聘请精通欧陆法学的金兰荪、徐象枢等先生为法律学系教授。1931 年 7 月,司法部准予法律系设立。

1932 年,毕业于美国哥伦比亚大学法律系的张志让先生出任法律系主任,延聘施霖、潘震亚、张定夫、江镇三、钟洪声、宗维恭等名师为教授,师资力量得到不断充实。1937 年,淞沪抗战爆发后,复旦大学西迁重庆北碚。1941 年复旦大学改为国立,北京大学教授陶希圣,在公司法方面有专长的王效文教授,以及卢峻、胡元义等先生来复旦任教。此外,还有多位著名教授曾任教于复旦大学法学院,如杨鸿烈、梅汝璈、陈顾远、杨兆龙、丘日庆、陈文彬、崔杰千、顾维熊、范扬等。

1949 年,同济大学、暨南大学、浙江大学和国立英士大学等的法学院停办,并入复旦大学;1951 年光华大学和大夏大学的法学院亦并入,复旦大学法科的实力进一步增强。由此可见,复旦大学法律系在被撤销并入华政之前,已经先行合并了同济、浙大、英大、光华、大夏和暨南六所大学的法学院。

从这个意义上也可以说，华政 1952 年夏天合并的不仅仅是复旦，而是合并了七所大学的法律院系。

而复旦大学的政治学系，基本上是与法律系同步成长起来的，只是隶属关系不断有变化。1924 年时，法科隶属于政治学系。1929 年，政治学系又隶属于法学院。1952 年 8 月，复旦大学政治学系被撤销，整体并入华东政法学院。由于此时的复旦大学法科，刚刚合并了另外六所著名大学的法律系，所以我们在叙述华政传承复旦法科之历史遗产时，也需要对这六所大学的法律教育的简史做些论述。

同济大学法科，是第一个被复旦大学合并的。

1893 年，德国医生埃里希·宝隆（Dr. Erics Paulum）来到上海，在德国总领事馆附近开了一家诊所。1900 年，诊所又拓展为"同济医院"。1907 年，同济医院又扩展为"德文医学堂"，并举行了开学典礼。1924 年 5 月 20 日，教育部批准同济医科为大学。经历了抗日战争的炮火后，同济大学于 1946 年回迁上海，同济大学迅速发展成为以理、工、医、文、法五大学院著称的海内外著名综合性大学。

同济大学法科自建立之日起，就以德国等大陆法的研究和教学著称，在 1915 年就有了与德国合作培养的第一批法科学生（同济官网的说法，有学者存疑，待进一步考证）。1945 年成立法学院，教师队伍中会聚了宋代法律史研究专家徐道邻、新中国民法学科创始人之一的谢怀栻，以及全国外国法制史研究会首任会长陈盛清等著名法学家。

徐道邻（1905—1973），安徽萧县人。生于日本东京。早年赴德国留学，入柏林大学学习，获法学博士学位。回国后历任国民政府行政院政务处长，同济大学、中央大学等校教授。1949 年去台湾。在台湾大学、东海大学等校执教，并兼任美国（西雅图）华盛顿大学客座教授。徐道邻的主要著作有：《中国法制史论集》《唐律通论》和《宋刑统研究》等。

徐道邻教授

谢怀栻（1919—2003），生于湖北省枣阳县。

1942 年毕业于中央政治大学法律系，当过地方法院推事，1948 年任国立同济大学法学院教授。1949 年底入北京中国新法学研究院（后改名中央政法干校）接受思想改造，结束后于 1951 年留院工作。1957 年被划为"右派"，于 1958 年受到开除公职、劳动教养的处分。直到 1979 年获得平反，回北京，恢复公职。同年到中国社会科学院法学研究所民法研究室工作，任副研究员、研究员，于 1988 年退休。2002 年被评为法学所终身研究员。

同济校友谢怀栻老师

陈盛清，1935 年毕业于中央政治学校大学部（国立政治大学前身）法律系。1947 年担任同济大学法学院教授，讲授民法、刑法等课程（下文将详述，此处不再多说）。

1949 年 9 月，同济大学的文学院和法学院并入复旦大学。

第二个被合并的是浙江大学法学院。它是 1946 年（浙大官网说是 1945 年创办，本文依据李浩培年谱）由李浩培先生所创办的。当时，浙大法科延揽海内外许多著名法学大家前来任教或讲学，如哈佛大学法学院院长罗斯科·庞德和国内著名国际法学家周子亚等。1949 年 8 月 16 日，浙江军管会不顾李浩培的反对，决定停办浙大法学院。结果，李浩培去了北京，而浙大法学院的学生，据复旦大学王伟教授查阅到的"国立浙江大学［给复旦的］公函"表明，被转入了复旦大学读书。

国立英士大学法科和私立光华大学法科，也是被复旦先行并入的法学教育资源。

英士大学于 1928 年创建，初名省立浙江战时大学。1929 年 5 月，为纪念 1916 年被袁世凯暗杀的革命志士陈英士，改称浙江省立英士大学。1943 年 4 月，英士大学由省立改为国立。6 月，教育部指令东南联大之法学院与艺术专修科并入英士大学，7 月底所有移交工作全部结束。这样，从 1943 年开始，英士大学增设了法学院。

1949 年教育部长朱家骅任命教育部总务司长邓传楷为国立英士大学

浙大转入复旦的法律系学生名单（王伟提供）

校长,邓校长一肩扛大责。学校经费匮乏,邓校长就把祖传布庄的卖布所得全部贴入学校开支,这样学生和教授才能衣食无忧,尽学相授。邓校长又择才施教,学风为之丕变,校誉日隆。此时设有工、农、医、法、文理5个学院,20多个系科,2800名师生。

英士大学法科虽然存在时间不长,关于其具体运作的情况,包括师生教学科研的情况,由于资料的匮乏,现在已经很难详细叙述。但创建英士大学的筹备委员会成员之一、后来担任国立英士大学教授、校行政专修科主任的阮毅成,则是中国近现代法学史上响当当的人物。

阮毅成(1905—1988),浙江余姚人。曾就读于法国巴黎大学,获法学硕士学位。1931年回国后,历任国立中央大学教授、中央政治学校教授兼法律系主任,并任《时代公论》主编。1937年4月,出任浙江省第四区行政督察专员。次年8月,任浙江省

阮毅成教授

政府委员兼民政厅厅长,在抗战期间,任国立英士大学教授,兼行政专修科主任。抗战胜利后,为国立浙江大学筹建法学院,并任院长。1949 年到台湾后,任"中央日报社社长"等职。1969 年退休后,任《东方杂志》主编。阮毅成勤于写作,出版各类著作 40 多种,发表论文一百多篇。在民国时期,阮毅成是与民法的胡长清、法律史的丘汉平并列,被认为是研究最勤奋、成果最丰硕的法学家。

除阮毅成之外,也有当时的一些知名教授如陈盛清(1910—2009)等,在英士大学执教。陈盛清曾任国立云南大学法律系讲师,中央政治学校大学部民法副教授,1946 年任英士大学刑法教授。1949 年新中国成立以后,陈盛清曾在政务院政法委员会、国务院法制局任研究员,并转业研究法制史。1957 年整风"反右"中被错划为右派。1978 年,陈盛清被借调在中国社会科学院法学研究所,以常务编委名义参加编写新中国第一部《法学词典》(上海辞书出版社出版)有关法制史词条并担任法制史全部审校工作。1979 年参加筹备《中国大百科全书·法学卷》编委会,为法学卷编委兼中国法制史主编。1979 年到安徽大学法律系工作,曾任法律系主任、校学术委员会副主任。陈盛清于 1982 年与中国人民大学林榕年教授、华东政法大学徐轶民教授等一起,创办了全国外国法制史研究会,并担任研究会的第一、二、三届会长。

光华大学是 1925 年 6 月,由退出教会学校圣约翰大学的 572 名师生所创建。

1925 年,五卅惨案在上海爆发,各界纷纷走上街头。圣约翰大学及附中的师生也组织罢课抗议,但遭到校方阻挠。6 月 3 日(这一日便定为光华的校庆日),学生 553 人以及全体华籍教师 19 人,集体宣誓脱离圣约翰大学,10 余名应届大学毕业生声明不接受圣约翰颁发的毕业文凭。此一事件,被称为"六三爱国壮举"(现华东政法大学长宁校区,就遗有"六三楼",作为对此事件的纪念)。6 月 4 日,离校师生集会商议设校事宜,他们的举动受到社会各界和学生家长的支持,纷纷出钱出地。经过各方协助,在短短三个月内就成立了新的光华大学。开学之日,大中学生已有 970 余人。光华大学创办伊始,设文、理、商、工四科。校内设有附属中学。1929 年后,还陆续增设了土木工程系、法律系、铁路工程专修科等。

光华大学首任校长是张寿镛,从圣约翰大学辞职的孟宪承等 19 位中国教师成为光华大学初期的教学骨干,另有许多博学人士纷纷前来光华任教,以表示对爱国斗争的支持,如罗隆基、潘光旦、张东荪、岑德彰、胡适、徐志摩、梁实秋、何炳松、吕思勉、周有光、钱锺书、杨宽、萧公权等。尤其是在当时政法教育和研究方面卓有成就的学者,如潘大逵(1902—1991)和王造时(1903—1971)等,也都曾在光华大学担任过教授。

1951 年,在全国高校院系调整中,光华大学被撤销,其政治系、法律系并入复旦大学,1952 年 9 月又并入华东政法学院。而其主体,则与大夏大学等校的相关科系合并成立了华东师范大学。

光华大学存在时间虽然不长,总共 26 年,但其培养了许多著名的人士。当然,由于其法律系师生并入复旦后已经和复旦原有的师生融合在一起,因此,我们现在对光华大学法科已经了解不多(如光华大学政法科学生进入华政的,现在只能看到一些蛛丝马迹,如学生在填写表格时,问到从哪所大学转入,有些学生就会情不自禁地填写"光华大学",如学生谢诗龙,就填写了"来自光华大学政治系",不说来自复旦)。但光华大学的政法科支持了复旦,而复旦的政法科又支持了华政,则是无需再证明的事情了。

复旦大学先行并入的还有大夏大学和暨南大学的法科。

1924 年 6 月,厦门大学发生学潮,三百余位师生为争取民主办校而奔赴上海筹建新校,这就是大夏大学。学校建立后,先后设五个学院,其中包括了法学院。法学院下设政治系、经济系、法律系。由于地处上海,因此,大夏大学聘请到了一批社会名流作为自己的校董,如吴稚晖、邵力子、孔祥熙、孙科、居正、王正廷等,而教授也都是著名人士,如马君武、郭沫若、田汉、何炳松、姚雪垠等。而这些校董、教授中间,许多都是当时中国知名的政法学者,如居正、王正廷等。良好的办学实力,使得大夏大学获享"东方的哥伦比亚大学"之美誉。

1949 年上海解放后,大夏大学也经历了巨大的变化。1951 年 10 月,在大夏大学原址上,大夏大学文、理、教育学科与光华大学相关系科合并成立

了华东师范大学,成为新中国创办的第一所师范大学。大夏大学建校 27
年,培养学生近 20000 名。包括一批为国为民的有识之士,如翻译家吴亮
平、戈宝权,同济大学原校长江景波,上海市人大常委会主任叶公琦,作家姚
雪垠,历史学家陈旭麓,电影导演陈鲤庭,儿童文学家陈伯吹,古典文学评论
家王元化,等等。

　　而大夏大学的法科教育,也与中国法治建设
相关。一方面,她培养了两位在 20 世纪 30 年代为
了中国人民的革命事业而献出生命的法律人,他们
是陈训涛和汪曼生。另一方面,是培养了后来担任
华东政法学院院长的雷经天(1904—1959)和最高
人民法院副院长的华联奎(1927—　　)。

　　至于在大夏大学法科执教的法学界著名人
士,也不在少数。如法律史学家丁元普(1888—

大夏大学校友华联奎大法官

1957),国际法和诉讼法专家、出席 1946 年 5 月至 1948 年 12 月远东国际军
事法庭审判日本甲级战犯的中国检察官向哲濬(1892—1987),宪法学大家
萨孟武(1897—1984),国际法学家、法律教育学家孙晓楼(1902—1958),著
名刑法、刑事诉讼法和法律教育家陈朴生(1910—2000),等等,都曾在大夏
大学担任过教授。

　　暨南大学的前身是 1906 年清政府创立于南京的暨南学堂。1907 年 3
月,暨南学堂正式开始招生。首批学生 21 人,全部是爪哇归国的侨生,原籍
大部分为广东。1918 年 3 月,暨南学堂更名为"国立暨南学校"。同年 5
月,学校决定在招生有余额的情况下,可以接收国内学生。1923 年,为了适
应学生的增多,并创建大学部,暨南学校从南京迁到上海的真如。1927 年 6
月,郑洪年担任暨南校长后,将商科改为商学院,并增农学院、文哲学院、自
然科学院、社会科学院和艺术院五门,成为当时唯一的华侨大学——国立暨
南大学。

　　因日本侵占上海,1941 年 12 月,暨南大学转迁到福建建阳。抗战胜利
后,暨南大学于 1946 年迁回上海。1949 年 6 月,暨南大学被接管。8 月 20

日,上海市军事管制委员会发表军教字第一号命令,将暨南大学原有文、法、商及理学院分别并入复旦及交通大学,地理学系并入南京大学,人类学系并入浙江大学。暨南大学停办(1958年在广州恢复)。

暨南大学法科,在民国时期享有很高声誉。一些著名法学家都曾在暨南大学学习或工作过,如当时东吴大学法学院院长、教务长盛振为(1900—1997),就在暨南大学担任过教授诉讼法和证据学的教师;著名法制史学家、商法学家和华侨问题专家、东吴大学法学院教授丘汉平(1904—1990),也曾长期担任暨南大学的讲师;而著名行政法学家、法律活动家白鹏飞(1889—1948),就在20世纪20年代末,出任暨南大学校长。

笔者的导师、全国外国法制史研究会的创始人之一、华东政法大学教授徐轶民,当年也考入了暨南大学法律系读书,后来因为暨南大学法律系并入了复旦大学,所以他最后是从复旦大学法律系毕业,然后来华政工作的。当然,更为大家所熟悉并为暨南大学带来荣耀的,就是我国著名罗马法专家周枏。

周枏出生于江苏溧阳歌歧中村,1926年考入中国公学大学部商科学习银行会计。在校期间,周枏选修了商法。1928年8月,经校长胡适等人帮助,周枏前往比利时鲁汶大学学习罗马法。1934年11月,周枏回国在持志学院法律系任教,并写成一部30万字的罗马法讲义。之后,在经历了湖南大学、厦门大学的教职后,周枏又回到了上海。在暨南大学和上海法政学院继续讲授罗马法,同时担任暨南大学法学院院长。新中国建立后,周枏被视为"旧法人员",一直没有受到重视,人生经历也很坎坷。1978年改革开放以后,周枏受邀担任安徽大学法学院的教授,从而使他的罗马法研究成果为学界所共享。

周枏(1908—2004)

以上,我们比较系统地梳理了复旦大学法律系和政治系被并入华政之前,先行合并的同济大学、浙江大学、英士大学、光华大学、大夏大学和暨南大学政法科教育的基本情况,鉴于这些大学政治法律教育曾经辉煌的历史,以及对中国近现代政治法律教育、法和法学的发展所做出的贡献,加之我们许多人,即使是从事法学研究和法学教育的学者,对此历史也不是太清楚。所以,笔者花费较多笔墨,进行了较为详细的叙述。

总之,回顾以上包括复旦在内的七所大学法科教育的历史,我们应该深深感谢复旦大学政法科,她为华政的建立,给予了丰厚的遗产,使华政可以在一个比较高的起点上向前发展。

7. 上海学院的遗产

私立上海学院虽然不太为人们所关注,但她却是组建华东政法学院的主要部分。

按照学生学籍卡的统计,上海学院法律系为新组建的华东政法学院输送了 105 名日校本科生,46 名夜校本科生,学生总数为 151 人,这是继东吴大学法学院之后,转入学生最多的一所大学。

在之前,我们许多人,包括有些华政校友,对上海学院的情况不太了解。即使学校所发布的文件,有些写成"上海法学院""上海法政学院",也有的称"上海政法学院"等,写"上海学院"的不多。当然,出现这些情况也可以理解,因为上海学院在并入华政时,其成立时间只有一年,而且上海法学院和上海法政学院本身就是上海学院的主要来源,上海学院的许多文件上写的和盖的都是这两所大学的名字和印章。

其实,上海学院作为一所私立大学,存在时间虽然不长,网上对她也鲜有介绍,但其内涵非常丰富,她是一所合并了六所法、商、政、文、经济、管理和贸易类大学的集大成式的私立大学。我们从《上海大辞典》(王荣华主编,上海辞书出版社 2007 年版)中得知,私立上海学院是 1951 年 8 月,由上海法学院、上海法政学院、诚明文学院、新中国法商学院、新中国学院、光夏商业专科学校联合组建而成。

(一) 上海法学院

上海法学院建立之初定名上海法科大学,1926 年秋天创立,由董康(1867—1947)出任校长。建校地点在法租界蒲柏路(现太仓路)几间租用的房子中。后迁入江湾路自建校舍。设法律、政治、经济三个系。1929 年改名上海法学院。"一·二八事变"中校舍被毁,学校一度移至杭州办学。1933 年迁回江湾,1937 年抗战爆发后学校又不得不离开上海,迁至浙西和皖南。1945 年回到上海,1946 年迁回原址后,设法律系(司法组和行政法学组)、政治学系、经济学系和会计学系。直到 1951 年与上海法政学院等一起组建成为私立上海学院。

上海法学院首任院长董康

　　在上海法学院的创始人中,首任校长董康的知名度最高。董康曾是清末进士,后协助修律大臣沈家本变法修律。自 1905 年起,曾多次东渡,调查日本司法改革及监狱制度,聘请日本法律家来华讲学、帮助清政府修律等。民国成立后,也曾担任北洋政府全国选举资格审查会会长、大理院院长、法制编纂馆馆长、司法总长、财政总长、广东高等法院院长等要职。抗战爆发后,董康接受日本侵略者之邀,出任伪华北政权的"最高法院院长"等职。抗战胜利后,董康被以汉奸罪逮捕,1947 年在医院病死。

　　除了董康以外,在上海法学院的发展中,还有一位著名法学家戴修瓒也起了很大的作用。戴修瓒(1887—1957),湖南常德人。中央大学法律系毕业后,赴日本留学。回国后,先后在北京、河南等地的法科大学和法院任职,1926 年后,出任上海法学院法律系主任、教授,对上海法学院的法科教育,以及提升其知名度起了很大的推进作用。

上海法学院教授戴修瓒

（二）上海法政学院

　　上海法政学院比上海法学院的名声要更大一些,办学时间也要更长一点。该校原先也不称上海法政学院,而是叫上海法政大学,1924 年由徐谦、黄石安、沈铭昌、张一鹏和刘邠等所创办。创立之初设法律和政治经济二系,后来改为法律、政治和经济三个系。1929 年 11 月 15 日改名上海法政学院。经历了外迁和停办之后,1945 年冬天迁回上海,并迎来了辉煌的时期。民国时期一批社会名流如黄惠平、杨杏佛、黄郛、吴稚晖、何香凝、杜月笙、冯玉祥、孔祥熙和于右任等都参与过该大学的校务,一批法学大家也参与其中。

如民国时期著名宪法学家张知本(1881—1976),民法学家周新民(1897—1979),宪法学家、立法史专家杨幼炯(1901—1973),宪法学家章渊若(1904—1996,不仅任教授,还担任了上海法政学院的政治系主任。他在上海法政学院的讲义《中央地方权限划分问题》和《现代立法原理》出版后在当时受到学界的欢迎),以及罗马法专家周枏(1908—2004)等。此外,中国近代著名国际法、刑法和民法学家王宠惠和郑毓秀等,也参与了上海法政学院的教学和科研工作。

上海法政学院教授、
宪法学家张知本

(三) 私立诚明文学院

私立诚明文学院。原校名为正风文科大学,创办于 1928 年 9 月,1929 年改名为正风文学院。1932 年 9 月经教育部核准立案。1940 年 9 月改名为诚明文学院。校址自创办初至 1949 年止,十易其址。1941 年 12 月,学校内迁到江西省上饶赵家乡。1949 年搬回上海交通路 1993 号原址。

首任校长王西神。1938 年 9 月,教育部改推蒋维乔接任,1951 年由著名学者王造时继任。1932 年在校生 315 人,1949 年在校生 219 人。学校先后设有中国语言文学系、教育学系、外国语言文学系、商学系四个系。修业年限,本科四年,专修科二年。办学经费主要来源是学生学杂费收入。

1951 年 8 月,遵照华东教育部决定,学院与其他五校合并组建上海学院,撤销原校建制。诚明文学院虽然没有法律系,但她的商科,也包含法律的课程,并在上海学院中也占有重要地位。华政的功勋教授徐轶民(1925—2007),当时从浙江考入上海高校,第一所进的就是诚明文学院。然后再转入暨南大学,又被并入复旦大学法科,最后被转入华政。

组成私立上海学院的,还有私立新中国法商学院、私立新中国学院和私立光夏商业专科学校。

(四)私立新中国法商学院

1947 年春天由原新中国大学的校长卢锡荣和教授蒋载华等人所创办,由卢锡荣出任院长。开始设法、商两科(夜班),法科设政治学、法律学和经济学三个系,学制均为四年。虽然,与上海法政学院、上海法学院相比,私立新中国法商学院的法科教育要弱许多,但也是当时沪上一所四年制本科的法科大学。

(五)私立新中国学院

是由私立新中国法商学院分出去的部分师生所创办,院长开始为王新民,后为蒋载华。设中文、外文、法律、经济、教育、国际贸易等系,至 1951 年 8 月被合并时,已经发展为一所较为正规的私立大学。

(六)私立光夏商业专科学校

由王裕凯、王韫石和曾昌燊于 1947 年 6 月,在茂名北路创办。学校聘请孙科、黄绍竑、潘公展等 15 人组成董事会。1948 年 9 月开学,开设会计银行和工商管理两科。1948 年 11 月,教育部准予学校立案,当年共有学生 290 名。1949 年 9 月,校董会改组,聘请孙晓村任董事长,推选王白云为校长。1950 年 2 月,董事会增设副董事长,由华东军政委员会参事室副主任潘念之担任。

正是在吸纳了上述六所大学知识、人才和办学经验的基础上,1951 年 8 月,私立上海学院挂牌成立了,校址选取了原上海法政学院所在的瑞金二路 450 号。院长笪移今。学校运作采用校长负责制,校务委员会为处理教务、行政、审查以及其他事务的协商机构,而下面具体主管为教务处和总务处。学校设有法律、经济和中文三个系,以及会计、企业和管理三个专修系。原来六所学院所有的教育、外文、国际贸易等系或者停办,或者与其他各系合并。均设日、夜两个班,日班参加全国统一招生,夜班自主招生。

从华政所保存的档案中,我们可以知道,上海学院被并入华政,其所起的作用是非常巨大的,不仅转入的学生数量仅次于东吴大学法学院,而且转入的老教师数量也是最多的。如李良、汪家焯、孟庭柯、胡永龄等均是。就是在 1979 年华政第二次复校后,在学校的教学、科研和管理方面起骨干作用的许多教师和领导,也都是原来上海学院的教师、毕业生或者转入华政后毕业的高才生,如宪法教研室的席祖德、民法教研室的金立琪、诉讼法教研室的乐瑞祥等。

由于席祖德和金立琪我们后面会详细介绍,因此这里我们主要将从上海学院转到华政任教的孟庭柯和从上海学院转入华政读书,之后又长期在华政刑事诉讼法教研室工作的乐瑞祥的情况介绍一下。

孟庭柯,1908 年出生于江苏江阴县。1926 至 1930 年,在朝阳大学法科读书。曾先后任江苏江宁、镇江、浙江温岭、上海市等地方法院的候补推事,上海第一特区地方法院推事,江苏高等法院庭长,上海法学院、东吴大学法学院、光华大学等校的

转入华政时的孟庭柯

法学教授。1951 年 9 月,担任上海学院法律系教授。1952 年 9 月上海学院并入华东政法学院,孟庭柯也进入华政工作。只是非常可惜,由于"旧法人员"的身份,孟庭柯转入华政工作以后,并没有被分配讲授法律课。在华政档案馆所保存的一份"个人小结"中,孟庭柯提到,在上海法学院、光华大学以及最后在上海学院,他所讲的都是法律课,刑事诉讼法讲了 7 年,刑法讲了 4 年,法学概论讲了 3 年,司法制度讲了 2 年。但在华政,他不能再讲旧法,而是被要求上语文课。所以,虽然华政接受了孟庭柯,但他进来后,实际上并没有能够用其所长。

乐瑞祥(1931—   ),浙江镇海人。是 1952 年转到华政读书的,之前考入的是上海法学院。1951 年 8 月上海法学院和上海法政学院一起,并入上海学院。1952 年 9 月,因为上海学院并入了华东政法学院,所以乐瑞祥又成为华政的本科学生,此时,他已经三年级了。到了华政学习一年以后,乐瑞祥于 1953 年毕业,赴浙江省检察院工作,并很快就成为了检察院系统的业务骨干。只是在 1957 年反右派运动中,乐瑞祥因"言论不当",被打成了"右派"。之后就被发配到工厂劳动,1979 年重新回到华政工作。讲授刑事诉讼法、中国司法制度、证据学等课程。

2019 年春节乐瑞祥老师(坐中间者)接受笔者采访
左一为华政离退休干部处刘晓仙处长

上海学院转入华政的学生,共有 151 人。限于篇幅,在此仅提及一部分学生。他们是:汪家燕、刘清福、叶振中、杨志芳、许克恒、张绍祥、蔡雄飞、钱嘉禄、张永祥、濮建华、岳瑞忠、王根生、袁叶文、李霖芳、张和安、高文正、王寿田、李根莺、曾经、马吉元、楼止德、沈百嘉、汪寿康、张毓态、史志勇、黄逸哲、叶松亭、吴振棣、张嘉麒、周兰英、董震、郑兆桐、高鹏、郑裕国、孙镇华、严缘青、鲍金华、王振国、徐连升、贺锦兴、彭德润、金哲明、冯敏、郭芝瑛、吴宗棠、张林、黄克雄、陈智清、徐宗仁、周猛政、周衍、余志凌、钟雄、张耀良、周渭民、王豹、叶弘毅、李典韵、金锡兴、夏诵先、徐清、褚余鑫、胡明华、潘德明、许丽生、老国雄、徐承章等。

正是因为上海学院在并入华政之前,已经替华政合并了六所高校,她所带来的不仅仅是她自身一个法律系。因此,我们在回顾华政的历史时,不可以忘记私立上海学院这所大学对华政所做出的巨大贡献。

8. 圣约翰大学的遗产：校园

华东政法学院建在圣约翰大学（St. John's University）的校园里面。而圣约翰大学，简称圣约翰、约大，是由美国圣公会上海主教施约瑟（S. J. Schereschewsky, 1831—1906）于 1879 年，将圣公会原辖培雅书院（1865年）和度恩书院（1866年）合并，在沪西梵皇渡（现在的万航渡路 1575 号）购地兴办，是中国近代最早开办的一所教会大学。1881 年开始完全用英语教学。1892 年起正式开设大学课程，1905 年升格为大学。

圣约翰大学创始人施约瑟

卜舫济为世界上任职
时间最长的校长

1906 年以后，圣约翰的毕业生还可以进入美国各大学深造，耶鲁大学、哈佛大学、哥伦比亚大学等名校甚至同意免试招收，所以吸引了大批学生报考。1913 年开始招收研究生。1923 年，在卜舫济的积极争取和早期校友施肇基的资助下，约大获得哈佛大学和麻省理工学院的帮助，将早期设立的土木工程系拓展为施肇基土木工程学院。

1927 年圣约翰大学成立校董会，1936 年开始招收女生。1942 年，约大成立建筑工程系，这是上海高校中的第一个建筑系。至 1949 年春，在校学生达 1200 余人，拥有文、理、医、工、神五个学院和附属中学。之前，1888 年 6 月，美籍英语教师卜舫济牧师（F. L. Hawks Pott, 1864—1947）出任校长，到 1941 年转任名誉校长，他主持圣约翰校政长达 53 年之久，对该校发展做出了很大的贡献。在卜舫济的精心管理下，30 多年间圣约翰资产增加了 200 万银元，校园从 84 亩拓展到 228 亩。先后建造了 15 幢大楼、28 所住宅，还有宿舍楼、教学楼、办公楼、大礼堂、图书馆、博物馆、实验室、交谊室等。至 20 世纪 40 年代中期，学校规模又进一步发展，校园面积达 300 余亩。

1947 年 10 月，学校完成向国民政府立案的手续。1949 年新中国成立后，圣约翰大学作为教会大学，其命运发生了巨大的变化。1950 年 12 月，圣约翰大学正式宣布与美国圣公会脱离关系，改由国人自办，政府予以补助。1952 年秋，圣约翰大学撤销，在院系调整中被拆散并入上海多所高校（校址万航渡路 1575 号则由华东政法学院所延续）。

1952 年，华政在圣约翰大学原址上成立。圣约翰大学留给华东政法学院的历史遗产，最重要的就是她的办学理念（强调学术独立和大学自治）和文脉、传统、情怀（校训：光和真理），以及美丽的校园。一方面，由于圣约翰大学的办学理念、文脉、传统和情怀，以及圣约翰的精神，已经有大量的文献介绍了。尤其是 1988 年在香港成立的"圣约翰大学世界校友联谊会"为此做了大量的工作。另一方面，由熊月之、周武主编的《圣约翰大学史》和徐以骅主编的《上海圣约翰大学（1879—1952）》，已经分别于 2007 年和 2009 年由上海人民出版社公开出版，关于圣约翰大学的创建、发展、变迁等在这两本书中已经有了大量详尽的叙述。因此，笔者这里，仅就圣约翰大学留给华政的最大的财富，即美丽的校园和杰出的人才，做一点介绍。

在圣约翰大学的校园里，不仅有开阔起伏的大草坪，有庄严肃穆的小教堂，还有体现了欧洲各国风格的形式别致、美丽典雅的行政办公楼、教学楼和学生宿舍楼等建筑群。其历史至今已有 150 余年。下面，就让我们来分别介绍一下圣约翰也是现在华政美丽的校园吧。

下述圣约翰大学校园建筑的鸟瞰图，反映了圣约翰大学的部分建筑。这些建筑坐落在上海市中心西部，中山公园北面，苏州河畔。圣约翰大学在 1894—1939 年的 45 年间，采用欧美建筑的工程设计，屋顶造型则借鉴中国"民族形式"宫殿大屋顶建筑构图元素，陆续建成了中西合璧的十余幢校舍及多幢教职员宿舍，形成了独特的建筑风格。人们称之为圣约翰式的中国高等学校著名建筑群。后来被一些教会学校所模仿。

首先，让我们来看看历史最为悠久，建成于 1863 年的漂亮小洋房 4 号

圣约翰校园建筑鸟瞰图（局部雪景，于明摄）

从下往上依次为：格致楼、韬奋楼、40号楼、河西食堂、体育馆、树人堂、东风楼

圣约翰时代的4号楼（西南角度拍摄）

楼吧！4号楼，原名霍格别墅，由英籍兆丰洋行大班勤努·霍格（Jenner Hogg）于清同治二年（1863年）建造，后租赁给极司菲尔居住。清宣统三年（1911年），由圣约翰购入用作大学办公处及校长住宅。1952年9月划拨为华政校舍。因该楼在圣约翰校舍中排序为4，故称4号楼。

　　4号楼自从被圣约翰大学购入以后，就一直被作为校长以及学校主要行政机关（组织、人事、档案、财务、秘书等）的办公楼。从圣约翰大学主持校政长达53年之久的校长卜舫济牧师，到华东政法学院成立以后的魏文伯、郑文卿、雷经天，到1964年华政第一次复校后的魏明、田光和袁成瑞，1979年华政第二次复校后的徐盼秋、曹漫之（这两位领导有一段时间是在大草坪上搭起的帐篷里办公）、刘少傥，以及1984年以后的陈天池、庄咏文、史焕

4 号楼一层东南大房间内还保留着壁炉,壁炉左侧有 Build 1863(1863 年建造);
在右侧,有 Rebuild 1899(1899 年重建)的字样(吴思远摄)

章、陆庆壬、谭永介、曹建明、祝林森、杜志淳、何勤华、童西荣,现任的郭为禄、叶青等校领导,以及相关的党办、校办等部门都曾在里面工作、生活。

现在的 4 号楼正面(吴思远摄)

其次,让我们来看一下 4 号楼对面(东面)的交谊室(现交谊楼)吧!

交谊室,是圣约翰同学会和校友会在建校 40 周年时,为纪念圣玛利亚女中首任校长、卜舫济校长已故中国结发夫人黄素娥,发起募捐建楼,历时10 年,于 1929 年 12 月 14 日举行揭幕典礼。交谊室里面可以上大课、开大会、进行篮球比赛、做体操,也可以放映电影、举行舞会。1958 年以后,又成为上海社会科学院的图书馆。1998 年回归华政后,又成为举行各种会议、学术讲座的场所,其二楼的报告厅,是 1952 年 11 月 15 日举行华政首届开学典礼的场所,也是现在华政每年举行研究生毕业典礼的地方。

圣约翰时代的交谊室(现交谊楼)

交谊楼正门旁边黑色的铜牌上写着:"解放上海第一宿营地:中国人民解放军第三野战军司令陈毅在 1949 年 5 月指挥淞沪战役中,26 日凌晨进驻上海的第一宿营地——前圣约翰大学交谊室。当日下午,[陈毅等人]转移至三井花园,领导接管上海的工作。特树碑石,以志永久纪念。华东政法学院,2002 年 5 月立。"

4 号楼的旁边(西北边),是六三楼。

六三楼(原名斐蔚堂),于 1939 年建造。1939 年圣约翰师生和校友为纪念圣公会上海教区主教,圣约翰神学科主任郭斐蔚,捐款建筑教学楼一幢,计 12 个教室,另有教师休息室、储藏室和盥洗室各 1 间。该楼落成时命名为斐蔚堂。

20 世纪 50 年代以前圣约翰时代的六三楼

　　郭斐蔚（F. R. Graves，1858—1940），出生于美国纽约州，1881 年 10 月来华宣教，1901 年任美国圣公会上海教区主教。1937 年 10 月 7 日郭氏因年老体衰辞去主教一职，但仍居圣约翰内，直到 1940 年 5 月 17 日病逝。郭氏在华宣教历时 59 年。

　　1951 年 3 月，圣约翰校政委员会决定，将斐蔚堂改名为六三楼，纪念 1925 年圣约翰在图书馆门前的两根旗杆处发生的"国旗事件"即"六三事件"。六三楼自 1958 年起，曾是上海社会科学院图书馆办公室，1998 年移交给华政，又改作华政行政职能部门办公室。现在里面有华政财务处、保卫处、学生处以及《法学》《华东政法大学学报》《犯罪研究》和《青少年犯罪问题》的编辑部等机构办公。

现在的六三楼（周小凡摄）

　　六三楼的旁边（西边），是红楼图书馆。

　　红楼图书馆于 1915 年岁首举行奠基典礼，翌年初夏落成。该馆为两层，用钢筋水泥及砖木混合结构筑成，位于 4 号楼西侧。

1939 年之前的红楼图书馆。由于当时六三楼还未建，故旁边地方比较空旷

1913 年 12 月 20 日,圣约翰学生和校友举行美籍校长卜舫济任职 25 周年纪念会,并捐洋 2 万元,准备建一图书馆,以资纪念,故该馆称为纪念堂(Anniversary Hall)。卜舫济的中外朋友亦出资赞助,计建筑费 2 万余银两。

馆舍为中西式参半的两层建筑,大屋顶,四角皆为曲线形,二层楼分别有藏书室、陈列图书和阅览室,中间为馆长及馆员办公室,并悬挂着卜舫济的画像。一层楼曾设神学院图书室兼课室和报章阅览室,以及贮藏未装订之报刊杂志室和报刊杂志装订室。由于藏书量陡增,1936 年,二层楼北大间加筑了夹层阁楼,增加了藏书空间。

藏书中有圣公会英文宗教藏书,施肇基所藏的中国书籍等。美国纽约市长、哥伦比亚大学校长罗氏(Seth Low)与其弟捐助书籍甚多,故馆名又称罗氏图书馆。建馆时,捐助贵重书籍的校友很多,其中曾任驻英公使的施肇基博士捐助值洋 1000 元书籍。1933 年,在校友宋子文的帮助下,又获得盛宣怀私人藏书 66607 册中文书籍。

华政于 1984 年建造了新的图书馆大楼后,老的图书馆称之为红楼图书馆,以示区别。

从红楼图书馆出来,穿过小草坪,对面(北面)就是 40 号楼。

40 号楼(原名思颜堂)于 1903 年(光绪二十九年)10 月 24 日奠基,翌年 10 月 1 日举行落成典礼。该楼为三层砖木结构,位于韬奋楼西侧。建筑面积 4052 平方米。该楼呈 U 字形,采用中西结合建筑风格,楼顶屋角皆为曲线形,东侧南屋顶部以阳台护栏式装饰。西侧三个楼层均为学生宿舍。东侧二层楼设大会堂,是聚集场所,安置固定座位 600 座,坡陡地面。大会堂北侧的二、三层楼,当时为教员寄宿处和招待室。该楼现主要作博士生导师用房及研究生宿舍。

该楼落成时命名为思颜堂,以纪念圣约翰创办初期出力最多的中国牧师颜永京(1838—1898)。颜氏年轻时留学美国八年,1878 年底受召返沪,协助施约瑟主教筹办圣约翰。颜氏在建校初期募资购地,兴建校舍,并任学监兼数学、自然和哲学教授达八年之久。把英语引入教学课程出于他的建

圣约翰时代的思颜堂（现 40 号楼）

议。颜氏还编撰过不少教科书和宗教书籍，如英普教会史，教会祷文、圣公会要道等，他曾把英国哲学家斯宾塞的教育学名篇《肄业要览》(*Education*)和美国学者海文 1857 年出版的心理学著作《心灵学》(*Mental Philosophy*)译成中文，被视为第一个把西方心理学介绍到中国之人。1888 年奉圣公会调令，离校任他职。

现在的思颜堂（40 号楼，周小凡摄）

　　1913 年 2 月 1 日，圣约翰举行学期结束仪式，时任中华民国第一任临时大总统孙中山先生应邀于大会堂（现称"小礼堂"）演讲。中山先生首先论述科学教育的重要性，最后言辞是："今且言责任，圣经中云，已见光明，应为人导。既有知识,必当授人。民主国家,教育为本。人民爱学,无不乐承,先觉觉后,责无旁贷。以若所得,教若国人。幸勿自秘其光。"中山先生在演讲中反复阐述教会传播教育的功劳,对圣约翰的教育事业,尤为称美。

圣约翰时代的思颜堂二楼小礼堂(现 40 号楼二楼小礼堂)

2001 年 2 月 15 日,时任加拿大总理克雷蒂安先生慕名孙中山先生在圣约翰的演讲处,前来华政 40 号楼小礼堂发表演讲。克雷蒂安先生是法律科班出身,他在演讲中,特别强调了现代社会法治建设的重要性。

现在 40 号楼正门,"孙中山先生演讲处"和"加拿大总理克雷蒂安演讲处"分别树有碑文,以示纪念。

在 40 号楼的东侧,就是华政老校区著名的大楼,也是圣约翰大学的经典建筑怀施堂(即韬奋楼)。

圣约翰时代的怀施堂(后改名韬奋楼)

怀施堂于 1894 年(光绪二十年)1 月 26 日举行奠基典礼,翌年 2 月 19 日举行落成典礼。该楼为二层砖木结构,建筑面积 5061 平方米,现为教学用教室。

该楼的建筑图纸在美国绘就,保存着中国四合院式的建筑特点,屋顶四角皆为曲线形,南面中间,原图设计是塔楼,后采用了圣约翰科学系主任顾斐德教授提议,改为钟楼(大钟由美国马萨诸塞州波士顿 E. HOWARD 联合公司铸造,1895 年 12 月 19 日落成,是当时上海地区第一座大时钟)。在当时,该楼是创始中国式学院的建筑,也是教会学校建筑中最佳校舍。该楼由校长卜舫济经手筹建,耗资 2.6 万美元(折合白银 31834 两)。

现在的韬奋楼正面(张顺摄)

为纪念圣约翰创始人施约瑟主教,该楼在落成典礼上被正式命名为怀施堂。施氏生于俄属立陶宛,犹太血统,幼年父母双亡,受教于犹太拉比,通过阅读希伯来语的《圣经·新约》而信奉基督。1854 年施氏移居美国,成了圣公会纽约中央神学院的学生,1859 年结束学业随美国圣公会中国布道区第一任主教文惠廉(William Jones Boone)前来中国传教。施氏具有非凡的语言才能,一生曾学习并掌握了 20 种语言。对中国语言文字颇有研究,教会译《圣经》及《公祷书》等多种宗教经籍为中国文言文时,出力居多,成为在华传教史上最负盛名的《圣经》翻译家之一。

施约瑟于 1877 年升任美国圣公会中国布道区第三任主教,他见到中国人尊师重学由来已久,于是主张并得到圣公会上层人物的支持,于 1879 年在上海创办了教会学校圣约翰书院(St. Johns College),并兼书院监院(即校长),还掌揽在华的全部教务。1880 年 11 月施氏赴武昌视事,次年 8 月中暑成瘫,9 月返回上海。1882 年 3 月施氏夫妇携一双子女离上海飞往欧美就医。1883 年 9 月施主教向圣公会外国委员会递送辞呈,并推荐小文惠廉取代其主教工作。十余年后的 1895 年 9 月返回上海。1897 年施氏夫妻又离华赴日本东京,边治病边继续进行官话本《圣经·旧约》译本工作,至 1899 年完成修订版。施氏于 1904 年底病情恶化,1906 年 10 月 15 日在东京去世,享年 75 岁。

邹韬奋(1895—1944),祖籍江西余江,17 岁时,到上海南洋公学读书,1919 年转入圣约翰,改学文科,1921 年毕业。后投身于抗日、爱国、革命的运动中,成为一位著名新闻工作者。新中国成立后,圣约翰师生为纪念邹韬奋,于 1951 年 3 月经校政委员会决定,将怀施堂改名为韬奋楼。

在怀施堂(韬奋楼)的南面,是圣约翰大学的牌坊。

圣约翰的纪念坊。当时绿化少,牌坊中间有条路直通韬奋楼正门

"圣约翰大学纪念坊",系曹家渡商界为纪念圣约翰大学成立 50 周年,于 1929 年 12 月树建。该纪念坊形状甚为古朴。曾于 1955 年 5 月被拆除。1992 年 10 月中旬,由圣约翰大学校友会在原址用纪念坊原四根石料柱等复建。

在纪念坊的四根石柱上,正背两面均琢有两副对联,并有横额。现录于下。

正面外联是："环境平分三面水,树人已半百年功"。中联是："淞水钟灵英才乐育,尼山知命声教覃敷"。横额是："缉熙光明"。

背面外联是："明礼达用是为国华天挺之才资造就,新命旧邦广开学舍海通而浚此权与"。中联是："命中西於一炉五十载缔造经营蔚城学府,在东南为巨擘千万人灌磨淬厉用扬国光"。横额是："光与真理",其为约大校训。

正面的外联,系题联名家嘉定王焘曾撰,书法家吴兴王震书;中联为嘉定金文瀚题书;背面两联是否亦出于他们之手,不得而知。

韬奋楼的东侧,就是格致楼。

圣约翰时代的格致楼

格致楼(原名格致室,曾称科学馆、办公楼)于1898年11月20日奠基,1899年7月19日举行落成典礼。建筑经费共计3万美元。该楼为三层砖木结构,位于韬奋楼东侧。基地面积930平方米,建筑面积2331平方米。楼的西墙面与今韬奋楼南墙面相仿,其南墙面为城堡式(内安装有人力升降器),益增其苍然老态。1909年电力才通至圣约翰,此前尚无电灯照明,故三层楼的屋顶为U字形,U中部装有玻璃天窗,可采自然阳光。1979年华政第二次复校后,曾为办公楼、女生宿舍楼,现为教授工作楼。

格致楼的南面,就是思孟堂(现在的学生宿舍5号楼),它的西面,原来长时间用作网球场,现在做了临时停车场。

思孟堂(曾用名和平堂、学生宿舍二楼等)于1908年9月19日奠基,翌年9月落成。该楼为三层砖木结构。位于格致楼之南,苏州河沿岸。基地面积819平方米,建筑面积2194平方米。建筑经费总计27833美元,其中

现在的格致楼，里面是教授工作室（周小凡摄）

1952 年时的思孟堂西侧，楼下当时也是运动场

学生捐款 7000 美元，在美国募得 15000 美元，其余为圣约翰经费。该楼长期为学生宿舍，现为华政研究生女生宿舍楼。

该楼命名为思孟堂，以纪念美国牧师孟嘉德（Arthur Sitgreaves Mann）。孟氏 1904 至 1907 年在圣约翰教授哲学，他被认为是第一个把西方社会学介绍到中国之人，曾为圣约翰创作校歌，为该校师生传唱。1907 年 7 月 29 日，他在庐山旅游时，因营救一在长沙宣教的耶鲁校友落水而同溺于瀑布中。孟氏毕业于美国耶鲁大学，该校在孟氏去世后特制一纪念铜牌，置于思孟堂一楼楼梯旁。

圣约翰校政委员会于 1951 年 3 月决定将思孟堂改名为和平堂。华政创建后又将和平堂改名为宿舍二楼,1979 年又改名为学生宿舍五号楼,1998 年 6 月恢复思孟堂楼名。

在思孟堂的南面,就是同仁楼。"同仁楼"取原址前单位之名。同仁医院是圣约翰大学医学院的教学医院。圣约翰大学并将该医院房舍编为 2 号楼。占地面积 3200 平方米,建筑面积 3696 平方米。圣约翰大学在 1880 年创设的医科基础上,于 1896 年建立医学院,并开设义诊所,为附近群众服务。

同仁楼(现为研究生女生楼,周小凡摄)

同仁医院早期地处虹口虬江路,1932 年"一·二八淞沪抗战"爆发后,曾遭流弹。后迁至海格路(今华山路),又遭日军轰炸,手术室被毁。同仁医院在战事中损失惨重,但保存下大部分医疗设备。后又先迁至忆定盘路(今江苏路)后百利南路(今长宁路),于 1947 年 9 月才迁至圣约翰大学校门内东侧义诊所楼前空地。鉴于经费短缺,医院新建房舍为简易平房(梵皇渡路 1561 号)。1977 年底,同仁医院又迁至愚园路 738 号(前为长宁区中心医院)。长宁区卫生局拆除了原简易房舍,建造了新的砖木结构的楼房,并安置了新的卫生单位。

20 世纪末期,华政学生规模逐年扩大,在松江新校区建设之前,于 2002 年对万航渡路 1561 号单位房产进行了置换。几经修缮,现用为华政研究生女生宿舍。

同仁楼再往南走,就是华东政法学院的南大门,也是当时圣约翰大学的校门。虽然门口的样子稍有区别,但大体位置没有太大变化。

圣约翰大学门口校牌

圣约翰大学并入华政以后,其校门也是几经变迁。1958年华东政法学院、上海财经学院、复旦大学法律系和中国科学院上海经济研究所、上海历史研究所合并,组建上海社会科学院时,因为是以华政的校园为办公场所,所以其大门也是这个校门。1979年华政第二次复校后,也是以此校门为主要大门。只是过了几年,在校门的西侧,修了一堵校名墙。

上海市万航渡路 1575 号华政长宁校区正校门(张顺摄)

让我们重新回到韬奋楼吧。从韬奋楼再往北面走，就是体育室了。

体育室于 1918 年 6 月 30 日奠基，翌年 11 月 15 日举行落成典礼。位于韬奋楼之北，基地面积 421 平方米，建筑面积 881 平方米。建筑和购置运动器械耗资 48900 美元，其中圣约翰支出 23500 美元，校友捐赠 11700 美元，学生捐赠 7800 美元，校外各界捐赠 6800 美元。

圣约翰时代的体育室

该体育室以纪念圣约翰理科教授顾斐德而命名。顾氏原籍英国，1894 年到圣约翰任教，主持自然科学部，1915 年 6 月 4 日病殁于英国伦敦。顾氏是圣约翰体育活动最早的组织者之一，也是圣约翰校徽的设计者。

现在的华政长宁校区体育馆（张顺摄）

体育室建筑图样由圣约翰理科教授华克绘制,此两层楼房为砖木结构,大屋顶四角亦呈曲线形,继承圣约翰早年建筑风格。一层楼有来宾接待室一间,浴室和更衣室各两间,机房一间,储物室一间。浴室内装置冷热水莲蓬头,墙和地面均用白色瓷砖。二层楼系室内球场,长 75 英尺,宽 45 英尺。场的南端设体育教员办公室,上则有一看台,可倚栏俯视场中篮、排球类比赛。体育室底层东侧为室内游泳池,上架玻璃天棚,池之南端,备有来宾参观席。该游泳池长 60 英尺,宽 20 英尺,池底和四壁均用白瓷砖砌成。此室内游泳池当年实为中国所罕有。后也被有的学校所效仿。

1952 至 1956 年,华东体育学院曾在此办学,利用该体育室和早年圣约翰其他田径运动场等体育设施训练体育人才。1998 年,华政将体育室的游泳池和浴室等改作为学生健身房。

体育室的北侧,就是树人堂。

1935 年时的树人堂

树人堂于 1935 年建造。该楼为三层钢筋水泥和砖木混合结构。位于体育室之北,西门堂之东南侧。大屋顶四角皆为曲线形。建筑经费除由圣约翰经费支出外,有校友及学生家长的捐赠。建筑面积 1526 平方米。该校舍共有房 54 间,一层为 12 间,二、三层各 21 间。该楼命名树人堂,取"十年树木,百年树人"之意。1952 至 1956 年,该楼为华东体育学院办公楼。该院外迁后,由华政改作有关教研室办公用房。在"文革"期间,尽管历史上鲁迅(周树人)与圣约翰并无瓜葛,但树人堂被改名鲁迅楼。1999 年该楼大修时,又恢复原名树人堂。

现在的树人堂(20 世纪 60—80 年代一度改为"鲁迅楼",张顺摄)

在树人堂的西侧,就是西门堂(东风楼)了。西门堂于 1923 年岁末奠基,翌年 12 月 13 日举行落成典礼。建筑经费 55000 美元,其中西门遗孀捐资 5 万美元,以及宾夕法尼亚妇女辅道会捐助 5000 美元。该楼为两层长方形(又称马蹄形)砖木结构,建筑面积 4078 平方米,计 99 个房间,另设有小会堂和膳堂各一间。

圣约翰时代的西门堂(后改名东风楼)。前面是一片泥地

施约瑟主教在创建圣约翰后,又将文记女校和裨文女校合并成立圣玛利亚书院(女校),于 1881 年 6 月开学,首任校长黄素娥。圣约翰和圣玛利亚两校在同一校园内,均难以继续扩大发展。故圣玛利亚于 1923 年 9 月募得经费后拆除了旧建筑,向左右延伸建筑新校舍。新校舍在落成典礼上被

命名为西门堂,以纪念在沪从商 40 年的美国公谊会教友西门(John Ferris Seaman),西门生前对圣约翰的教育事业极为赞成,去世后其夫人捐资建筑校舍,以纪念亡夫。从 1925 年起,西门堂便为圣约翰附属中学高中部校舍,初中部因划归圣约翰青年会中学(今华阳路职校)办理而外迁。

后来在西门堂(东风楼)和思颜堂(40 号楼)之间建成的河西食堂,
可以同时容纳 1400 名同学就餐

　　1952 年全国高等学校院系调整,圣约翰数学系等并入华东师范大学后,一度仍设于西门堂。直到 1956 年,华东师大将该楼移交给华政。"文革"时,西门堂被改名为东风楼。1997 年,华政将该楼东北侧的小会堂改建为两个梯形教室,次年,华政又将该楼西北侧的膳堂先后改建成学生健身房和教室。

现在的东风楼正门(周小凡摄)

　　早在圣约翰时期，就形成了苏州河两岸办学的格局，所以，1934年建了一座木结构的学堂桥，1967年拆除。1980年10月复建钢筋混凝土的校园桥，西岸桥址从韬奋楼北隅移至树人堂北隅。历经20年岁月，在众多师生同时过桥时桥面有晃动感，为确保安全，于2001年拆除，当年改建钢梁的新桥。2009年改名华政桥。

1934年建成时的学堂桥（校园桥，木桥）

2001年以钢铁为材质建成的校园桥（周小凡摄）

　　圣约翰大学校园庄重典雅的美丽建筑，由华东政法学院传承之后，被保护得还是非常不错的。上海市人民政府也于1994年2月15日将上述主要建筑物列入"市级建筑保护单位"，并制发"优秀历史建筑"碑石。同年10月，长宁区人民政府将韬奋楼列为"青少年爱国主义教育基地"；并将圣约翰大学历史建筑登记为不可移动文物。上海市人民政府又于2014年

4月4日公布,将圣约翰大学历史建筑群列为"上海市文物保护单位"。2019年10月16日,国务院正式印发《关于核定并公布第八批全国重点文物保护单位的通知》,明确将圣约翰大学历史建筑群列入全国重点文物保护单位。

华东政法大学在校庆65周年之际,将分批给历史建筑物制挂大理石"楼铭牌",第一批有20幢(含纪念坊、华政桥)。华政离退休工作处编辑一部纪念影集,其中刊载楼铭牌和建筑物照片,以志庆贺。而韩信昌老师在这中间发挥了重要作用,许多楼名以及其相关历史,都由于他的认真、仔细梳理,而得以清晰。本文对各幢建筑的说明,也多依据他提供的资料。

1890年时的礼拜堂。1982年被拆除

对华政学子而言,比较遗憾的是,有着百年历史的圣约翰大学的神学院所在地、约翰礼拜堂(教堂),在1982年,被拆除了。而在礼拜堂所在的地方,盖起了华政新的图书馆。

礼拜堂与圣约翰大学的全部建筑,实际上是融为一体的。圣约翰大学的绝大多数建筑都被完好地保存了下来,唯独这个礼拜堂,躲过了20世纪50年代清除旧法观念和旧法人员的司法改革运动、清理镇压"历史反革命"的"肃反运动"、反右派运动、"大跃进"运动、60年代的"四清运动",乃至十年"文化大革命"的浩劫,一直顽强地生存(被完好地保存)至中国已经实施改革开放的1982年,却给拆除了,一点痕迹都没有留下,着实遗憾。

说到圣约翰大学的校园,还不应该忘记一个地方,就是东风楼的后面

(北面),那里还保留有 10 余幢不同风格的中西合璧的建筑,有西班牙式、有葡萄牙式、有英国式、有德国式、有美国式等,是当时圣约翰大学教职员工的住宅。之后,里面又住进了华政、上海社科院等单位的职工和家属,总数在 150 多户。前文提及的上海许多法学界名流,如傅季重、袁成瑞、李润玉、齐乃宽、王召棠、黄道、王文昇,以及华政民商法学科的带头人韩来璧老师,后来担任复旦大学法律系主任的张世信老师,华政校办主任、对外合作处处长邹荣老师,以及法律学院的张新泉老师、人文学院的陈庆权老师,包括笔者,等等,都曾居住在这里。

36 号楼,左侧这条小路通向东风楼后面家属区(张顺摄)

2008 年以后,在上海市政府和长宁区政府巨额资金的支持下,华政将这 150 余户居民(除个别钉子户外)全部动迁了出去。顺便说一句,按照动拆迁合同的规定,本来被动拆迁的房屋,如果里面的居民搬出去后,该房屋是必须要拆掉的。但考虑到圣约翰大学的建筑群是上海市的重点保护文物,在市、区两级政府的支持下,这东风楼后面的十几幢房子,就得以保留了下来。

虽然,东风楼后面的十几幢房子现在都已经很破旧了,但因为圣约翰大学在建造这批建筑时,让其具有浓郁的欧美各国风情,因此,2021 年,在学校的争取下,在上海市人民政府的支持下,准备投入资金,将其按原有风格进行装修,让其形成一整片漂亮的建筑群。原圣约翰大学的遗产,现在华东政法大学的校园,将会变得更加漂亮,更加丰富,更加厚重。

9. 圣约翰大学的遗产:杰出人才

圣约翰大学为华政,为国家贡献的不仅仅是美丽的校园,还有数以千计的英才。如下一些名字虽然不一定全面,但至少是有相当的代表性的。

贝聿铭(世界著名建筑大师)

蔡至勇(华尔街第一个华人大亨)

陈成达(中国足球界元老)

丁光训(爱国宗教领袖,曾任全国政协副主席、中国基督教协会会长)

董健吾(牧师,中央特科重要成员)

顾维钧(中国近现代史上最卓越的外交家之一)

顾震隆(中国复合材料研究奠基人)

郭迪(中国儿童保健学科奠基人)

黄嘉华(外交家,曾任联合国国际法委员会委员)

蒋一成(石油勘探专家,美国亚洲协会主席)

经叔平(上海商业巨子,民生银行创始人,曾任全国政协副主席、全国工商联主席)

李慎之(哲学家,社会学家)

连横(台湾著名爱国诗人和史学家)

林语堂(文学家,曾任联合国教科文组织文学主任,新加坡南洋大学创始人)

刘鸿生(老上海实业大王)

刘以鬯(经典电影《花样年华》的原著作者,曾任香港作家联会会长)

鲁平(国务院港澳事务办公室原主任)

罗荣安(中国航空教育开拓者)

马约翰(体育教育家,曾任中国田径协会主席、中华全国体育总会主席)

孟宪承(教育家,华东师范大学首任校长)

潘序伦(中国现代会计之父,上海立信会计学院创始人)

荣毅仁(著名工商业人士,曾任国家副主席,中信集团创始人)

容永道(普华永道会计师事务所创始人,香港基本法起草委员会委员)

施肇基(政治家,外交家)

史久镛(曾任联合国国际法院院长、大法官)

宋子文(政治家,金融家,外交家)

孙学悟(中国基础化学工业奠基人)

吴宓(文学家,国学大师,诗人)

吴肇光(中国外科医学奠基人)

吴宗锡(著名评弹理论家,曾任上海市曲艺家协会主席)

颜福庆(上海医科大学和中华医学会创始人)

俞大维(兵工学家,政治家,哲学家)

郁知非(中国血液病学奠基人)

张爱玲(中国现代著名女作家)

张乃峥(中国风湿病学奠基人)

张仲礼(经济学家,前上海社会科学院院长)

周诒春(清华大学奠基人)

周有光(汉语拼音创始人)

邹韬奋(杰出的出版家和新闻记者)

邹文怀(香港电影教父,缔造出李小龙和成龙两位国际巨星及许多演艺明星,嘉禾集团创始人)

圣约翰培养的学生中,还有许多如蒋锡夔、江绍基等当选为两院院士,以及在工商界、文艺界、教育界、学术界、医学界和宗教界做出重要贡献者。

1990 年国家副主席、圣约翰校友荣毅仁(左 2)访问华政
陆庆壬书记(前排右 3)和史焕章院长(右 1)一起接待

　　而从圣约翰大学政治系毕业、一生为法治事业做出贡献者也不在少数。这中间,1944 年从圣约翰大学政治系毕业,同时继续着东吴法学院的学业,并入北大法学院进一步深造,之后一直在新中国法治建设中辛勤耕耘,并于改革开放之后担任中国政法大学研究生院副院长的我国法理学界泰斗程筱鹤(1921—1987)先生,就是其中的一位代表。

1944 届圣约翰大学政治系学生程筱鹤的毕业证书
程筱鹤先生女儿、中国政法大学教授程滔提供

　　以下,受篇幅限制,我们就介绍与华东政法学院有渊源关系的校友,以表达作为圣约翰大学的后人之一的华政学子对他们的尊敬和仰慕之情。这

位校友就是邹韬奋。

邹韬奋（1895—1944），江西余江县人，17 岁时，到上海南洋公学（交通大学的前身）读书，1919 年转入圣约翰大学，改学文科，1921 年毕业，获得文学学士学位。应聘成为工商界的一名职员。1926 年接任《生活》周刊主编，始用笔名韬奋，以犀利之笔，力主正义舆论，抨击黑暗势力。《生活》周刊从一个不起眼的小刊物，一跃发展成为"风行海内外，深入穷乡僻壤的有着很大影响的刊物"；发行量最高达到 15.5 万份，"创造了当时期刊发行的新纪录"。

中国新闻人楷模邹韬奋

1931 年"九一八"事变后，韬奋在上海全身心投入抗日救亡运动。1932 年创办生活书店，1935 年 11 月在上海创办了《大众生活》周刊。同年 12 月时销售量达到 20 万份，超过原来的《生活》周刊，创造出民国时期杂志发行的最高纪录。1936 年 2 月 29 日，《大众生活》出至第 16 期，被国民党政府查封。此后，邹韬奋在上海先后创办了《抗战》《全民抗战》《抗战画报》等刊物。其中《全民抗战》销售量突破 30 万份，居全国刊物发行量之冠，有力地推动了爱国民主运动的发展。1936 年 11 月 22 日，与同为救国会领导人的沈钧儒、李公朴、沙千里、史良、章乃器和王造时六人一起被国民党逮捕，酿成"七君子事件"。1941 年"皖南事变"后，邹韬奋流亡香港，1943 年因患癌症秘密返沪就医，第二年不幸逝世。

1995 年 11 月 15 日邹韬奋塑像在华东政法学院建成

韬奋先生之子邹家华副总理（右）和黄菊书记参加了邹韬奋塑像揭幕仪式

邹韬奋是中国现代史上卓越的文化战士、伟大的爱国者、杰出的出版家和正直的新闻记者。1995 年 11 月,华政为纪念邹韬奋 100 周年诞辰,镌雕韬奋正面半身铜像一尊,竖立在韬奋楼中央,以志永久纪念。

除此以外,圣约翰大学也为在她校址上创办的华东政法学院提供了教师和学生。从华政的档案中可以看到,当时圣约翰为华政提供的教师名单,共有六位教授,一位是潘世兹,一位是陈仁炳,还有四位是岑绍章、李宗义、赖源和、靳文翰,但他们不知什么原因,最后都没有能够进来。圣约翰最后进来的是两位刚刚毕业的年轻老师,一位是朱庆祚,另一位是江邈清,转入华政后,于 1956 年同时被评为华政历史上的第一批讲师。

而从圣约翰大学转入的学生,从文献资料的记载上,知道共有 18 人,但笔者从华政档案里面所查到的,则有 19 人,即王世祯、叶庆天、陈希慧、郑克强、林贤赍、项涵芳、李天耀、邢士澄、吕绍亮、徐经华、潘鼎忠、梁世伟、黄新、钟嘉西、陈世玲、罗善发、胡鸿道、傅积美、王寿长。这中间,郑克强后来也留校任教,1956 年,在上海法律学校成立时,作为支援该校的师资力量,去了上海法律学校。

总之,华政不仅继承了圣约翰大学的美丽校园,也延续了圣约翰大学的人才文脉。圣约翰大学对于华政的意义和价值,无论如何评价,都不会过高。这一点,华政学子会永远铭记于心的。

10. 东吴大学法学院的遗产

从学籍卡登记的数字来看,1952年并入华东政法学院的本科学生(日校部和夜校部)人数最多的是东吴大学法学院,共有165人。

东吴大学校训,贯彻了法科大学的精神和理念

东吴大学是一所1900年由美国基督教监理会创建于中国苏州的私立大学,1901年6月24日,在美国田纳西州以"中国中央大学"(Central University in China)名称注册。东吴大学法学院,英文名称为"Comparative Law School of China"(中华比较法律学院),1915年成立于上海,是中国在教授中国法之外唯一系统地讲授英美法的学院,为亚洲第一所比较法学院。从20世纪30年代到20世纪90年代,国际法院一共有过六位中国籍法官,从顾维钧开始,一直到1997年的联合国前南斯拉夫问题国际刑事法庭法官李浩培,都是东吴法学院的教授或毕业生。因而在法学教育史研究界,出现了"北朝阳、南东吴"的说法。

东吴才俊王宠惠

当然,该校校史上最值得夸耀的一段是在1946年:东京审判采用的是英美法程序,由于一时找不到合适的人选,当时的国民党政府急了。最后,蒋介石点名从东吴大学要人,其结果是中国赴远东军事法庭的法官、检察官、顾问等人,几乎全部来自该校。包括检察官向哲濬,检察官首席顾问倪征燠,检察官顾问桂裕、鄂森,首任检察官秘书裘邵恒,翻译、检察官秘书高文彬,法官秘书方福枢、杨寿林、翻译刘继盛、郑鲁达等。远东国际军事法庭上,负责审理28名日本甲级战犯的"东京审判",开庭计817次,以6票对5票的微弱优势,将28名甲级战犯绳之以法。尤其是将其中三名对中国人民犯下滔天罪行的松井石根(南京大屠杀的指挥者)、土肥原贤二(日本在华特务头子)和板垣征四郎(日本侵华部队中杀害中国军人最多的军人之一,从中国东北一直打到海南岛)处以绞刑。

之前,当年的东吴大学建有三所预备学校:苏州的第一中学、上海的第二中学、湖州的第三中学。上海第二中学在1914年聘请了美国人兰金(C. W. Rankin)当校长。兰金是一名在上海租界开业的律师,他希望除了在中学工作外,还可以为东吴大学做些其他有益的事情。时值辛亥革命取得胜利,清王朝被推翻不久,资产阶级民主革命的成果需要一系列法律规范来巩固,宪法要编写,各类法律条文

东吴才俊吴经熊

要起草,新建的政府需要设立各级法院并配备法官、检察官,还要有大批的律师为社会各界提供法律服务。由于当时的中国法律人才奇缺,尽快培养中国的法律人才是当务之急。谁来担当培养这些人才的工作呢?

兰金先生凭借他的职业敏感抓住了这个机遇,他想,他可以充分利用自己和在上海法律界朋友的法律知识,为新生的民国政府培养法律人才做出贡献。当时,在上海有许多与领事法庭,特别是和英国最高法院以及美国驻

华法院有关系的律师和法官,更不要说中西结合的"会审公廨"的法官和律师了,在上海还有一些在国外获得法律学位的归国留学生。为什么不利用第二中学的教室办个夜校,聘请那些从法庭下班后的司法人员,为那些完成了白天学业后的学生们进行法律知识的培训呢? 兰金先生为此征询了美国驻华法院罗炳吉(Charles S. Lobingier)大法官的意见,罗炳吉热心地支持这个计划,并答应做兼职讲师。其他的一些律师也随之答应充当兼职讲师。

东吴才俊孙晓楼

其中,在 1922 年至 1949 年期间,美国驻华法院首席检察官陆赍德(George Sellett)博士就曾长期在东吴大学法学院当兼职讲师。

东吴才俊裘劭恒

这样,1915 年 9 月 3 日,"中华比较法律学院"在上海昆山路 20 号中西书院原址正式成立,兰金任教务长。一开始,学生人数不到 10 人,而讲师却有十多人。1918 年 6 月,首批 7 名学生被授予法学学士学位。当时的东吴大学法科规定,学生需在大学文理科学习两年后才能投考法科,再学三年法律,先后五年方可取得法学学士学位;经学校介绍到美国大学读一年可获法学硕士学位,两年后可获法学博士学位。至 20 世纪 20 年代,学校可授予法学硕士、博士学位。

1924 年以前,东吴大学法学院一直利用位于上海昆山路 20 号东吴大学附属第二中学的教室上课。1924 年,东吴大学法学院搬到了昆山路 11A 号,从此,法学院才有了自己的教室、办公室、餐厅和宿舍。1927 年"中华比较法律学院"改为东吴大学法律学院,下设法律学系和会计学系,1935 年又改为东吴大学法学院。

兰金先生与东吴大学的合约于 1920 年到期,此后由美国人刘伯穆(W. W. Blume)接任东吴大学法学院教务长。1927 年 4 月,刘伯穆先生辞职,由吴经熊博士接替教务长的职位。1920 年时法学院只有一位专职教师,即教

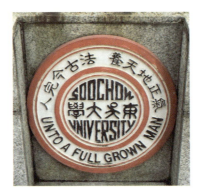

东吴大学校徽:养天地正气,法古今完人

务长,其他教师都是由当地的法官和律师兼职的。之后,也聘请了一批在东吴大学法学院毕业后到国外深造回国的校友为专职教师。1922 年,一份以中英文两种文字印刷的法学刊物《法学季刊》在东吴大学法学院出版。

据刘伯穆后来回忆,法学院于 1915 年创立时,要求在新生资格审查期间,所有被录取的法学院学生必须是正规中学毕业后,并在被认可的学院或大学里修满两年课程的学生。而且,所有申请者都要有运用英语的能力,审查期末还要求申请者具有运用普通话的能力。

但不久,美国法学院的入学条件提高了。所以在 1924 年到 1925 年的学校招生布告中提出了新的要求,即希望到国外继续深造的学生,都必须在入学前完成文学士课程(或至少三年课程)。这样,一个准备就读法律的学生首先要在东吴大学文理学院修完三年课程,然后再到法学院专攻法律课程,他花六年时间才可以取得文学士和法学士双学位。这样做大大提高了东吴大学法学院的教学质量。

东吴才俊丘汉平

东吴大学法学院办学之初,常规的法律课程是每天 3 小时,从周一到周五,每天下午 4 点 30 分到 7 点 30 分上课。将课程设在傍晚时分是为了便于兼职的法官和律师来上课。同时,学生也可以利用白天的时间来做一些兼职工作以资助自己。为了培养高层次的人才，大陆法、英美法、中国法三个系统的法律制度课程一并开设。在学习三个法律系统的基础课程的同时，学生可以做比较。在 1920 年至 1927 年这段时间，只有与中国法有关的几门课程是用汉语教学的，而其他课程都是用英语教学。广泛的英语训练使得学生以后能在英国和美国顺利完成他们的研究学业。

东吴才俊李浩培

东吴才俊倪征燠

学校在 1921 年还组织了一个实习法庭（模拟法庭），法庭在周六晚上开庭，由学生充当律师、陪审员和证人，从外面请来的律师、法官和本校的一些教师充当法官。轮流演示三套法律程序——中国法庭（用汉语）、混合法庭（中、英互译）以及英美法庭（用英语）。东吴大学法学院的教学方式也比较特别，开始是采用"教科书式"的教学方式。1923 年以后，引进了美国法律院校普遍采用的"案例教学法"。因为英美法属案例法，熟悉大量的经典案例是培养成功的法官、检察官和律师的必备条件。

正是由于东吴大学贯彻了以社会急需之法律人才为培养目标的办学理念，实行了全英文教学，以及判例教学法等，这两大举措，都是为了提升东吴法科毕业生为社会服务的能力，因而东吴大学法学院成为与"北朝阳"（朝阳大学法科）并列的"南东吴"，成为民国时期中国南方的法律教育重镇。中国现代法学大师中的诸多精英，或执教东吴以哺育莘莘学子，或出身东吴而终成法学名宿。而这种办学理念，恰恰是作为其后继者的华东政法大学所应当传承的重要历史遗产。

东吴才俊王伯奇

东吴大学最后一任院长杨兆龙 1947 年在哈佛大学和庞德教授在一起

　　1949 年新中国成立后,由于人们所熟知的原因,教会大学都属于被撤销合并的范围,东吴大学法学院的命运也是一样。1952 年全国院系调整时,东吴大学在上海的法学院,法律系并入华东政法学院,会计系和昆山路院址并入上海财政经济学院,学籍档案归属在原东吴大学校址办学的江苏师范学院(今苏州大学)。此时出任东吴法学院院长的是杨兆龙教授,本来曾被许诺出任华政研究部主任,但是这一允诺最后并未兑现。民国时期非中共党员的中老年教师("旧法人员")均失去了讲课的资格。杨兆龙此后在家赋闲一年多,直至 1953 年秋天被调至复旦大学教俄语,不仅继续与法律教学绝缘,甚至都不能选择自己更为擅长的英、法、德等语种。

　　1952 年,东吴大学在台湾地区恢复,经过历任校长、教授的励精图治,已经成为一所世界著名的大学。在现任校长潘维大(民商法学家)的带领下,现在东吴的法科在海峡两岸的法学教育和法学研究的交流中发挥着重要作用。

2003 年潘汉典先生与笔者在烟台外法史会议上

东吴大学法学院传给华政的，除了最多的学生，最多的年轻教师，以及法科教育的精神、理念之外，还有她的学人风范和深厚的学术底蕴。中国近代英美法学人才，比较法学人才，特别是国际法学人才，几乎都出自东吴大学法学院；中国现代法学大师中，董康（1867—1947）、王宠惠（1881—1958）、吴经熊（1899—1986）、盛振为（1900—1997）、丘汉平（1904—1990）、孙晓楼（1902—1958）、王伯琦（1908—1961）、杨兆龙（1904—1979）、李浩培（1906—1997）、倪征燠（1906—2003）、裴劲恒（1913—2009）、潘汉典（1920—2019）、程筱鹤（1921—1987）等诸位先生，与东吴大学都有着密切的关系，或读书，或教书，或办刊物，从而将东吴大学的法律学术提升到了一个非常高的境界。

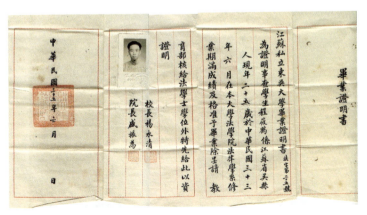

程筱鹤 1946 年东吴大学法学院的毕业证明书（程先生之女程滔提供）

三、华政的成长和曲折

1. 师资的充实

应该说,民国时期,中国法学教育的力量,主要集中在华东地区。如当时东吴大学法学院的教务长盛振为,最后一任法学院院长杨兆龙,浙江大学法学院院长李浩培,中央大学法学院院长高一涵,同济大学法学院教授徐道邻,担任东京审判大法官的梅汝璈和检察官的向哲濬,检察官首席顾问倪征燠,以及法官秘书杨寿林和检察官秘书裘劭恒,以及当时在上海各大学中任教的如丁元普、周鲠生、陆鼎揆、丘汉平、胡长清、陈文彬、孙晓楼、王造时、方行、李良、田光、田任平、江庸、朱鸿达、刘焕文、李继成、李树棠、俞承修、洪文澜、张鸿鼎、彭成清、杨廷福、郑斌、卢伯明、吴绂征(吴祥麟)、孙祖基、彭时、薛笃弼、韩述之、韩学章、魏文翰、罗家衡、顾维熊,南京大学教授吴学义等。但由于种种原因,都未能入华政工作。

因此,华东政法学院建立后,师资力量还是比较弱,所以校领导全力所抓的第一件大事,就是进一步扩大教师招聘的范围,加强师资队伍的建设。此时,学校逐步改变了从华东地区直属机关中选择一部分干部来充实师资的做法,而是专门从上海乃至全国各大高校中吸引比较专业的人才。在这方面,原来在华东地区各法律院系中就读、后转入华政的毕业生成为了主体,而中国人民大学也为华政输送了一批优秀的青年教师,如于占济、韩来璧等。

1953年2月28日,孙文海、王群、廖开铨、王惠珍、王贞韶、奚玉龙等17名1952届政法系毕业生被分配至华政。而到了1953年8月3日,上海市人民政府人事局,就一下子从华东政法学院,以及其他大学的毕业生中,分配给了华政20名老师。其中,有些后来就成为了华政的骨干教师。如程辑雍、宣冬玲、陆锦碧、郑克强、卢莹辉、李宗兴等。

之后,1953年12月23日,通过中央高等教育部学校人事司,给华政分配过来了三位高水平师资,他们是齐乃宽、叶孝信和王召棠。这三位老师都是中国人民大学法律系毕业的研究生,在当时属于学历最高的老师了。因王召棠老师后有专文介绍,这里,我们就说说齐乃宽和叶孝信两位老师。

齐乃宽(1925—2007),1949 年 4 月参加革命工作,1953 年底调入华东政法学院,入法理学教研室工作。1958 年华政解散、上海社会科学院建立后,转入上海社科院政治法律研究所工作。1964 年华政复校后,他回到了华政工作。1972 年华政第二次解散后,齐乃宽去了复旦大学国际政治系从事教学和研究工作。1979 年 9 月他调入上海社会科学院法学研究所,先后任法学所宪法研究室副主任、主任。1984 年 12 月起担任法学所所长。2007 年 5 月

青年时代的齐乃宽

去世。

齐乃宽长期兼任着华政的法理课(华政 79 级学生林燕萍回忆说,齐老师的课讲得非常好),对华政的学术发展也非常关心。因为齐乃宽曾长期住在华政长宁校区东风楼后面 36 号,因此笔者在读华政研究生(1981—1984年)期间,经常去他家里请教学习方面的疑惑和问题。1988 年 4 月至 1989年 4 月,笔者在日本东京大学法学部进修期间,当时住在后乐寮(中日友好会馆)。有一次齐乃宽老师随上海市访日代表团来东京参观考察时,还特地抽出半天时间赶来后乐寮看望笔者,让笔者非常感动。现愿以此小文纪念齐老师在天之灵。

叶孝信,1927 年 10 月生,福建省建瓯市人。1951 年毕业于北京大学法律系,1953 年中国人民大学法律系法理学专业研究生毕业。转入华政工作后,主要从事法理学及法律史学教学。1958 年华东政法学院解散、上海社会科学院建立后,转入上海社科院工作。1963 年华政第一次复校时,叶老师回到了华政。1972 年调复旦大学国际政治系,后转法律系,任法律系教授,系学术委员会主任,法律史教研

青年时代的叶孝信

室主任,校学术委员会、学位委员会委员。

叶孝信老师马上就 94 岁了,身体还很健康,精神也好

1979 年华政第二次复校时,由于"文化大革命"十年动乱中,华政老师中产生了一些因政治见解、派别纷争等原因所造成的矛盾,叶孝信老师没有回到华政工作,留在了复旦大学法律系任教。但他对华政法律史学科的发展,仍然给予了经常性的关爱和照顾。现在叶老师虽然年事已高,但他仍然接受了笔者的采访。2018 年 11 月 3 日,笔者在叶老师的最新寓所,地处松江区大学城站旁的三湘世纪花园的家里,和老师愉快地交流了一个多小时。虽然,叶老师现在的听力不太好,但在师母孙浣敬老师的帮助,以及借助纸笔等之下,老师还是顺畅地回答了笔者的 20 多个问题,让笔者非常感动。

此时也有原教育系统的干部,经过中国人民大学法律系的进修培养,而进入华政工作的教师。王绎亭,就是这方面的代表。王绎亭 1917 年出生于山东省乳山县。1946 年参加革命工作。1951—1953 年进中国人民大学法律系进修(研究生),毕业后调入华政,担任华政国家与法的理论教研组的组长。1972 年华政解散后,王绎亭去了党务部门工作。1979 年复校时,王绎亭回到华政,1982 年 12 月 29 日,王绎亭在华政办理了离休手续。

此外,还有一批老师,如梅泽濬、杨奉琨(1972 年华政第二次被撤销后就去了复旦工作,1979 年复校时回来工作过几个月,后来又去了复旦)、徐轶民、郑有荣、胡文治、强远淦、徐圣庆、庄咏文、茅兆睛等,也于此时进入了华政工作。这样,至 1956 年 3 月,华政已形成了以孟廷柯、姜屏藩、陈文藻、汪家焯、刘剑华、周子亚、郑斌、何海晏、李良等为教授,傅季重等为副教授,以及54位讲师、41位助教的教师队伍。这里笔者把讲师助教的名单抄录如下:

有学历学位的讲师:王志平、王群、王治安、王召棠、朱庆祚、江邈清、李宏孺、宋保生、宗丹楠、吴效堤、金立琪、邱霞生、林尚贤、范关坤、施荣根、唐培吉、徐圣教、徐轶民、奚玉龙、夏树森、浦增元、陈忠诚、席祖德、曾演新、齐乃宽、项宏扬、梅泽濬、程淑瑜、程宝权、杨思平、翟廷瑨、叶孝信、叶子雄、廖开铨、潘宇鹏、薄英豪、杨德钝,共37人。这中间,施荣根(1929—2012),籍贯江苏,1952年9月于东吴大学法学院毕业,转入华东政法学院任教。主讲中国革命史、哲学、逻辑学、实践论、矛盾论和历史唯物主义等课程。

青年时代的王召棠

没有学历、学位的讲师:王绎亭、王里忱、王文昇、方真、司经中、朱伯奇、李仲成、李黎、宋光、唐文章、徐锦田、崔玉华、麻振远、黄道、张兰田、颜文郁、肖开权等17人。之所以对没有学历、学位的教师,也授予讲师的职称,是因为当时我国已经颁布了《高等学校教师学衔条例(草案)》,其第10条规定:有多年工作经验的政治工作人员、文化艺术工作人员和中等学校教师到大学中任教时,在担任助教、讲师、副教授和教授现任职责范围的工作中确实表明胜任相应职务的,虽无学位,也可以授予相应的学衔(职称)。

评上讲师时的黄道

评上讲师时的王文昇

　　这中间,黄道(1924—1999),浙江磐安县新宅区人。1949年参加革命,1952年华政筹建时调入华政任教,主讲刑法和刑事诉讼法课程。因在《华东政法学报》上发表《论无罪推定》一文,而引起法学界广泛关注。1957年反右派运动中,差点为此被打成右派。只是在雷经天、曹漫之等的保护下,才免遭厄运。1958年8月华政被撤销后,转入上海社会科学院工作。1979年华政第二次复校后没有回到华政,留在了上海社科院,长期担任法学研究所副所长职务。但同时,也兼顾华政刑事诉讼法的授课任务。

　　有学历、学位的助教:于占济、王贞韶、方叶茂、石国强、仲嘉淦、任维敏、李薜生、邵祖年、步广海、林庆勋、金明焕、施祖庆、柳岚生、陈业精、陆锦毕(碧)、程辑雍、马忠志、唐士玉、高恭佑、章道全、黄怡祥、张振清、吴维文、郑光瑶、刘灿璞、刘可元、潘象贤、卢荣(莹)辉、薛莲苓、叶松盛、韩来璧、谭永介、罗志权等33人。

评上助教时的于占济　　　　　　　评上助教时的陈业精

　　在这些讲师和助教中,有一些后来都成为了华政各个学科的带头人;有些因为在华政1958年撤销、1972年撤销时,去了其他单位工作,之后1979年华政复校时没有能够回来。其中,王召棠、金立琪、施荣根、徐轶民、奚玉龙、陈忠诚、陈业精、于占济、韩来璧等,华政1979年复校后都回到华政工作。只是让人伤心的是,现在他们都已经过世了。其中,于占济老师和韩来璧老师还结成了亲家,虽然华政两落三起,但他们不离不弃,将一生都献给了华政。此外,当时还有田乃宏等8人被授予没有学历、学位的助教;陈达等 9 人为资料员；周凤坤、胥华民、秦曙东、张回春和傅兰亭等 5 位老师为教员。

1956 年 5 月后，政治氛围相对比较宽松，所以一方面 1952 年时无法转入的旧法人员如国际法专家周子亚（1911—1995），于此时也加盟华政；另一方面，有几位已经在华政的老教授（旧法人员）如王绍唐（懂八国语言的法律专家）、刘焕文（刑法课讲得特别好）、李良和金石音（都是英语好、法律专业好）等，此时也受到学校的重视。如王绍唐和李良后来都担任了图书馆馆长，刘焕文担任了长宁区人大代表。此时，进入华政工作的还有毕业于中国人民大学法律系（研究生）的李昌道（1931—2021）和吉林大学法律系的修义庭（1933—　）等。

正是在 20 世纪 50 年代中叶华政这一批老师的艰苦奋斗、持续努力下，华政这所新办的法科大学，慢慢积累教学和科研资源，开始在中国法学教育中崛起，成为华东地区乃至南中国的法学教育重镇，法律人才成长的摇篮。

2. 教学科研的进展

至 1956 年前后,华政的各项工作基本上走上较快发展的轨道。

首先,制定了《华东政法学院教学研究指导室章程(草案)》——从这一章程的名称,笔者终于知道了我们现在所谓"教研室"的内涵以及来历,即"教研室"就是"教学研究指导室",不管它是否来自苏联,但至少在 20 世纪 50 年代中叶就已经正式出现,而且作为大学教学科研管理之一级组织机构开始运作了。

该章程,一共有 24 条,规定的内容主要有:教研室的性质和定位,即"教研室是进行教学、培养师资和科学研究的基本组织"(第 1 条)。其具体内容,规定了教研室由一种或者性质相近的数种课程的教师和教学辅助人员组成,其成员不能少于 3 人。教研室属院长领导,学术委员会和院行政会议经院长批准,对各教研室进行工作指导和监督。教研室的基本任务是负责本室的教学工作、教学法工作、科学研究工作和培养师资的工作。

而教学工作为中心工作,主要包括课堂讲授、课堂讨论、答疑、考试、考查、生产实习,指导学生学年论文、毕业论文、实验,指导学生课外作业的练习、外出学习参观、函授教学,指导研究生和进修教师的研究和进修,以及检查教学等。这里我们应当注意的是,当时华政并没有研究生招收、培养资格,法学界当时只有中国人民大学法律系一家在招收、培养研究生,所以,这里将指导研究生和进修教师的培养放在一起规定。

教研室设主任 1 人,必要时得设副主任 1 人协助之。教研室设秘书 1 人,由教师兼任,协助主任处理日常教学行政工作。兼任的秘书,应适当减少其教学工作量。教研室设资料室 1 个,也可以设实验室。设资料员 1—2 人,由教师兼任。开设课程较多的教研室,下面可以设若干教研组。

《教学研究指导室章程》的第四章规定了教师的职责。分三个层次:第一个层次是教授、副教授。主要职责为:1. 担任讲授;2. 指导实习课:习题课和课堂讨论;3.指导实验课;4.实行答疑;5.施行考试、考查和测试;6.指导学年论文和毕业论文;7.指导或者独立施行科学研究工作;8.完成教研室主任所分配的教学科研任务,施行教学法的工作,参加教研室的各种会议;9.组织指导学生的科学研究小组;10.指导和批改学生作业、实验和实验报告;11.指导研究生和进修教师;12.承担教研室主任所分配的教学行政工作。

第二层次为讲师,他们的职责大部分和教授、副教授相同,但在两个方面有所不同:第一,在教授和副教授领导下开展科学研究工作;第二,不承担指导研究生和进修教师的任务。在华政建立初期,由于教授、副教授人数极少,全校总数不超过 10 人。所以,讲师是学校教学、科研的主体。而第三层次是助教,其职责比讲师要更加轻松一点,主要做辅导、答疑、指导实验等工作。

教研室须建立档案制度,由资料员在教研室主任的领导下进行。档案内容包括:会议记录,各种课程教学计划,教学提纲,科学研究成果及其他各种文件。

从以上《教学研究指导室章程》中我们可以看到,当时因为华政没有建立学院和系,院长下面直接就是教研室,因此,当时教研室的职权比较大。而且,有些课程设置多的教研室,下面还有教研组,因此,教研室有点类似于现在的学院或者系。所以,它有自己的资料、资料员,档案、档案员等等。但它与现在的学院又有一定区别,现在的学院一般下面都有教研室,但当时的大部分教研室下面直接面对的就是教师个体了。

此时,华政的教学秩序也进入了正常的发展轨道。我们从当时的一份课程表中可以看到,当时开设的课程已经比较齐全,如四年制的课程体系,则内容非常丰富了,要学习以下各门课程:中共党史,中国革命史,实践论和矛盾论,国家当前总任务和各项基本政策,马列主义基础,马列主义关于国家与法权理论,共同纲领,政治经济学,社会主义经济问题,国家法,劳动法和土地法,俄文,语文,体育,财政经济法令,中国行政法,婚姻法,民刑法原理,惩治反革命条例,惩治贪污条例,诉讼法,法院组织,政法业务,司法改革,工作实习,考试鉴定。这里面,课时量最大的是政法业务,总共有 288 个课时。

　　另一方面,在抓紧教学的同时,华政也极为重视科研,加大了对科研的投入,并且严格贯彻科研以教师为中心的理念和原则。这从华政建校后成立的第一届院学术委员会筹备委员会的构成中可以看出。

华政第一届学术委员会筹备委员会名单

　　从名单上可以看到,筹委会有 22 人:郑文卿、赵野民、王亚文、徐盼秋、曹漫之、潘念之、王绍唐、李良、刘焕文、司经中、王里忱、唐文章、唐培吉、王绎亭、王文昇、朱伯奇、张兰田、丘庆荣、陈忠诚、王志平、宋恩溥、傅兰亭。

　　上述 22 名筹委会委员中,除了院长郑文卿、副院长赵野民两人是行政干部之外(但郑文卿和赵野民同时也担任着"中共党史"的授课任务),其他都是专任教师(徐盼秋、王亚文虽然兼着教务处的领导职务,但同时也都是教研室的老师)。这说明,在华政初创之时,教师在教学科研工作中起着主导作用,他们是支撑学校教学科研的主体。

　　正是在教研室组织建立起来,课程设置比较完善,教师队伍得到充实且对工作充满了热情等的基础上,华政的教学和人才培养工作取得了不小的成绩。1952、1953 年由九所大学转入之本科生,于 1954 年毕业,分赴华东乃至全国参加政法工作。1952 年招收的专修科学生,也于 1954 年毕业,除了奔赴全国各地的政法机构工作外,还有相当一部分毕业生留在了华政工作,如华信江、韩信昌等。此外,华政从 1954 年开始招收四年制大学本科生,步入了法科大学正常的人才培养机制和秩序。

在华政的教学之成长过程中,学校的民主化管理起了非常重要的作用。从 1956 年 3 月 2 日华政第一届第四次院务会议上教师发言的名单中,我们可以看到,当时华政各个学科的教师,如李良、刘焕文、潘念之、傅季重、王绎亭、黄道、陈忠诚、施荣根、范关坤、王文昇、朱伯奇、宗丹楠、唐培吉、奚玉龙等,都已经受邀出席学校的院务会议,且在会上被安排发言,能够就学校的发展建言献策。这体现了华政建校之初的民主办学和民主管理,从而极大地调动了教师队伍参与学校发展的积极性、创造性的现状。这也说明了华政为何以较少的师资力量,承担了华东地区法学教育重镇之繁重的教学和科研任务的原因。

华政建校之初的民主化管理还有一个突出表现,就是在制定《华东政法学院十二年工作规划(草案)》和半年工作计划(草案)时,让每一个教研组都充分发表意见。我们从华政档案馆所保留的这两个规划(计划)讨论纪要中,可以看到当时教师代表发表意见的自由程度。如现代汉语教研组组长刘焕文,在其发言中就明确指出:"在'加强领导'一项中,应提出反对保守思想,提倡革新精神,提倡合理化建议。"国家与法的理论组组长王绎亭则对保证教师把主要精力用于教学和科研上,避免当时众多的政治学习、会议占用教师时间提出了批评和建议:"我们认为每周保证有六分之五的时间从事教学和科学研究工作是实现规划和贯彻工作纲要的首要前提。但是,就目前的情况来看,这项保证要成为现实,在我们自己切实抓紧时间的同时,还有待领导上迅速采取各项具体措施。首先是由院长办公室加强计划性,统一掌握全校性的各项会议,社会活动性质的会议尽可能精简,能合并的就合并举行。"

1956 年华政自编教材:行政法

从同时颁布的《华东政法学院学术委员会组织条例(草案)》中可以看到,院学术委员会设主席 1 人,副主席 2 人,秘书长 1 人。一般情况下,由院长担任主席。学术委员会的目的，就是加强教学和科研工作。

具体而言，有七项任务：一、讨论教学工作和科研工作的计划和执行情况及工作总结；二、讨论各教研组关于教学工作、教学法和科研工作的报告；三、讨论教学大纲、科学论文和重大的科学问题；四、讨论培养师资计划及其执行情况；五、组织检查教研组的工作；六、评定院内科学论文奖金，并将优秀论文推荐给中国科学院；七、其他有关教学科研方面的工作。这里特别引起笔者注意的是，《条例》规定，学术委员会必须每个月召开一次会议，院长认为需要时，还可以召集临时会议。与现在学术委员会往往半年都无法保证开一次会议相比，当时的学术委员会开会是相当频繁的了。会议开得越多，人们的关注程度就越高，其在学校教学科研中的地位就越高。这是一个非常重要的经验。

为了鼓励教师的科研积极性，表彰教师创作的科研成果，华政于1956年就制定颁布了《华东政法学院1956年科学研究作品评奖办法（草案）》。该办法明确指出：为了鼓励教师的科研积极性和创造性，促进学校的科研工作，特制定本办法。评选优秀作品的标准为：有一定学术水平，有一定现实意义，通过刻苦调研所做出的。评奖程序公平、公正，即由自己申报，教研组会议讨论，研究处（科研处）汇总后报送院学术委员会，经教研组长和二审专家出来陈述，全体委员投票，获得三分之二以上多数的当选。为了确保公正，监督研究处等职能部门，办法规定研究处在签注意见后将申报材料上报学术委员会时，必须把被其否定的申报书也一并提交。获奖作品除了能获得30—100元（在当时已经很高了）的奖金之外，还将被推荐到本校《学报》以及外面的杂志上发表。

正是在这样一种态度之重视、激励之措施和学术之氛围下，华政作为一所新办大学，在只有几位教授和副教授、数十位讲师和助教的师资队伍基础之上，其教学和科研开始起步，并迅速在国内法学界和司法实务部门显露实力，不仅使华政教学、科研走上正规的发展道路，而且接受司法部指示，主创上海法律学校和山东法律学校，以及创办《华东政法学报》《法学》杂志，为华政成为中国南方法学教育和法学研究之重镇奠定了基础。

3. 学校影响力的提升

随着华政教学科研走入正轨,华政的影响力日渐提升。这种提升,除了教学科研的成绩(优秀毕业生充实华东地区公、检、法、司、民政,《法学》的创办等)之外,还有两个突出表现,一个是上海涉及法学的教学和科研活动,都由华政来组织和实施,如上海法学会的组建,就是在华政校内运作的;另一个是华政被作为全国法学教育的工作母机,开始接受司法部的指令,派出师资队伍,支援其他地区的法律教育。

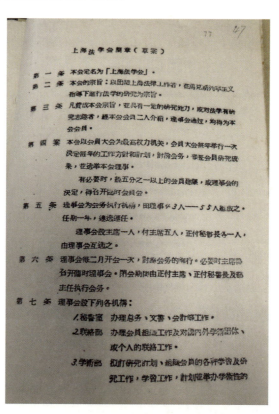

1956 年 9 月华政拟定的法学会章程(草案)

先说上海法学会的建立吧。1956 年 12 月,以华东政法学院的教师队伍为主,成立了上海法学会(注意,没有"市"。如同上海社会科学院一样,成立时没有"市"。这是上海的特色之一)。会长雷经天是华政的院长,上海法学会的章程,是由华东政法学院党委讨论定稿的;上海法学会的办公地点,也一直在华政院内,直至 20 世纪 80 年代后期。

第二个,1955 年,由华政出面创建上海市法律学校和山东省济南法律学校。其背景是当时我国司法干部队伍严重不足,所以各地司法部门提出,希望再办一批中等法律学校。基于此,该年 12 月 17 日,司法部给了上海市司法局一个书面的回复:"关于建立中等法律学校问题,部务会议已批准立即着手筹建,并决定于明年先在上海、重庆分别试建一所,以后再继续增建。日前,筹建方案已报送高教部转呈国务院审批中,一俟批准,即可正式函告你局。"

关于这类法律学校的名字,司法部认为叫"司法部××法律学校"为好。比如,上海,就是"司法部上海法律学校"。司法部的批复中还说,这批学校的学制为两年,"招生对象暂定为 21 周岁以上,有两三年工作经验,并由机关、团体介绍的干部,和一部分高中毕业生"。开设课程初步拟定为 16 门:马列主义基础,政治经济学,中国革命史,辩证唯物主义与历史唯物主义,国家与法的理论,中华人民共和国宪法,中华人民共和国人民法院和人民检察院组织法,民法,刑法,民事诉讼,刑事诉讼,劳动法,犯罪对策,并结合苏联土地法和集体农庄法的先进理论,讲授我国的农业生产合作社示范章程草案。明年各校先招生 250 名;自 1957 年后,每学年招生 500 名,即各校(二年制)总规模将为 1000 名。

接受司法部的指令,1956 年 1 月 24 日,上海市司法局李继成局长、华东政法学院郑文卿院长合署给上海市教委领导许建国(并转上海市委)打报告,提出:该校的目标是培养、充实"审判员、助理审判员、律师、公证员和书记员"。现华政已经做好准备,校舍初定利用公安学院上海分院的部分房子解决。人员编制、经费和教学计划由司法部负责解决。为了及时完成建校任务,报告建议成立建校筹备委员会,拟由魏明、王范、郑文卿、李继成、吴建章 5 名同志组成,魏明为主任。具体由华政总务长吴建章同志负责(该同志今后拟任上海法律学校的负责人之一)。整个工作必须在 6 月前完成。学生来源除从全国招收以外,还有一部分必须在上海市解决。报告建议从居民委员会和调解委员会的主任或委员,以及人民陪审员中挑选。但必须政治可靠、身体健康、30 周岁以下、有两年工作经历,并由司法局先行审查、进行考试再择优录取。

1956 年 4 月 16 日,根据中央司法部部署的任务,华政上报了包干培养六套师资队伍的方案(支援六个地方,创办六所法律学校)。这个方案,十分大胆,事实上也带有强烈的理想主义色彩。因为创建六所法律学校,师资不可能全部都是应届毕业生,还需要相当数量的中青年教师,而当时华政的中青年教师,总数也不足一百人(实践的结果也是,六套师资的计划最后也只是执行了两套:一套上海,一套济南)。即使这样,华政还是竭尽全力按照司法部的指示办理。这样,1956 年 7 月,上海法律学校宣告建立。华政派去支援上海法律学校的教师名单,共有各种教学人员 30 名。列有崔玉华、王贞韶(民法)、刘灿璞(刑法)、施祖庆(民诉)、郑克强(刑诉)、吴效堤(劳动法)、孙中祝(合作社法)、廖开铨(国家法)、黎明正(犯罪对策)等。

上海法律学校之后的发展与新中国的法治建设一样,几度解散,命运多舛。1982 年恢复招生后,于 2010 年又被划归上海政法学院管理,成为上海政法学院的普陀校区。当年华政支援上海法律学校的老师们,除了个别人如廖开铨、黎明正等在 1979 年华政复校时回到华政工作外,其他老师如王贞韶、刘灿璞等,都没有能够回来。

1956 年评上华政助教的刘灿璞

在创建上海和重庆两所法律学校的同时,司法部决定在山东再创建一所济南法律学校。而这个任务,同样由华政承担。我们从华政档案馆所保存的一份文件中得知,华政在向山东派遣教学人员时,附函做了如下说明:济南法律学校,"根据司法部指示,我院应支援你校各种教学人员 30 名,但我院只能支援你校 27 名。现将名单送交你校,自 1957 年 1 月份起,工资等由你校供给"。

从名单上看,有林庆勋(民法)、章道全(刑法)、祁克正(劳动法)、侯毅(合作社法)、宋仲华(组织法)、王广璧(政治经济学)、于欣吾(法的理论)、李华章(犯罪对策)等。由于名单(手写稿)上修改比较大,所以最终到底去了多少人,现在已经不是太清楚了。根据谭永介和王群的回忆,他们也已经不记得具体确切的人数。而且,谭永介、宗丹楠、蒋松和王群四位老师倒是真的去了,但名单上却没有。

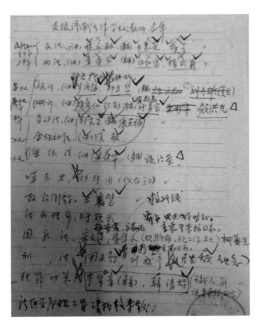

支援济南法律学校教师名单

谭永介老师告诉我们,1956 年他去了济南法律学校以后,时间很快进入了 1958 年。在"大跃进"的总的"冒进"氛围下,是什么都想搞大。"在上海,华东政法学院、上海财经学院和其他一些单位合并起来,组建了上海社科院。我在济南也是这样,我们所在的法律学校后来撤了,组建了山东政法学院。她由山东省委政法委管理。"

"当时我们分成几批,我所在的第一批有 20 多个人过去,有我、薄英豪、蒋松、王群等(薄英豪和王群是 1956 年华政第一批评上的讲师,谭永介是第一批评上的助教),也是上基础课。但后来,我们去的就王群、我和蒋松三个人回到上海来了。其他的在那里(山东)结婚有孩子,回不来了,上面只给了几个户口名额。""在山东,济南法律学校后来没有学生了,当时省里面有其他任务,就把我们当成工作人员抽调过去干活。1964 年华政第一次复校时,我才回到了华政。"

王群老师在回忆这一段历史时也不胜感慨:"1956 年山东省开办了一所法律学校,用来对高中毕业就进入法院体系的学生、法院中未经受过正规训练的法官进行培训,当时有八百个人来法律学校上课。华政派出我和谭永介等一起去支援。谭永介教的是逻辑学,我教法理学。"王群老师比较开朗、乐观和豁达,实际上他 1956 年去山东支援建设济南法律学校后,于 1957 年反右派运动中在济南被打成了"右派分子"。之后就离开了法学教师岗位,直到 1979 年华政第二次复校时才回母校重新当了法理学老师。

当时去山东支援创办济南法律学校的,还有宗丹楠。

宗丹楠(1929—　　),江苏宜兴人。1952 年 7 月毕业于复旦大学政治系,并入华政后,他承担了文化课、地理课的教学工作。之后担任了政治经济学教研组的助教,协助曹漫之等老师工作。1956 年被评为华政第一批讲师。

宗丹楠老师

在宗丹楠赴山东参与筹建济南法律学校时,曹漫之把他叫到家中,交给他两封私人信件,一封给时任山东省政府秘书长高原,请他关心宗老师的入党问题;另一封信是给济南军区的李耀文少将,让他关心宗老师的工作和生活问题。虽然,宗丹楠老师后来都没有去麻烦这两位领导,但曹漫之对他这么关心、关照,让他一直感动不已。

济南法律学校停办以后,宗丹楠又先后转入山东省公安学校、山东政法学院、聊城师范学院等院校工作,主讲政治经济学等课程,后来就没有能够回到上海。改革开放以后,宗丹楠在山东省政法干校、山东省政法管理干部学院(现改名山东政法学院)工作,历任讲师、副教授、教授,也曾担任《政法论丛》的副主编。

2002 年 11 月,华东政法学院为庆祝建校 50 周年,编撰了《华东政法学院校庆五十周年纪念文集:岁月留痕》,宗丹楠老师应编辑之约,撰写了《感谢华政老一辈领导人对我的培育之恩》一文。在文章中,宗老师不仅回忆了母校和领导对他的培养和帮助,也讲了自己在 1958 年"大跃进"中的曲折经历:由于下农村搞调查研究,看到许多农村人民公社中所发生的浮夸风、弄虚作假等现象,后来他将这些情况如实说出来后,在"反右倾"斗争中受到批判,并被降级处分,贬到鲁西北的莘县一中担任语文教师。一直到 1982 年才获得平反,回归山东省政法干校工作。

华东政法学院 1956 年接受司法部指令,在本身师资力量还不是特别雄厚的情况下,共派遣出 57 位骨干教师,支援上海法律学校和山东济南法律学校的建校工作,这一历史贡献我们华政学子不应忘记。虽然,上海法律学校和济南法律学校后来命运多舛,没有达到司法部创建这两所学校的目标,但华政的宽阔胸怀和推进法治之热情、执着,已经赢得了中国法律人的认可和赞扬,体现出了法律名校应有的风范。

4.《法学》的创刊

华东政法学院诞生以后,经过三年多时间的运行,渐渐走上了迅速发展的轨道。一方面,原来民国时期传承下来的上海的法律学术氛围,在 1956 年前后,在国家政治相对比较宽松的条件下,重新得到恢复。另一方面,随着华政乃至上海(复旦大学法律系在 1954 年得以恢复)法学研究的发展,成果日益增多,迫切需要有一个开展法学研讨平台和发表法学研究成果的阵地。此外,当时在整个中国,发表法学理论研究成果的刊物,就只有一个设在北京的中国政治法律学会创办的《政法研究》。因此,创办一个法学刊物,发表法学工作者的研究成果,并在法学理论研究者、法学教育工作者和法律实务工作者(法官、检察官和律师)之间建立桥梁,就成为摆在华政校领导和教师面前的一个迫切的任务。

《华东政法学报》(创刊号)

　　在华政郑文卿、雷经天等校领导和徐盼秋、曹漫之等骨干教师的努力下，1956 年 6 月 15 日，《华东政法学报》第 1 期（创刊号）终于出版了。按照季刊的计划出版，一年 4 期，每期 74 页。因为此时已经是 6 月，所以 1956 年拟出 3 期。在第 1 期共发表了 12 篇文章，作者有老一辈的法学家，如刘焕文教授，是民国时期已经成名的法学家，他发表的论文是《犯罪动机与刑事责任》；黄道讲师，是外面调进来的年轻干部，他发表的是《怎样判断刑事诉讼中的证据》；于占济助教，是从中国人民大学法律系分配过来的，他写的是《对"先入为主、主观臆断"审判作风的思想本质的认识》。也有华政自己培养的学生，即 1952 年 10 月在全国院系调整时，由华东地区九所大学的在读法科学生转入华政读书，然后毕业留下来当了华政教师的青年人，如刘灿璞讲师，他的文章是《我对"镇压与宽大相结合"政策的认识》。

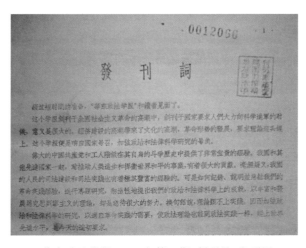

《华东政法学报》1956 年第 1 期（创刊号）发刊词

　　关于《华东政法学报》的办刊宗旨，创刊号在发刊词中是这样说的："记录、说明并总结我们的革命实践经验，进行专题研究，创造性地提出我们的政治和法律科学上的成就，以丰富和发展马克思列宁主义的理论。""根据这个要求，《华东政法学报》将提倡理论联系实际，鼓励学术上的创造性，从实际出发，刊载政治和法律科学的研究作品，介绍政法教学工作和司法实践的经验总结,组织政治和法律的学术讨论。它愿尽力推动政法研究,为政法研究服务。"与 1956 年我国政治上比较宽松的氛围相适应,发刊词强调了学术民主、学术批评和学术自由:"'百家争鸣'是推进学术思想的重要精神。不奖励自由思想,不展开自由讨论,没有批评和自我批评,学术上就不会有进步,不会有新生力量。《华东政法学报》将充分体现'百家争鸣'的精神,重视有独立劳动和首创精神的作品,重视'问难析疑、求同存异'的学术争论。"从发刊词的这些表述来看,《华东政法学报》从一开始,就致力于学术自由、学术争论、学术创新和学术发展。

1956 年,《华东政法学报》一共出了 3 期,从这 3 期上刊登的文章来看,其作者队伍基本上以上海地区的法学工作者为主,而民国时期就已经成名的一些法学大家陆续亮相。如李良,如上所述,是华东政法学院的教授,1952 年华政建立时,由上海学院合并过来,他在第 2 期上发表了《"百家争鸣"和法律科学》;丘日庆教授,是民国时期著名国际法学家,此时在复旦大学任教授,他发表的是《维护国际和平与安全的侵略定义》(第 2 期);杨兆龙,原东吴大学法学院院长,此时为复旦大学教授,他发表了后来引起广泛共鸣和争议的《法律的阶级性和继承性》(第 3 期);还有如孙晓楼,民国时期著名国际法学家、法律教育学家;陈文彬,民国时期著名刑法学家;俞承修,民国时期著名民法学家,都在《华东政法学报》第 3 期的"研究'旧法'的意义和态度"专栏中,发表了文章。

从杂志本身看,没有写明当时的主编和副主编是谁。但保留下来的华政的档案文献显示,《华东政法学报》创办时,徐盼秋、曹漫之和潘念之是华政研究处的领导和骨干。因此,《华东政法学报》编辑部的负责人,应该是他们三个人。

《华东政法学报》的负责人是徐盼秋、曹漫之和潘念之三人的结论,可以从以下信息中得到印证:在 1957 年《法学》第 1 期的封三,刊登了《法学》双月刊的编辑委员会,共 11 人:王文昇、王绎亭、方行、刘焕文、李树棠、洪文澜、徐盼秋、曹漫之、杨峰、杨兆龙、潘念之;主编:曹漫之;副主编:洪文澜、潘念之。从这个名单中,可以看到,编辑委员会主要是华政各个教研室(学科)

《华东政法学报》于 1957 年 1 月改为《法学》，由季刊改为双月刊

的负责人，以及上海地区的著名法学家。而主编，则是学校研究处的处长曹漫之。顺便说一句，这个名单，在《法学》第 1 期出现后，之后各期再也没有出现过。

上述主编、副主编中，曹漫之后面我们会专门介绍。洪文澜，民国时期上海地区著名刑法学家、民法学家。1952 年华政筹建时，本来他也在被推荐来华政任教的名单之中，但也是因为其"旧法人员"的背景，最终没能进来，与杨兆龙、孙晓楼等一样，仍然留在了复旦大学，改教其他课程。此次，《法学》编辑委员会组建，他就作为上海法学会方面的代表，参与了《法学》杂志社的领导工作。

而潘念之（1902—1988），则更加有名了。他出生在浙江省新昌县。1924 年成为中共党员，主编《火曜》周刊。1926 年 3 月，任国民党浙江省党部组织部长，兼任中共党团书记。1928 年，遭国民党通

《法学》副主编潘念之

缉逃亡日本,就学于东京明治大学法学部。1929 年回国,在上海一面进行反蒋民主活动,一面从事著述翻译。抗战胜利后,在上海从事中共上层统战工作,同时在上海中华工商专科学校和上海法学院任教。新中国成立后,潘念之出任华东行政委员会参事室副主任等职。1953 年,受开除党籍的错误处分,调入华政工作,主要从事文字和编辑工作。1979 年 3 月获得平反,任华东政法学院副院长。1982 年后任上海社会科学院法学研究所副所长,曾与中国法学界元老张友渔共同主编了 1984 年版的《中国大百科全书·法学》。

《华东政法学报》更名《法学》后,隶属关系也发生了变化,即由上海法学会、华东政法学院共同编辑、出版。《法学》从 1956 年 6 月创办,1957 年 2 月更名,改为双月刊,到 1958 年第 1 期开始又改为月刊,到 1958 年 9 月被撤销,一共出版了 18 期,为 20 世纪 50 年代上海乃至中国的法学研究和法治建设做出了重大贡献。被撤销时,《法学》月刊第 9 期的发行量已经达到了 15400 份,作为一本学术刊物,这应该是一个非常了不起的数字。在这 18 期中,《法学》刊登了上海及全国法学工作者撰写的近 300 篇论文和文章,其中相当一批是在当时引领中国法学研究和法治建设、在现在仍然保持先进性的好文章。如杨兆龙的《法律的阶级性和继承性》,黄道的《略论刑事诉讼中的无罪推定原则》,张光博的《关于"公民在法律上一律平等"的意义》,等等,都是新中国前期法学研究中的佳作。

非常遗憾的是,这么一份优秀的法学刊物,到 1958 年 10 月就被停办了。虽然,上级要求华政和上海财经学院、复旦大学法律系、中国科学院上海经济研究所、上海历史研究所合并的事情,在 1958 年 6 月华政党委的会议上就已经传达、讨论过,但《法学》被停办,这是当时的编辑部所始料未及的。

我们从华政档案馆所保留的文献中,看到了一份《法学》编辑部于 1959 年 2 月 6 日,写给雷经天院长的报告,上面称:经过几个月的清理,现在已经将各项工作处理完毕,可以结束了。涉及的问题有:对外,退还读者的各项订刊款项;对读者来函询问《法学》为什么停刊,编辑部除了随函随复之外,

《法学》从 1958 年第 1 期开始改为月刊

还拟于本月在《人民日报》上刊登启事，正式说明停刊的情况。关于编辑部所保存的印刷用纸、图书文献资料、办公用品，以及《法学》的合订本，移交（赠送）给上海法学会。而不成套的部分单本杂志，则拟出售给旧货回收站。看了这些，心里唏嘘不已，真的非常悲伤。

　　当然，现在回过头来看的话，1958 年 8 月华东政法学院的撤销，与《法学》的停办，是当时政治形势发展的必然结果。《法学》1958 年 10 月的停办，只是国家法治发展曲折道路上的一个音符而已。

5. 第一次被撤销

华政的第一次撤销，是 1958 年 8 月的事情。

但实际上，早在 1957 年下半年，反右派运动一开始，华政的教学和科研秩序就已经在不断地受到冲击。华政的反右派运动，虽然由于校领导（主要是雷经天、徐盼秋和曹漫之等）比较开放，对老师采取了各种保护的措施，尽可能地减少划右派的数字，但"覆巢之下，安有完卵"，在当时的政治气候和生态之下，还是有一些老师和学生被划成了"右派"，如当时老教授刘焕文，教务处副处长王亚文，青年教师徐圣庆、庄善义、马怀旭、梅泽濂、孙文海、郑斌、陆锦碧，等等。而学生中划为"右派"的就更多了。根据《华东政法学院党史大事记（第一册）》（1952—1972 年）的记载，在反右派运动中，华政共划"右派分子"102 人（教职员 13 人，学生 89 人），至 1979 年全部获得平反。这证明当时的反右派运动，至少在华政这个范围内是完全错误的。

华政 56 级学生、
著名行政法学家应松年

在被划为"右派"的教师中，刘焕文前面已经专门做了介绍，他是旧法人员。而教务处副处长王亚文，则是一位老革命，但因为在 1957 年春"大鸣大放"时对基层党组织提了一些意见，也被打成了"右派"。梅泽濂，是一位非常优秀的青年才俊，1956 年《华东政法学报》创建后，他几乎在每一期上都有文章（华政 54 级学生陆世友回忆，说梅泽濂当时给他们上刑法课，效果非常好）。当然，当年被打成"右派"、境遇最惨的是陆锦碧和徐圣庆，因为年轻气盛，对当时党组织的一些做法（如不尊重知识分子等）不满，提了意见，但后来又不肯"认错""改正"（当时描述他们是"态度恶劣""顽固不化"），因此都被打成了"极右分子"，遣出上海，发配大西北劳动改造。

因为陆锦碧老师后面会常常提及,所以这里我们就特别叙述一下徐圣庆。徐圣庆毕业于东吴大学法学院,学生时代就担任了当时的学生会主席,1952 年华政筹建时转入华政任教。被打成"右派"后,对于国家来说,少了一位敢于直言、思想独立的知识分子;而对于他本人而言,则是终生的悲剧。笔者在采访徐老师时,他对我说,由于被打成"右派",发配至农村劳改,因此,一直找不到对象。拖至 1978 年改革开放,回到华政恢复教师工作以后,至 1983 年才找到对象结了婚。但此时他 58 岁,夫人 55 岁,已经无法生育小孩。

徐圣庆(1925—2020),虽历经磨难,但心态乐观

此时,正常的教学科研秩序受到冲击。1957 年 12 月 24 日,华政党委下达通知,将原有的比较齐全的 14 个教研组,进行了压缩改组。主持工作的国家法(宪法)教研组副主任浦增元,被调离教学岗位,转为《法学》编辑部编辑。到了 1958 年,政治形势更加严峻,华政的许多老师(共有 76 名)和全体学生,开始陆续被派往农村和工厂去参加劳动锻炼和"实习"。同时,各种政治运动也开始急速涌现,其规模和"热度"达到了令人不可思议的程度。如 1958 年 3 月 25 日,为了贯彻当时上海市委提出的"反浪费""反保守"运动的批示,华政党委要求每位师生行动起来,连夜赶写大字报,一天之内校园里贴出了 5000 张大小字报。在之后的三天半内,共贴出大小字报达 3.5 万余张!

　　正是在忽视法治,经济上"大跃进",政治上搞群众运动等的社会背景之下,上海市委酝酿撤销华政,筹建一个高大上的教学研究机构。1958 年 7 月 19 日,根据上海市委的指示,由华东政法学院领导雷经天、姚力、陈传纲,上海财经学院领导姚耐、申玉洁,中科院上海分院经济研究所领导季云,复旦大学法律系领导袁成瑞等,联名提出"关于建立社会科学院的方案",上报中共上海市委。1958 年 8 月 9 日,上海市委决定:华东政法学院、上海财经学院、复旦大学法律系、中国科学院上海分院经济研究所和历史研究所五家单位,合并为上海社会科学院。

　　在病中休养的华政院长雷经天,担任上海社会科学院院长,华政代理党委书记姚力出任上海市高教局局长,华政代院长陈传纲调任复旦大学副校长。华政的教职员工基本上被调配到上海社科院政治法律研究所(政治法律系)、哲学研究所、历史研究所和国际问题研究所。华政的 55 级、56 级、57 级本科生共 1082 人,并入上海社科院政治法律系学习。华政函授生共 290 人并入上海社科院业余大学学习。

6. 第一次复校

在经历了 1957 年反右派运动、1958 年"大跃进"的动荡,1960—1962 "三年困难时期"的打击,党中央意识到了以"急躁冒进""超越社会发展阶段"等为表现形式的"左"倾指导思想的巨大危害性,开始意识到我们国家离"消灭法律"的共产主义还很远很远,治理国家还是需要法治。中央提出了刑法典、民法典的编纂要求,法治形势开始好转。

在此大背景下,上级部门决定恢复华东政法学院。这是华政于 1958 年被撤销以后的第一次复校。实际上,当时华政复校还是有一定基础的。因为华政被撤销后,几乎以整个建制并入了上海社科院,成为里面的政治法律研究所。而此时,由于复旦大学法律系的并入,复旦与华政第二次联手,所以上海社科院政治法律研究所无论在教学,还是在科研方面,都取得了相当的成果,如内部印的教材和译著等,有政治组编写的《马克思列宁主义国家学说》(1959 年 10 月),学术秘书组译:R.庞德著《法的任务》("译者的话"署名董世忠)。

董世忠 1963 年在华政第一次复校时来到华政任教,1972 年华政第二次撤销后去了复旦大学法律系工作,1979 年华政第二次复校后没有回来,留在了复旦,1980 年 8—10 月,他作为复旦大学法律系教师,任中国出席联合国第三次海洋法会议、特种常规武器裁军大会代表团法律顾问。董世忠是复旦大学法律系的元老之一,1985—1989 年,任复旦大学法律系主任。董世忠也是我国著名的国际法学家,是 WTO 争端解决机构专家组成员的指示性名单上五名中国专家之一。

1963 年 7 月 27 日,中共上海市委根据中央的批示,同意筹办华东政法学院。具体内容为:

1. 华东政法学院以上海社科院政治法律研究所为基础筹办,拟由上海市高级法院院长李继成,市高教局副局长曹未风,上海社科院党委副书记申

董世忠老师和他的关门弟子王伟教授

玉洁,最高人民法院刑庭副庭长田光、政法所副
所长袁成瑞,上海社科院总务处处长宗士诚、政
法所党总支书记杨峰七位同志组成筹委会,李继
成任主任,田光为副主任。下设办公室,由袁成
瑞任主任。

参与复校的副书记袁成瑞

2. 华东政法学院的业务教师,以政法所的研
究人员(他们中绝大多数是 1958 年华政被撤销
时转过去的教师)为基础,尽可能调回大部分在
上海市工作的原华东政法学院的教师,不足部分
拟请最高人民法院解决。

3. 学生规模拟定为 1000 人,学制四年,每年招收 250 人,1964 年拟招
200 人。

4. 按中央规定,华东政法学院是中央事业机构,行政上由最高人民法
院与教育部双重领导,以最高人民法院领导为主。

5. 华东政法学院的院址,拟设在上海社科院现址(1958 年华政被撤
销、成立上海社科院时,上海社科院就以华政的校址为院址。因此,从华政,
到社科院,再到华政,折腾了三个来回,地方实际上没有变,都在万航渡路
1575 号圣约翰大学校园之内)。

6. 筹办经费拟请最高人民法院自 10 月份开始下拨。

1963 年 10 月 15 日，华东政法学院筹备委员会正式成立，并开始办公。公章于 10 月 10 日起启用。而具体担当华东政法学院复校这一重任的，就是当时中共徐汇区委常委、区长魏明。他于 1964 年 1 月 29 日，被上海市委任命为华东政法学院筹备委员会第一副主任。

魏明（1908—1982），河北河间县人，1934 年加入中国共产党，1937 年在家乡参加抗日自卫军，担任过人民政府的县长等。1945 年起，先后担任冀中地区专署的干部。1949 年 12 月起，任安徽省皖南地区行署主任。1951 年起任最高人民法院华东分院院长。1955 年起，任上海市人民法院院长。1958 年起任中共徐汇区委常委、区长，1963 年参加华东政法学院的复校工作，1964 年正式复校后担任华东政法学院院长。

参与第一次复校的院长魏明

除了魏明以外，还有其他一批同志参加了 1963 年华政的第一次复校工作，如后来担任副院长的田光、袁成瑞等。在筹备委员会的高效工作之下，复校的进程比较迅速。而在千头万绪的筹备工作中，最为重要的仍然是师资队伍的建设。而在这方面，华政以及上级主管部门主要采取了两项措施：

一是将上海社科院政法研究所的所有专业人员，以及分散在上海各家单位的原华政教师尽可能地调入华政，这些专业人员主要有郑克强、徐轶民、王召棠、徐顺教、王志平、朱庆祚、强远淦、杨德纯、唐培吉、庄咏文、江邈清、奚玉龙、施荣根、田士雅、徐建、石国强、浦增元、黄道、江素贞、方晓升、席祖德、吕振溪、毛树林、唐荣智、龚介民、范关坤、李宗兴、李昌道、孔令望、陈业精、张国全、吴会长、彭万林、金立琪、杨奉琨、张寿民等。还有一部分人，由于一些政治问题，虽然回到了华政，但是不能上讲台，只能进入当时专设的一个部门：研究室，如潘念之、齐乃宽、叶孝信、王绎亭、顾维熊、韩述之、陈文彬、胡元义、高其迈、叶松亭、施霖等。

二是通过最高人民法院向全国尤其是华东六省一市的司法实务部门求助,希望这些部门抽调部分干部,调至华政充任专业课教师。当时原则上一个省抽调两名干部,但由于司法审判实务工作和专业课教师的授课毕竟有所差异,所以最终来华政报到入职的并不多,大概也就几个人,如安徽来了谢友学,后来长期在《法学》编辑部工作;江苏来了苏惠渔,后来就一直在刑法教研室任教。此时,上级部门还从西北政法学院、中南政法学院和西南政法学院的毕业生中抽调了一批人,这当中后来长期在华政任教的就有夏吉先和黄勤学等。

在华政党政领导的具体指导下,华政1964级四年制本科的教学方案得以出台,具体内容如下:

生产劳动18周;

社会调查(包括社会主义教育运动,即"四清运动",以及基层工作社会调查)18周;

专业实习22周;

政治理论课:中共党史98课时,哲学98课时,政治经济学105课时,国际共产主义运动史88课时,思想政治教育123课时,[马克思列宁主义]经典著作选读127课时;

业务课:国家学说96课时,中国政治法律史82课时,外国政治法律史45课时,宪法66课时,刑法75课时,民法60课时,政法业务专题120课时,国际法49课时,选修课91课时;

基础课等:汉语242课时,逻辑66课时,体育152课时,外语272课时。

至1964年5月,学校的各教研室也陆续建立,它们是:

中共党史教研室,负责人宋光;

哲学教研室,负责人赵飞;

政治经济学教研室,负责人计媛澄;

国家学说教研室,负责人孔令望;

司法业务教研室，负责人徐锦田；

公安业务教研室，负责人汪金顺；

汉语教研室，负责人任秀兰；

外语教研室，负责人陈忠诚；

体育教研室，负责人奚玉龙。

从以上教学方案（课程设置）和教研室的设置，可以看出，当时法学专业的教育，占的比例不高，大量的课程和课时，都花在了生产劳动、社会调查、政治理论学习方面。这和当时主持中央政法工作的领导的思路是相一致的。1964 年 6 月上旬，华政筹备委员会副主任田光曾就筹备工作，专赴北京，向中央政法小组领导汇报工作，有关负责领导听了以后，发表了如下意见：

1. 华政必须置于中共华东局和中共上海市委的绝对领导之下；

2. 在办学方针上，必须坚持政法院系是培养无产阶级专政工作干部的学校，必须"阶级性极强"，"表面上不提是党校，实际上就是党校"；

3. 教师必须坚持政治上"纯洁"；学生必须坚持比"绝密"还要高的政治条件；

4. 教学内容应以党史为线索，学毛泽东主席的著作；

5. 要加强政治工作；

6. 考虑到当时中国对外交流形势有所好转，希望华政能够增设外文系。

华政第一次复校后，于 1964 年招收了第一届本科学生。从华政档案馆所保存的学生名册看，共招收了 151 名学生。1964 年 9 月 8 日，华政举行了复校后第一届学生开学典礼。魏明院长在典礼上提出了三点希望：一是高举毛泽东思想伟大红旗，学习毛主席著作，实现革命化；二是必须积极参加现实的阶级斗争，挖帝国主义、修正主义和封建主义的根子；三是积极参加集体生

1964 年 6 月至 1972 年 4 月
担任华政副院长的田光

产劳动,实现劳动化。在这三条(篇幅很多)以外,稍微提了一下要学好文化知识、军事知识和公检法业务基础知识。

在魏明院长的发言稿(打印稿)上,魏明还用手写字加了一句:"我们这样办校,是否有人会问:这样还像大学的样子吗? 今天不讲这个问题,以后专有人讲。"可见,即使以魏明院长当时的认知,他也知道这不像个大学的样子,只是有些话暂时不好说。

第二年,1965 年华政又招收了一届本科学生,共 194 名。之后,由于从 1966 年 5 月起爆发了"无产阶级文化大革命",所以华政又第二次停止招生。

本来,在 1964 年华政第一次复校、招生之际,国家对法治的重要性有了一点认识。而当华政 64 级、65 级毕业时的 1968 年底、1970 年夏时,国家的法治事业已经被彻底摧毁。全国的检察院(包括军队和铁路检察院)都已经被撤销,法院也与公安"合署办公",司法部(厅、局)则早在 1959 年 4 月就已经被撤销。因此,考入华政的这两届学生都未能进入检察机关工作,也未能进入高层司法领域,基本上都只能在地方基层公安和党政机关工作,甚至要响应中央的号召,需要去西部边远地区的农场劳动锻炼。如 1964 级毕业生中,有 33 人被分配至新疆、内蒙古和广东等地,都先后去农场务农。1965 级毕业生,则分别被分配到浙江、江西、安徽、山东、贵州等地的军垦农场、五七干校和劳改局等参加劳动。可以这么说,在华政存续的 70 年历史中,1965 级毕业生的分配是最为艰苦的。

但华政人的法律情怀是永远存在的,不管是在什么地方,什么时候,什么环境。虽然,华政 64 级、65 级校友基本上都在地方基层工作,进法科院系当教授的都很少(没有机会),但他们都发挥了他们应有的法律知识特长,为祖国的各项建设事业默默地做出了贡献。并且在 1978 年改革开放以后,重新焕发出法律人的青春,活跃在公、检、法、司、律等各个领域,成为改革开放 40 年法治建设春天里的一朵朵灿烂的鲜花。

7. 第二次被撤销

1965 年 11 月中旬,中央召开了政法教育工作会议,学习传达了毛泽东的指示:大学按党校式、抗大式办革命学校。在此形势下,11 月 19 日,华政党委召开扩大会议,贯彻上级指示,强调学校今后搞半工半读,且学制也不能太长。党委扩大会议还讨论了如下七个问题:1.如何革命化;2.课程如何改革;3.半工半读如何进行;4.学制如何确定;5.教师队伍如何调整;6.政治工作如何加强;7.向市委政法小组、市高级法院汇报,要求他们加强对学校的领导。

进入 1966 年,"革命"色彩更加浓厚,学术气氛更加淡化。5 月 16 日,中共中央发表了"中国共产党中央委员会通知"(即"五一六通知"),设立由陈伯达任组长的"中央文化革命小组",宣布"文化大革命"正式开始。

《岁月留痕:华东政法学院校庆五十周年纪念文集》

在此背景下,华政不得不"行动"起来。同日,华政召开"声援北大七同志革命行动大会"。时任华政党委书记魏明不得不做动员报告,号召全院职工积极投入这场"伟大的革命斗争"。随后,华政院内大字报骤增,有些大字报的矛头开始指向院领导。"文化大革命"在华政开始。

此处列举两位教师受迫害的经历。虽然,《华东政法学院党史大事记(第一册)》(1952—1972年)中没有点名,只是讲了"韩某某"和"李某某",但笔者从与其他老师的访谈中得知,韩某某,就是著名法律工作者韩述之。而韩述之,"文革"前是华政教授,他是地下党员,1949年以前就是上海法院的法官,在新中国成立初期曾担任过上海法院的副院长。1957年,因为提出了"有天无法论"和"职业犯无罪论"(大字报批判他时用的语言),而被打成了右派,被送去劳改了。

在华政,"文革"中受迫害的另一位老师李某某,就是著名法学家李昌道教授。

李昌道(1931—2021),1956年于中国人民大学法律系研究生毕业后,被分配进入华政国家与法的历史教研室工作。1958年9月华政被撤销、并入上海社科院时,李老师也跟着进了社科院政治法律研究所工作。

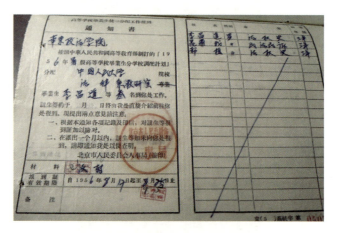

1956年8月17日李昌道来华政报到的介绍信

1964 年华政第一次复校时，李老师回到了华政。但在"文化大革命"中，李老师吃足了红卫兵、造反派、工宣队和军宣队的苦头。李昌道直到 1978 年 9 月 16 日，经上级机关复查，才得以平反。李昌道老师曾和笔者说过，1979 年华政第二次复校时，他之所以没有回来，坚持留在复旦，和这一事件有很大关系。李老师前几年起一直住在加拿大，身体也很硬朗，但非常令人伤心的是，2021 年 11 月李老师突感身体不适，并于 11 月 20 日去世，着实令人悲痛。我们祝愿李老师在天之灵安详。

李昌道老师(左)在讨论法律问题

实际上，早在 1969 年 3 月 11 日，中国人民解放军最高人民法院军代表向当时的公安部长谢富治并中央、中央文革报送的"关于撤销西南、西北和华东政法学院的请示报告"(高法军[69]字第 1 号)中已经提出了撤销政法学院的请求。该报告的一段关键性文字如下：

经过几年来的实践，特别是经过这次无产阶级文化大革命的实践，充分证明，仅靠办大学来培养无产阶级政法干部是不适宜的；同时，根据目前政法部门的实际情况，我们认为原由最高人民法院所主管的西南、西北和华东三所政法学院，没有再继续开办的必要。因此，建议撤销这三所政法学院。三所学校自无产阶级文化大革命以来，未继续招生。1966 年、1967 年、1968 年级学生已陆续毕业。现仅 1969 年级学生尚未结业。三所学校共约计 2000 余人,其中教职员工 800 余人。近几年来,这几所学校,实际上是由当地省市负责的。关于撤销后的人员、物资以及工资等有关事项,拟请有关省市革命委员会负责处理。

[《华东政法学院党史大事记(第一册)》(1952—1972 年)第 114 页]

1969 年 3 月 31 日,中国人民解放军财政部军管会、最高人民法院军代表联合发出"关于西南、西北、华东政法学院拨归地方管理有关财务问题的通知"宣布,西南、西北、华东政法学院,业经谢富治批示:"这些学校,目前都归地方管。"

拖到 1972 年 1 月 13 日,华政党的核心小组根据上述中央的指示,要求全体教职工服从上级的撤销分配方案,正确处理国家、集体和个人的关系。此时,华政职工总人数已经降至 206 人。1972 年 4 月 18 日,华政教职员工中,188 人(有徐轶民、王召棠、苏惠渔、张国全等教授)转入复旦大学(华政近 8 万册图书也全部转给了复旦),其余 18 人分别调往其他有关单位。1963 年第一次复校的华东政法学院,在"文化大革命"的冲击下,第二次正式被撤销。

说两句多余的话,华政的第二次被撤销,与第一次被撤销一样,固然有"文革"之国家政治大气候的原因,所谓"覆巢之下,安有完卵",当时华政的命运,实际上并不掌握在华政人自己手里。但中央要求解散、撤销的是西南、西北和华东三家政法学院,为什么后来华东被撤销了,而西南政法学院却得以保存了下来,西北政法学院也从来没有被正式撤销? 这说明,在同一政治大气候下,由于某些人为的因素(可能当时四川省和陕西省的领导或西南、西北法律人的努力),其结果还是可以有所区别的。

四、华政的复兴和第二次复校

1. 第二次复校之"帐篷精神"

说起华政 1979 年第二次复校,离不开一位功臣,即复校后长期担任华政教务处领导的宪法学学科带头人孔令望。据孔令望老师回忆:1979 年 2 月 3 日,孔老师和复旦大学党委副书记袁成瑞(1963 年华政第一次复校后担任华政副院长)等,在上海衡山宾馆参加市理论务虚会议,当时会议的小组长是上海市社联秘书长徐盼秋(原华东政法学院教务长)。2 月 5 日,徐盼秋和袁成瑞接到上海市高院院长关子展电话,说中央政法委准备恢复华东政法学院,请徐、袁物色两位同志,去北京参加复校工作,并带去复校的预算。徐、袁商量后,决定让孔老师前去参加。

此时,离北京会议召开(2 月 9 日报到)已不足 3 天,孔老师匆匆赶回复旦,请图书馆、医务室、体育教研室、印刷厂等部门的熟人,提供 3000 学生规模的大学所需的设备及经费数据。又到刚刚复校才半年的上海财经学院领导宗士诚那里,请他提供财经学院复办时的各项经费数据。然后再到华政校园内,调查"八国联军"(当时华政校园有 10 余个单位)占据校园及园内居民户数等情况。至 2 月 8 日拟好了复校预算,会合当时在上海市高级法院工作的夏吉先(原华政刑法学教师)一起赴京开会。

北京的复校工作会议于 1979 年 2 月 10 日由最高人民法院司法行政厅召开(此时,司法部虽然已经恢复,但尚未办公)。参加会议的有北京、西南、华东、西北四所政法学院的代表(中南政法学院要晚至 1985 年才复校)。会议由司法行政厅厅长沈兰村主持。

此时,西南政法学院已经复办了,她于 1978 年秋天招收了第一批学生;北京和西北两所高校和华东一样,也是人员流散,校园被占。但他们都没有

夏吉先教授

被正式宣布撤销过。而华东政法学院最惨，两次被撤销，第一次是被1958年时的极左派上海市委书记柯庆施，第二次是被1972年时的上海市革命委员会主任、"四人帮"核心成员张春桥下令撤销，教职员工全部被扫地出门，图书资料全部散失了，校园被多个单位占用：上海市卫生学校、上海社会科学院、复旦大学分校、上海市图书馆库房（苏州河西）、普陀区卫生学校，以及上海市果品公司、蔬菜公司、水上派出所、水文站（占用苏州河东部分校园）。可谓"八国联军"占领华政。孔令望、夏吉先两位老师汇报后，在座的所有领导和老师均叹惜不已。

　　北京的复校工作会议，除评估复校预算费用外，重点讨论最高人民法院、最高人民检察院、公安部和教育部向国务院作的"关于恢复四所政法学院的请示报告"文稿。孔令望老师等就提出了在报告中要写上校址、教师归队等内容，以为复校提供中央文件的根据。会议结束后，孔令望和夏吉先马上回到上海，在市高级法院召开的北京复校工作会议情况汇报会上，向与会领导汇报了北京会议情况。

1979年3月19日中央四机关下达的关于恢复华政的通知

主持汇报会议的市高级法院院长关子展,在听取汇报后,宣布了上海市委的决定,成立华东政法学院复校筹备工作领导小组,成员有关子展、徐盼秋、曹漫之、袁成瑞和潘念之5人,关子展任组长。

北京的动作也很迅速,准备恢复四所政法学院的工作会议刚刚结束,1979年2月14日,最高人民法院、最高人民检察院、公安部和教育部向国务院作"关于恢复华东政法学院的请示报告"([79]法司字第30号)就下达了。内中称:按照党中央[1978]32号文件中"关于恢复政法院系、培养司法人才"的指示,经征得中共上海市委同意,拟恢复华东政法学院。据长期担任华政校办主任的华信江回忆,上述四部门的请示报告,曾得到了华国锋、邓小平、李先念、徐向前、纪登奎、余秋里、陈锡联、耿飚、王震、谷牧、康世恩、陈慕华、王任重等党和国家领导人的画圈同意(笔者后来查到了这份文件的复印件,上面显示在领导人里面,只有陈永贵的名字上没有画圈)。该请示报告的具体意见如下:

1. 恢复华东政法学院,负责培养华东地区各省、市的政法干部。学制为四年,在校生规模逐步发展到2000人。今年开始招生(1981年9月9日,司法部发文,将华政招生人数增加确定为3000人规模)。

2. 该院原有教师,分散在复旦大学等大专院校或机关,拟予以调回。并考虑从政法业务机关中选调一部分适宜做教学工作的干部,充实师资力量。

3. 华东政法学院招生,按绝密专业录取,以保证学生质量。

4. 华东政法学院实行最高人民法院和上海市双重领导,以最高人民法院为主。

5. 华东政法学院的校址,仍然放在原校址,即上海市万航渡路1575号。

1979年3月19日,在最高人民法院、最高人民检察院、公安部和教育部给上海市革命委员会的通知中,称华东政法学院的复校,已经得到了国务院的批准。恢复华东政法学院的具体工作,由徐盼秋、曹漫之和李润玉负

责。同年 6 月 6 日,中共上海市委发文通知,华东政法学院的领导班子,由
下列成员组成:

> 刘少傥,任党委书记;
>
> 徐盼秋,任党委副书记,院长;
>
> 曹漫之,任党委委员,副院长,兼教务长;
>
> 潘念之,任党委委员,副院长;
>
> 李润玉,任党委委员,副院长;
>
> 吕书云,任党委委员,副院长。

在华政党政领导班子以及全院教职员工的努力下,华政实现了当年筹
备复校、当年招生的目标。1979 年 9 月 17 日,华政举行了开学典礼。当年
入学的 303 名新生以及归队的教师、职工参加了典礼。开学典礼由党委书
记刘少傥主持,院长徐盼秋作报告。徐院长阐述了华政"三起两落"的曲折
过程,阐述了粉碎"四人帮"之后加强社会主义法制以及加速培养政法干部
的重要性。最高人民法院副院长郑绍文,上海市委书记严佑民、夏征农,市
委组织部副部长高扬、宣传部副部长江岚,上海市高级人民法院副院长杨
时,市检察院检察长陈庭槐,上海市教卫办副主任舒文、高教局党委书记陈
准堤,上海社科院院长黄逸峰,上海法学会副会长韩学章、陈文彬等领导参
加了开学典礼,并先后讲了话。杜志淳作为 79 级入学新生代表,也在开学
典礼上发了言。

在教职员工全部被扫地出门,图书资料全部散失,校园被多个单位占用
得几乎一无所有的基础上,要重建一所 3000 人规模的大学,谈何容易。与
华政 1952 年创建、1963 年第一次复校一样,1979 年的第二次复校,遇到的
第一个难题,就是没有教师。这是当时华政校领导尤其是曹漫之副院长最
为揪心的事情。

为了解决这个难题,华政领导首先想到了复旦大学。1972 年华政第二
次撤销时,华政总共 206 名教职员工,就有 188 名去了复旦。所以,曹漫之
第一站,就是去复旦招聘。但由于华政的"文化大革命"搞得过于惨烈,当时

1979 年 9 月 17 日华政开学典礼会场

的阶级斗争,以及华政原有的"官本位""衙门作风"和极左思想,让许多已经在复旦工作的华政人寒心了,不敢也不愿意再回华政工作。曹漫之没有办法,他跑到复旦,让孔令望老师将复旦的所有华政人召集在一个教室里,曹漫之亲自做动员。曹的口才极好,善于演讲,把华政原有的"左"的思想和做法,以及专门整人等的事情,狠狠地批判了一通,强调现在粉碎"四人帮"了,党的十一届三中全会也召开了,法制建设的春天已经到来了。希望大家回到华政,共同建设社会主义法制,共同推进民主与法制建设。

在曹漫之的鼓动下,当时在复旦的大部分老师(包括职员),共有 48 位,如徐轶民、王召棠、苏惠渔、张国全等都回到了华政。但仍然有几位老师,如叶孝信、李昌道、杨奉琨和董世忠等,没有回来。这几位老师均和笔者表示过:他们至今还认为不回来是对的,因为华政与复旦等综合性大学比,行政化色彩还是比较浓,"官本位""衙门作风"和"左"的思想还是比较重的。这几位老师的观点是否对,我们这里不多做评论。但他们的看法和实际行动,值得我们还留在华政工作的领导和老师警醒和反省。

解决师资的第二个通道,就是让华政两次被撤销后,流落到上海社科院等社会上(各行各业、各个部门机关)的原华政老师"归队"。华政领导及人事部门在这方面做出的努力,也收到了成效。如夏吉先,这位已经在上海市高级人民法院工作的老师,就回到了华政,并成为华政刑法学教学和研究的骨干。又如,成为华政第二次复校后骨干老师的荀志伟,来自南市区法院;胡锡庆,来自上海市公安局;陆世友,来自上海市公安局办公室调研科;段春生,来自川沙县法院;杨存福,来自上海市公安局管教处;等等。

第三条补充老师的通道,就是向社会上公开招聘。1980年,华政校领导决定,在报刊上刊登公开招聘教师的启事,这在当年也是一种大胆的尝试。8月,华政在《文汇报》上刊登招聘启事,结果社会反响十分强烈,共有531人前来应聘。经过考核和评审,华政从这批人中择优录取了41名教学和编译人员。这批老师中,有语文教研室的沈天水、英语教研室的田凤仪、宪法教研室的吴起燃等。

经过复校初期4年时间的努力,至1983年,到1979级本科生毕业时,华政基本上组建起了一支比较优秀、比较整齐的师资队伍。

华政第二次复校后遇到的困难,还不仅仅是师资问题,上课的教材、讲义和资料也没有。据华政79级学生曹建明、林燕萍、杨兴培、汪敏华、杜志淳和刘宪权等的回忆,当时有些课只能借或者复印北大、吉大和湖北财经学院法律系等院校的讲稿;有些课就发几页大纲,或者边讲课,边发油印的章节;而有些课连这些都没有,只能全凭学生在课堂上拼命记录。

后来学校开始印讲义时,又没有钱购买印刷机器,所以只能依靠教材科的10名打字员打印讲义。据孔令望老师回忆,炎炎夏日,10部打字机集中在东风楼一间屋内,怕吹掉稿子故不能开电风扇,闷热难熬,打字姑娘们汗水加泪水,从早打到晚,真是苦不堪言。为了赶在开学前能把讲义发到学生手里,实行超额奖励的办法,每人每天定额打8张蜡纸,多打1张奖励3角。就是这区区3角钱,领导也是下了很大的决心才给的。可见,当时学校的经费有多困难啊!

蜡纸打出来了以后,印刷、配页、装订也是非常辛苦累人的。一台滚筒油印机在小房间内不停地用手摇,一天下来手臂累得抬不起来,加上油墨熏人，十分难受。配页也是累活，一本讲义少则几十页，多则一二百页，排列在两张大会议桌上，装订的老师一页一页地围着会议桌转着圈地拿，也是不能开吊扇，否则会吹乱、吹跑的。这种事情教务处的人全体出动。当时的总支书记韦定一老师已近 60 岁，又有高血压，也争着和大家一起干。汗水没有白流，此时打印出来的教材，不仅供华政 79 级、80 级和 81 级等同学使用，还成为之后华政函授、夜大学、自学考试的教材，甚至在 1981 年华政建立了印刷厂、铅印出来以后，支援了复旦大学、上海大学等法律系以及江浙一些高校法律院系的教学需求。

当然，华政 1979 年第二次复校后，最值得我们华政学子自豪和骄傲的，就是"帐篷精神"。当时在华政原校址，即万航渡路 1575 号校园内，驻扎着十余个单位，可以供华政使用的办公楼和学生宿舍没有几幢。而当时上级部门给华政的要求是当年复校、当年招生。尤其是至 1980 年夏天，当 1979 级 300 多位学生已经进来，1980 级 400 多名新生又将入住时，教室和宿舍已经无法承受。

在这种情况下，当时的校领导刘少傥、徐盼秋、曹漫之、吕书云等于 1980 年 8 月，做出一个惊人的决定，就是把原来的校长办公楼如 4 号楼等给一些必须用房的职能部门，如财务处等，将其他办公楼如 40 号楼、东风楼等，全部让给学生住宿。而校领导以及党政工团等的办公，就在 4 号楼前面的大草坪上，搭起了五座帐篷，在帐篷里面进行。

当时在靠近 4 号楼的大草坪上搭起的帐篷

当然,搭帐篷之事,起初也是无奈之举。1972 年华政第二次撤销前的办公用房面积是 39425.58 平方米。到 1979 年初华政复校时,留给华政的办公用房只有 11 间总共 259.26 平方米,不足原来用房面积的 0.6%。据基建处退休干部蒋正荣的回忆,1979 年时,华政万航渡路 1575 号校园里面的机构、单位共有 11 个:

1. 长宁区华阳街道砖瓦厂,占据了华政校园大草坪的西端;

2. 长宁区华阳街道钢瓶厂,占据了现华政家属区里面 11 号楼原址;

3. 长宁区人防办,在现华政家属区挖建了 4000 平方米地下人防备战医院;

4. 市卫生学校从南京西路搬过来(他们的校舍被上海计算机厂占用了),占用了华政部分校舍;

5. 普陀区卫生学校占用河东法医大楼;

6. 市果品公司占用了现在河东 1、2、3 号学生楼以及河东食堂等地方;

7. 市蔬菜公司占用现河东球场以东的场地;

8. 复旦大学分校占用了现在东风楼;

9. 上海市图书馆,占用了东风楼的一部分,作为其书库;

10. 上海市财经学院占用了华政的两间车库;

11. 上海社会科学院占用了华政六三楼、红楼图书馆和交谊楼,作为其阅览和藏书的地方。

经过半年多时间与各家占据单位的反复交涉,也只收回了小部分用房。华政只能采取多路并举的方法,如在河东建造 3 幢学生宿舍和一个食堂,在大草坪西侧,建造 7 幢教师宿舍楼,拆掉了原圣约翰大学神学院的礼拜教堂,建造新的图书馆等。但即使如此,仍然还没有解决教师备课的教学楼问题。

正是在这种严峻的形势面前,华政领导下决心在大草坪上搭帐篷,将办公用房全部让给教师和学生用。副院长李润玉利用其在"文化大革命"期间在徐州大屯煤矿蹲点的关系,向煤矿领导求助,在4号楼前的大草坪上,搭起了5座大帐篷,除了校领导进驻以外,所有党政工团的人员,也都进入帐篷办公。与圣约翰大学留下来的那些庄严、典雅的雄伟大楼相比,低矮的帐篷,冬冷夏热。严寒季节,虽有火炉,难以抵御寒潮;夏天闷热,电风扇扇不走酷暑高温。

但也因为如此,从此以后,"帐篷精神"就成为华政的一大办学特色,也成为华政人自豪并奋发向前的一种精神力量。

经过华政党政领导的高效率工作,在全体华政人的努力下,华政的各项工作迅速走上正轨,并显示出了其强大的发展潜力。如:1979年10月8日,学校任命了各个教研室的主任、副主任名单,他们是:

哲学教研室主任:谭永介;

政治经济学教研室副主任:范关坤、钱英;1982年3月4日,范关坤提升为教研室主任;

中共党史教研室主任:黄重圭,副主任:方晓升;

语文教研室主任:江邈清,副主任:辛子牛;

外语教研室主任:陈忠诚;

体育教研室主任:丘庆荣,副主任:奚玉龙;1982年3月4日,奚玉龙提升为教研室主任;

国家与法的理论教研室副主任:陈业精;1982年3月4日,王群被任命为教研室主任;

法制史教研室主任:王召棠,副主任:徐轶民;

宪法教研室主任:孔令望;

刑法教研室副主任:苏惠渔、田士雅;

民法教研室副主任:韩来璧;

刑事侦查教研室主任:张传桢。

1980 年 2 月 16 日,华政又增补和调整了教研室及其负责人:

> 国际法教研室主任:胡文治;
>
> 刑事侦查教研室主任:武汉;
>
> 诉讼法教研室副主任:吴会长。

之后,1981 年 9 月 4 日,华政又增补和调整了教研室及其负责人:

> 经济法教研室主任:庄咏文;
>
> 青少年犯罪研究室主任:武汉;副主任:徐建。

1981 年 12 月 29 日,华政又增补和调整了教研室及其负责人:

> 海商法教研室主任:魏文达;副主任:陈雍。

至此,华政一共有了 17 个教研室,当时没有系,也没有学院。所以各个教研室归学校直接领导,其在教学和科研上发挥的作用,也比现在大多了。

华政历史上设系,是在 1985 年。在此之前,华政只有一个专业,就是法律专业。但此时,国家的重心已经往经济建设转移,强调法律要为经济发展和对外开放服务。这样,华政在 1982 年时,就在法律专业内分设出专门化方向,如经济法、国际法和犯罪学等,保留的法律专业方向里面也设置了法理(包括宪法与法史)、民商法和刑法等方向,学校根据学生的兴趣和条件,将学生编入各专门化班级中。这一专门化方向的分设,为华政专业的增设和系的建立奠定了基础。

1985 年 4 月 27 日,经司法部《关于增设专业的批复》([85]司发教字第196 号)同意,华东政法学院增设经济法、国际经济法和犯罪学三个专业,学制均为四年,从 1985 年开始招生。同时,司法部于 4 月 30 日,以[85]司法人字第 205 号文批复华政,同意设立法律系、经济法系、国际经济法系和犯罪学系,均为正处级单位。

11 月 30 日,经学校党委研究决定,任命:王召棠,为法律系主任;张国全、俞子清,为法律系副主任;武汉,为犯罪学系主任;黎明正,为犯罪学系副主任;郦渭荣、吴心梅,为经济法系副主任;胡文治,为国际法系主任;张龙观、陈治东,为国际法系副主任。

1979 年 12 月,华政复校的几位元勋接见南斯拉夫来访的普波夫舟教授
左 1 苏惠渔,左 3 陈天池,左 5 普波夫舟,左 6 徐盼秋,左 7 张传桢,左 8 王礼本

　　之前,1980 年 3 月 5 日,华政学术委员会组建成立,成员为:曹漫之、徐盼秋、潘念之、韩学章、魏文达、卢峻、张汇文、傅季重、郑兆璜、陈忠诚、胡文治、王召棠,曹漫之为主任。

　　这中间,曹漫之、徐盼秋、潘念之是学者型领导,是 50 年代《华东政法学报》《法学》编辑部的主编和副主编,都是上课老师出身。韩学章是民国时期上海著名的律师,曾任上海市律师协会会长。魏文达是著名海商法专家。卢峻、张汇文、郑兆璜是民国时期的法学家,在国际法、宪法领域均有成果。傅季重,是 1952 年华政创建时从东吴大学法学院转入的唯一一位副教授,曾任中国哲学和逻辑学研究会副会长。陈忠诚、胡文治、王召棠也是华政建校的元勋级教师。从这些人员构成来看,华政首届学术委员会是非常注重学术,而非行政化的(这一点也可以从学术委员会主任由副院长曹漫之担任,而院长徐盼秋则只是担任普通的委员一事中看出)。

　　1979 年复校初期,华政尚无一名教授,绝大多数都只是讲师和助教。而且此时华政自己没有评聘副教授以上职称的权限。为此,华政领导多方活动,做出各种努力。1980 年 9 月 1 日,这种努力获得了成果。经上海市高教局教授职称评审委员会评审综合通过,华政徐轶民、王召棠、胡文治、陈忠诚、奚玉龙和范关坤 6 名教师获得副教授职称,司法鉴定研究所的郑钟璇被确定为副研究员。

1980 年 12 月 8 日,经上海市高教局教授职称评审委员会评审、市人民政府批准,华政郑兆璜被评为教授。1982 年 5 月 26 日,经上海市高教局教授职称评审委员会评审通过,庄咏文、施荣根、孔令望、席祖德、彭万林、金立琪、陈业精、王群、苏惠渔、田士雅等 10 位老师,被确定为副教授。同年 7 月 29 日,经上海市高教局教授职称评审委员会评审、市人民政府批准,江海潮为研究员,徐盼秋、曹漫之为教授。

1980 年 6 月 6 日曹漫之副院长接待德国波恩鲁尔大学校长伊普森

这样,经过复校三年的努力,华政自己的教师职称体系初步得以形成。虽然,在这支教师队伍中,由于华政二度被撤销等历史原因,教授数量偏少,这后来直接影响了 1986 年 6 月华政申报博士点的工作,但华政的硕士研究生教育得以顺利展开,并领跑于整个上海法学教育界。

1981 年 12 月 11 日,国务院学位委员会《关于下达首批博士和硕士学位授予单位的通知》([81]学位字 018 号)下发,华政获批成为硕士学位授予单位,学科为法制史、国际法。1982 年 2 月 4 日,获准招收的华政首届硕士研究生开学典礼举行。1985 年 1 月 15 日毕业时,共 14 人中,除 3 人分到其他高校,有 1 人(骆伟建)考入中国社科院读宪法学博士之外,其他 10 人全部都留校做了老师。至 1986 年 9 月，华政已经有 5 个专业，即法制史、国际法、宪法、刑法和民法，获准招收硕士学位研究生。从此，华政研究生培养日益发展，规模不断扩大，并进入全国先进行列。

　　在讲到华政第二次复校并取得巨大成就时，除了应记住徐盼秋院长、曹漫之副院长以及一大批教授外，我们也不应该忘记一位主要领导，他就是党委书记刘少傥。

　　在童西荣、谭永介主编的《岁月留痕：华东政法学院校庆五十周年纪念文集》一书中，收录了刘少傥书记的一篇文章《我与华政复校》。在这篇文章中，刘少傥回忆说，1978 年他被调到中央党校学习，年底结业时，与他一个支部的最高人民法院的关子

二次复校时的刘少傥

(1916—1996)

展等就提出了，江苏省高级人民法院原院长刘少傥的案子是一个冤案，希望上级给予平反。在进行平反手续进程中，最高人民法院副院长何兰阶征求刘少傥意见，愿意去哪里工作。刘少傥回答说希望重回政法工作岗位。何院长就说，上海有个华东政法学院，"文化大革命"中"四人帮"猖獗时被砸烂了。现在国务院正在审批让其复校，刚好缺少一名负责人，问其是否愿意去。刘少傥就答应了下来。

　　刘少傥于 1979 年 4 月 27 日来到上海参加华政的复校工作。此时，华政筹备小组已经成立，小组成员徐盼秋、曹漫之、李润玉和吕书云已经做了大量的工作。刘少傥来了后就去复旦接收经曹漫之做工作愿意回到华政工作的 48 位教职员。在复旦大学举行的欢送会上，复旦校长苏步青教授致了欢送词，刘少傥代表华政发表了欢迎词。之后，作为华政党委书记的刘少傥，就参与了华政所有的复校工作，以及复校后让华政慢慢走上正轨，并逐步腾飞的进程，如白手起家恢复华政各项硬件，帐篷办公解决校舍困难，广招人才壮大教师队伍，大胆创新进行教学改革等。1984 年 4 月，刘少傥因为年龄原因，从校党委书记的岗位上退了下来。他看到经过近五年时间的努力，华政的基础已经打下，心里非常宽慰。

在与新的领导班子交接的时候,刘少傥作诗一首:

> 六八初度瞬息过,
>
> 掌旗已有后来者。
>
> 师生共建文明校,
>
> 深信后昆会伐柯。

在刘少傥、徐盼秋、曹漫之等华政领导以及全院教职员工的共同努力下,此时,华政的本科教育、夜大学教育、函授教育、自学考试等各类形式的法律人才培养方式也都开始起步,获得批准或授权,并成为华东地区最大的法律教育中心和重镇。

如在 1979 年 9 月招收 303 名四年制本科生的情况下,华政于 1980 年 8 月,开设了夜校部,招收三年制的自费走读生 177 名,至 1983 年 8 月,这批学生全部顺利毕业。虽然,总人数不多,但也涌现了一批我们比较熟悉的领导和老师,如莫负春、秦志敏、周朝华、徐建强、徐艰奋、邹荻华、刘丹华、薛刚、徐红华、施滨海、王碧蓉、陈大伟、徐青、罗剑雄等。

华政 80 级首届夜大学(专修科)四班毕业照。徐青(第 2 排左 6)提供

又如,1981 年夏天,华政开始了函授教育,录取学生 420 人。1982 年,华政第二批函授生入学,仅上海地区,就招录了 68 人。这些学生,都是已经在公、检、法、司等法律实务部门工作的干警。其中有一些我们比较熟悉的名字:盛焕纬、陈奇恩、王立人、李培龙、王润生、孙喜洋、李美珍、管永根、成

锡奎、吕国耀、郑文德、周珏、杨伟民、王群、陈五云等。至 1984 年 8 月 11 日,1981 级函授生除了 3 人外,417 人均成绩合格,获得了函授法律专业专科毕业证书。1982 级的函授生成绩也很优秀。至 1984 年 9 月,华政在华东地区已经建立了 7 个函授站,71 个函授分站。

华政 82 级上海函授生毕业合影。上海市检察院李培龙副检察长(第 4 排左 3)提供

再如,1982 年 11 月,华政获批开展法律专业自学考试,第一批开考的为哲学、语文、法理和法制史。同年 5 月 19 日,全国高等教育自学考试指导委员会成立,华政副院长曹漫之当选为委员;11 月 28 日,全国高等教育自学考试指导委员会成立哲学、法律两个专业委员会,华政副院长曹漫之、教务处长陈天池为法律专业委员会委员。1985 年 8 月 10 日,华政法律专业自学考试首届毕业典礼举行。96 名考生在喜获毕业证书的同时,向全市参加华政法律专业自学考试的学生发出了"要为我国社会主义法制建设争做贡献"的倡议。

之前,1983 年 3 月 14 日,国务院学位委员会和教育部[83]学位字005 号文,批准华政成为授予学士学位的高等学校。华政在法学本科教育方面的所有路径全部打通,成为华东地区最大的法学本科教育基地。

在科学研究方面,复校以后的华政也进展迅速。1979 年 6 月 14 日,华政创办了《民主与法制》。这份杂志后来虽然被上海市社会科学界联合会(简称社联)拿去了,并经过多次辗转,现在归中国法学会管,但当时曾创造

《世界法学》（王立民提供）

了每期发行 300 多万份的辉煌；1981 年 3 月 20 日，华政创办了《法律顾问》，编委会由 13 位老师组成，徐盼秋院长担任编委会主任；同年 11 月，华政校刊《法学》正式恢复，主编曹漫之，副主编为陈天池、张传桢、严俊超；1982 年 5 月 1 日，华政《院刊》正式恢复，为 8 开 4 版小报；1984 年 6 月 8 日，上海市教卫党委批复，华政内部编辑、发行《世界法学》。

　　至 1987 年 7 月，华政所办的公开或内部发行的报刊杂志已经有 8 种，即《法学》《法律顾问》《世界法学》《函授通讯》《刑侦研究》《青少年犯罪问题》《院刊》《政法教育》。这些刊物，为华政乃至全国法律学术的发展，发挥了重要的作用。虽然，有些后来停办了，如《法律顾问》《世界法学》，但有些还是成长起来，为后来华政及中国学术的发展做出了贡献。且不说《法学》，她最辉煌的时候，发行量达到了 7 万多份。这对于一份纯学术刊物而言，简直就像是一种"天方夜谭"。就是诞生于 1985 年 4 月、由华政高等教育学会主办的《政法教育》，也是一样。开始时，《政法教育》属于一份内部刊物，很不起眼，但她后来却成为了《华东政法大学学报》的前身。1998 年，正是在《政法教育》（此时，她已经改名《政法高教研究》）的基础上，再次更名创办了公开发行的《华东政法学院学报》。

　　而《刑侦研究》创刊于 1981 年，由华政刑事侦查专业学科主办。2000 年 2 月，经国家出版部门批准，《刑侦研究》改名《犯罪研究》，从而成为中国唯一一本以"犯罪研究"命名的公开发行的学术刊物。《青少年犯罪问题》，由华政创刊于 1982 年，是中国大陆以研究和报道青少年犯罪、少年司法和青少年保护问题为核心内容的公开发行刊物，是全国法学类核心刊物、青少年法律保护和法制教育的指导读物。而《函授通讯》现改名《政法继续教育》，继续发挥着

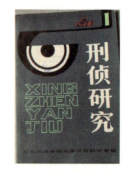

1981 年创刊的《刑侦研究》

它的作用。

1979年华政第二次复校后，刚好遇上了国家拨乱反正、实行法治、改革开放之40年的大发展时期，华政也迎来了发展的黄金时期。尤其是华政的教师尽心尽力、殚精竭虑，为培养学生燃烧自己，涌现了一批优秀的学科带头人和著名大师。为了表彰这些大师，激励更多的后来者，1999年7月14日，华政党政领导班子，通过聘请专家，组织评审，决定给予这批教师以"功勋教授"的称号。第一批获此殊荣的教师是徐盼秋、庄咏文、徐轶民、武汉、郑兆璜、王召棠，第二批为陈鹏生、苏惠渔、徐建，第三批为王立民、朱揽叶。

在此40年发展中，华政不仅加强了与世界各个国家和地区的广泛联系和交流，而且也加强了与国内各政法院系的合作与交流。由华政和法大发起、由原属司法部的五所政法大学（现在又增加了甘肃政法大学、上海政法学院和山东政法学院）参加的学术共同体"立格联盟"（Legal League in China，LLC）就是一个非常好的合作交流方式。立格联盟每年举行一次由各大学校领导和相关职能部门负责人参加的工作例会，针对法律教育和人才培养中的热点和难点问题，开展卓有成效的讨论和协商，拿出一些有针对性的建议和对策，提供给中央和其他各所政法院系参考，为发展、完善新时代的法律教育做出努力。

立格联盟第二届例会（西安会议）合影
右起：霍宪丹、杜志淳、张国林、石亚军、朱开平、贾宇、黄进、付子堂、孙宵兵、吴汉东、何勤华

当然,上述华政人在第二次复校后,发扬"帐篷精神",艰苦创业,全面提升华政的教学科研能力,其最终目标,是培养高层次的法律人才。

根据华政校友会吴高升处长提供的数字,自华政 1979 年第二次复校以来,华政所培养的法律人已经接近 15 万,他们在共和国的各行各业辛勤劳动,为国家的法治建设,以及经济、政治、文化、教育等各个行业的建设做出了贡献。在一篇小文中,笔者无法对 15 万的华政校友做全面的介绍和评述,只能就最主要的(我们就先来后到,论资排辈吧),对华政第二次复校后 79 级、80 级和 81 级这所谓"老三届"的情况做一点叙述(华政校友会曾做过多次华政校友风采录,那里有更多校友的各种事迹)。从另一角度说,在华政众多校友中间,这"老三届"也确实值得我们叙述,因为他们通过自身的努力,为改革开放 40 年全体华政人的成长做出了楷模,为之后华政的师弟师妹树立了榜样。

2. 《民主与法制》的创办

1958年9月，随着华东政法学院的撤销，由华政主办的《法学》也停办了，让华政人乃至法学界同仁痛心不已。因此，1979年2月，华政人一得知学校将第二次复校时，就马上着手恢复出版《法学》。

1979年4月，华东政法学院筹备组和上海法学会向上海市委宣传部提出申请，要求《法学》复刊，并考虑到当时十年"文革"所造成的动乱还没有完全恢复，尤其是全国人民对"四人帮"无法无天的恶行，已经深恶痛绝，迫切需要发扬社会主义民主，健全社会主义法制。因此，《法学》改名为《民主与法制》。6月14日，经中共上海市委批准，由华政与上海法学会合作，于8月正式发行《民主与法制》月刊。

《民主与法制》第1期（创刊号）

在1979年8月出版的《民主与法制》第1期（创刊号）上，刊登了诸位老领导和著名学者如夏征农、史良、费孝通、王芸生、王汝琪、徐盼秋、曹漫之、雷洁琼、钱端升、陈守一、韩幽桐、潘念之、芮沐等的文章。考虑到十年"文化大革命"对我国民主与法制所造成的破坏和摧残，《民主与法制》除了刊登法律学术文章之外，还把向全体国民宣传、普及民主精神和法治意识作为自己的重要任务。在开设的栏目中，包括了"大家议论""法律顾问"和"刑法基本知识讲话"等带有全民学法、普法的内容。

在《民主与法制》创刊前一年的1978年底，党的十一届三中全会拨乱反正，解放思想，贯彻实践是检验真理的唯一标准，否定了新中国成立以来长期推行人治、否定法治的局面。在此战略转移的鼓舞下，法学界积极行动，于1979年7月1日在一天内一下子推出了《刑法》《刑事诉讼法》等七部大法，初步营造了一个良好的法治环境。在此形势下，《民主与法制》发表了本刊评论员的文章："掀起一个法制宣传的热潮"，强调当前应有计划、有步骤地掀起学习七个法律的热潮，以极大地提高全民族的法律知识水平。

当然，在《民主与法制》刚刚创办时，各方面的条件还都是比较艰苦的。据原中国法学会会长、《民主与法制》杂志社名誉社长王仲方的回忆，在这个过程中，曹漫之起到了非常重要的作用。《民主与法制》刚刚创办时，没有印刷用纸张，没有运作经费，没有人手，也没有编辑场所。曹漫之不顾年迈体弱，两次赴北京，找当时的司法部长魏文伯，请求帮助解决纸张问题；与华政的领导协商，调拨了1万元经费和几名工作人员，解决了经费和人手问题；与上海社科院领导协商，安排好杂志的编辑场所。

在徐盼秋、曹漫之、潘念之等的努力下，《民主与法制》一面世就站在了一个比较高的起点上，杂志很快成为拥有百万读者、在国内外享有盛誉的刊物。除了在第1期创刊号上，登载了史良、费孝通、雷洁琼、钱端升、陈守一、芮沐等名家的文章外，在第2期上，刊登了最高人民法院院长江华、最高人民检察院检察长黄火青的文章，以及王桂五、崔敏、刘少傆、罗竹风、王若望等著名学者的文章。在此期间，1979年9月10日，在《民主与法制》第3期的扉页上，还刊登了叶剑英副主席为华政《民主与法制》的题词："认真加强社会主义民主与法制"。

1980年7月3日，华政公布了《民主与法制》编辑委员会名单。主任：徐盼秋；副主任：曹漫之、潘念之；委员：王凌青、朱华荣、陈庭槐、严俊超、杨时、郑心永、张传桢、胡文治、徐盼秋、曹漫之、韩学章、潘念之、鞠华。编辑委员会下，设编辑部。总主编：徐盼秋；第一总编：曹漫之；第二总编：郑心永；第三总编：张传桢。

在《民主与法制》编辑、发行一路顺利的进程中，由于一个偶然的事件，发生了该杂志是归华政，还是归上海市社联主办的问题。本来这个事情毋庸置疑，因为《民主与法制》是由华政给上级打报告要求创办的，是接续1958年被撤销的华政学报《法学》。杂志获得批准创办后，写清由华政和上海法学会共同编辑、发行。且在编辑部的14位工作人员中，除了第二总编隶属关系在市社联，其余 13 人全部是华政的老师，而且杂志的财务、办刊场所和后勤保障等也全部在华政校内、由华政负责。但由于提出此问题的是上海市委分管宣传部（市社联归宣传部管）的领导，所以他的意见基本上决定了《民主与法制》的隶属命运。虽然，华政最后将"官司"打到了中央，但仍然没有能够留住《民主与法制》。1980 年 11 月 3 日，中共上海市委决定《民主与法制》由上海市社联主办，"华东政法学院可另行出版学报"。此时，《民主与法制》已经出版了 15 期，且在社会上已经产生了巨大影响。

当然，这个事情已经过去了 40 多年，现在回过头来想想，《民主与法制》被剥离华政，未必是坏事。一方面，《民主与法制》后来归上海市社联领导，再后来（1987 年）又被中国法学会收了上去，经过八届主编即郑心永、丁柯、钟沛璋、沙洪、王树人、王强华、李明信和刘桂明以及《民主与法制》编辑人的持续努力，杂志办得还是相当不错的。另一方面，正是由于《民主与法制》归了市社联，促使华政重新打报告，提出再次恢复《法学》杂志的诉求，中国法学界才又多了《法学》这一份优秀的学术刊物。

3.《法学》的复刊

据原《法学》杂志主编张传桢老师回忆，在 1979 年华政第二次复校过程中，徐盼秋和曹漫之就策划要恢复 20 世纪 50 年代在全国享有声誉的华政学报《法学》杂志。这个想法经上级领导同意后，1979 年 8 月就发行了第 1 期刊物，杂志定名《民主与法制》，未出版几期，就赢得了社会的广泛好评。但不久，《民主与法制》被划归上海市社联办，华政退出。在此情况下，《法学》的复刊就被提上了议事日程。

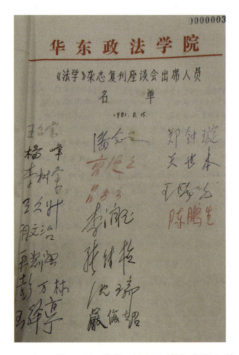

1981 年 8 月 15 日《法学》复刊座谈会出席名单

1981 年 8 月 15 日，《法学》复刊座谈会在华政召开。会议由华政副院长曹漫之主持。参加者除了三位副院长潘念之、吕书云和李润玉之外，都是华政各个专业和学科的负责人,如法理的王绎亭,刑法的苏惠渔,民法的彭万林,国际法的胡文治,法律史的王召棠、陈鹏生,司法鉴定的郑钟璇等。曹漫之指出,50 年代《法学》是办出特色,办出成绩来的。但之后的反右派以及"大跃进"乃至"文化大革命"对《法学》及其许多作者进行了批判,这是不对的,现在必须予以纠正。对因在《法学》上发表文章而被打成"右派"的作者,《法学》要向他们道歉,因为这个责任首先应当由《法学》来承担。而且,即使当时的《法学》以及作者有问题,也是认识问题。出席座谈会的各位老师都谈了自己的想法,最后曹漫之教授归纳大家的意见,提出了三点办刊原则:一是理论与实际相结合;二是走专业化道路,即加强杂志的学术含量;三是普及与提高要兼顾。

经过一段时间的筹备,1981 年 9 月 15 日,华政向上海市人民政府教卫办呈递了"关于恢复出刊《法学》的请示报告",提出 1957 年创办《法学》,为国家法制建设做出的贡献。后来由于"左"倾思想干扰,《法学》被迫停刊。"我院重新恢复后,广大师生和法学界的同志迫切希望有一个学术争鸣的园地,我们拟出刊《法学》。"

《法学》1981 年 11 月复刊号

上海市主管部门经过审查以后,批准了华政的请示报告。这样,经过不到一年时间的努力,1981 年 11 月,《法学》正式复刊了。

说到这里,还有一段佳话需要提一下。上海社科院法学所的第一届研究生、后担任上海市人大法制委员会主任的沈国明教授告诉我,1978 年党的十一届三中全会之后,刚刚恢复的上海社科院法学所办过名为"法学"的杂志。后得知华政要复刊《法学》,考虑到其历史渊源,所以法学所让出了这一刊名,自己发动全所研究人员重起名字。后来因当时上海政治学会刚刚创办,也隶属在法学所,会长是潘念之,尚无刊物。所以就定名《政治与法律》,以兼顾两个学科之研究和发展。在此,我们也要感谢上海社科院法学所对华政、对《法学》的支持。

《法学》复刊后,作为主编的曹漫之教授经常对负责具体编辑采稿事务的张传桢说:"一定要把《法学》办出特色来,办成全国政法机关和法律院校广大法学爱好者的良师益友。"刊物要有开拓精神,要敢于并善于抓住法制建设中带有普遍意义的典型问题进行法理探讨。要牢记法学界元老张友渔先生的话:"刊登的文章,要使学问深的人感到不浅,学问浅一点的人感到不深奥,要用通俗的语言讲出深刻的道理来。"(《华政何人不思君——怀念老领导曹漫之同志》,载童西荣、谭永介主编:《岁月留痕:华东政法学院校庆五十周年纪念文集》)

在本刊编辑部所写的"复刊的话"中,编辑部表达了如下想法:《法学》原是五十年代创办的法律专业学术刊物。创办后,对宣传马列主义法学理论、开展法学研究做出了积极的贡献,受到了国内外法学界的重视。后由于'左'倾思想的干扰,《法学》被迫停办。"粉碎"四人帮"以后,党的十一届三中全会召开,迎来了法制建设的春天,人们渴求加强社会主义民主,健全社会主义法制,迫切希望《法学》早日复刊。"历史是一面镜子,回顾我国法制建设的艰难历程,道路坎坷,几经起伏。"在 50 年代中叶,我们以 1954 年宪法为中心,推出了一批法律,并"在广大干部和群众中具有一体遵行的极大权威。法律教育迅速发展,法学研究空前活跃。但是,后来由于'左'的错误和法律虚无主义的思想作祟,否定法律、轻视法制的观念便开始在一些干部中滋长蔓延起来了"。"法学研究的禁区比其他学科多,法学工作者的精神枷锁也比其他学科重。"全国仅有的几个法学刊物都难逃厄运,《法学》也不例外。"五十年代的《法学》,就因为刊登过一些颇有见解的文章,被认为'离经叛道',受到批判;有些文章的作者,也遭受到不同迫害。这是我们必须记取的惨痛教训。"

编辑部强调,马克思曾指出:"法律应该是社会共同的、由一定物质生产方式所产生的利益和需要的表现,而不是单个的个人恣意横行。"这说明带有阶级性的法律,是受社会发展的客观规律制约的。而以法律规范为研究对象的法学,又是具有自身的特点和客观规律性的一门科学,在社会科学体系中占有重要的地位。编辑部呼吁:"复刊后的《法学》,仍是法律专业的学术性刊物。它的主要任务是:始终不渝地贯彻党的三中全会、六中全会的方针政策,以马列主义、毛泽东思想为指针,坚持四项基本原则,执行党的'双百'方针,发扬理论联系实际的作风,组织大家开展学术研究,繁荣法律科学,为提高我国的立法、司法工作和法学教育质量服务。"

在这一期复刊号上,刊登了一批老领导、老法律人和著名法学家的祝贺文章。如华政第一任校长、后任司法部部长的魏文伯的《祝〈法学〉复刊》;上海市委书记处书记夏征农的《让法学园地百花盛开》;陶希晋的《加强法学研究,促进法制建设》;张友渔的《探讨法学理论,为法制建设服务》;洪沛霖的《期望〈法学〉有所建树,有所贡献》,以及华东政法学院党委书记刘少傥的《用六中全会精神办好〈法学〉》。

进入《法学》杂志正文后,第一篇刊登的是院长徐盼秋教授的文章《关于社会主义法律与客观规律》。文章指出:"马克思主义法学的科学性问题,是我国法制建设和法学研究与教学中的一个关键问题。现在,社会主义法律是社会主义社会存在和发展的客观规律的反映,社会主义法制必须建立在科学的基础之上,这些命题都在不断地为我国生动丰富的法制建设的实践所证实。"

文章指出:许多人只强调法律是统治阶级意志的体现,以为既然是一种意志,就可以随心所欲;而忽略了任何一种意志,都是受客观经济条件所制约的,特别是社会主义法律更必须以客观世界本身所具有的规律性为依据。文章强调:"片面地夸大意志的作用,不讲法学科学性的观点,曾经给我们的法制建设带来了不利的影响。过去,我们吃要人治不要法治,权大于法,以权乱法,以言代法等等的错误思想的亏,真是够大的了。"文章指出,自然界和人类社会的发展是有其自身的客观规律的,它们是不以人们的意志为转移的。因此,我们一方面要认识这一规律,适应这一规律,同时也要利用这一规律,为人类自身谋幸福。"一切法律工作者,包括立法工作者,司法工作者,法律研究和教学工作者的共同任务,就是努力去寻求和掌握客观世界所固有的规律性,运用法律这个武器,为有利社会前进的客观规律的实现开辟道路。"

文章最后指出："社会主义法律必须反映客观规律，但是它并不等于客观规律。""人们可以自觉地运用客观规律，但不能'废除'某些规律或'创造'某些规律。规律永远是客观的，不是人们想要就要，想不要就不要的东西。"文章提出，由于法律是一种人们都必须遵守的社会规范，所以它对客观规律的反映具有自己的特点，如它不是以定律、原理等，而是以法律条文的形式反映客观规律，它是由国家强制力来保证执行等。

徐盼秋院长的上述论文的发表，在当时法学界引起了不小的震动。一方面，自从1957年反右派运动以来，至1966年"文化大革命"爆发，法律的地位一落千丈，1954年宪法所确立的法治原则和法治局面，被摧毁殆尽；另一方面，1958年"大跃进"运动所煽动起来的主观唯心主义占据着各级各层大多数领导干部的意识，"人有多大胆，地有多大产"的经典式主观唯心主义思维，让我们无视社会发展的客观规律，认为人类是无所不能的，包括人们可以通过制定法律，来实现自己所有的目标。因此，徐文一方面强调社会主义法律的极端重要性，另一方面，又明确指出，人们只能适应、认识和利用规律，法律只是客观规律的体现，它既不能违背规律，也不能"废除"和"创造"规律。只有符合社会发展规律的立法，符合生态发展规律、环境保护规律、生产关系适应生产力规律的法律，才是推动社会主义民主与法制进步与发展的法律。这些思想，在一定意义上是在社会主义阶段对亚里士多德"良法之治"思想的发扬光大。它奠定了《法学》复刊后的发展方向。

正是《法学》杂志贯彻了加强"良法之治"的理念，理论联系实践的原则，提倡"百家争鸣、百花齐放"的精神，关注并回答社会热点、难点问题，因此，《法学》于1981年复刊以后，在短短几年时间内，就迅速崛起，越办越好，越办越有影响，到1980年代末时，其发行量已经突破了7万多份，这对一份纯学术刊物来说，是一个几乎无法想象的业绩。在此过程中，《法学》展开了社会主义法律体系和法学体系的大讨论，展开了社会主义平等的内涵的讨论，关于工程师韩琨去企业担任技术顾问收取报酬是否犯罪的讨论，关于社会主义法的定义（苏联法学家维辛斯基关于法的概念表述）还是否适用的讨论等，在国内外法学界赢得了广泛的声誉。尤其是在对共和国法治建设之底线问题上，《法学》一直坚持自己的立场，这就是要法治，不要人治，要民主，不要专制。通过一代代法律人的努力，日积月累，持续推进，为建立一个完善的社会主义法治国家贡献自己的每一点力量。

在此过程中，《法学》的历届主编（总编）和副主编（副总编）做出了非常大的贡献。以下是他们的名字：主编（总编）：曹漫之、张传桢、张国全、何勤华、郝铁川、王立民、童之伟、顾功耘、胡玉鸿。常务副主编（副总编）：杨寅、马长山。副主编（副总编）：陈天池、严俊超、郁忠民、谢友学、肖建国、蒋集耀、徐永康、傅鼎生、罗培新、张礼洪、孙万怀、于改之、袁发强。

2012 年，在华东政法学院建校 60 周年、《法学》杂志创刊 56 年之际，华政将 56 年来在《法学》杂志上发表的优秀论文汇集选编，按照学科分类，如法理学、法史学、宪法学、民法学、商法学、诉讼法学、国际法学等，出版了《法学的历史》之大型丛书，共有 14 卷，既是对《法学》杂志所发表优秀论文的一个梳理和总结，以增进学术的积累，同时也是对新中国法和法学发展历史的一个系统回顾和反思。

在《法学》历届主编和编辑人员的共同努力下，在广大作者和读者的支持下，《法学》杂志越办越好。在 2019 年 3 月最新的一次期刊评估中，《法学》的各项评价指标，都名列法学类学术刊物的前列。这是《法学》历届编辑人值得欣慰的地方，也是全体华政人值得自豪的地方。

4. 卓越的老三届本科生

　　1979年华政第二次复校后，根据上级部门领导的指示，"当年复校，当年招生"，华政领导和各个职能部门通力合作，克服重重困难，迎来了第一批新生，共303人。

1983年6月华政领导与79级毕业生党员合影

　　全面列举这303位学生的名字，篇幅不容许。我们这里仅将学生名册里所看到的华政师弟师妹比较熟悉的名字稍举若干：王莘、郑幸福、陈康华、王亨桢、张爱华、施贵康、张乃根、杨可中、胡捷、顾亚潞、薛江武、张绍谦、郑列、利子平、黄仲兰、何鸣、郑伟、曹建明、王虎华、杨心明、沈亮、林燕萍、史建三、郁忠民、李志钢、蒋集耀、刘宪权、李曙光、俞峰、汪敏华、朱思东、龚晓航、段祺华、刘小兵、杜志淳、武胜建、庄建伟、刘丽君、周伟文、闻万里、殷啸虎、丁伟、郑鲁宁、杨兴培、徐建勋、张伟国、汤琳俊、刘华、凌河、陈乃尉、陈冬沪、王俊民、周天平、肖庆平、王勇等。

　　1980 年 9 月,华政迎来了第二届新生,即 80 级本科生。根据华政档案馆所保存的 1980 级学生名册,我们可以得知,这届学生一共录取了 418 人。他们中的许多人,我们也是非常熟悉的,如王忠林、徐煜、吴以扬、黄平、朱久伟、姚远、周国庆、薛进展、孙华璞、沈福俊、单海玲、徐澜波、沙国华、张谢定、商晓燕、牟逍媛、邢鸿飞、符迎曦、高建平、徐忠明、司平平、张中秋、叶必丰、刘宁元、翟云岭、张少鹏、刘学灵、王跃龙、何戌中、王云霞、李伟芳、戴凤霞、林建华、王申、张璎、郭华成、匡爱民、吴弘、黄群、成涛、邵德鸣、高杰、邵军、程惠瑛、闵卫星、黄淑华、顾敏康、孙剑明、孙潮、游伟、周雪祥、蔡能、徐明、张驰、李泳、周绯彦、徐向华等。这里多说一句,孙潮原是 79 级学生,因病休学一年,因而转入 80 级学习。

　　1981 年 9 月,华政第二次复校后的第三届本科生入学。1981 级学生入学时共有多少人,以及 1981 级本科生的毕业情况,《华东政法学院党史大事记(第二册)》(1979 年—2000 年)上没有写,从华政档案馆所保存的学生名册上看,1981 级学生共有 403 人。全部罗列他们同样困难,这里也只能稍微列举一些名字:潘大松、魏健、陶冶、刘桂明、邹剑锋、陈明添、陆剑锋、张慎思、周传友、苏晓宏、袁忠民、魏旋君、杨正鸣、叶青、应培礼、黄绮、周仰虎、陈慧谷、林东品、龚培华、柯军、张永彬、王志安、朱芒、许明月、金福海、陆文山、张莉莉、杨恕、章剑生、胡玉鸿、姚辉、王建芹等。

部分 79 级校友

　　在以上 79 级、80 级和 81 级老三届学生数年的学习过程中,1981 年 5 月,曹建明、郑培兵、徐红华、周国庆被评为市三好学生,79 级二班、79 级三班、80级235室女生宿舍,被评为市三好集体。1983年6月,曹建明、郑培兵、成涛、戈峻、王晓菁、范永进、徐红华等7位同学被评为市三好学生,80级国际法班、80级法理班和80级8班团支部等三个集体被评为上海市先进集体,孙潮被评为上海市优秀学生干部。

　　1983年8月,1984年7月,1985年7月,79级、80级和81级同学相继毕业,他们有考取研究生的,有留校的,有到中央部委办工作的,有去中国政法大学、中南政法学院、中山大学、大连理工大学等大专院校的,有留在上海市工作的,也有赴华东六省乃至西藏自治区和部队的。不管从事着何种职业,他们都用在华政所学到的法律理念、法律知识和法律意识推动着国家各行各业中法治事业的发展。20世纪80年代中叶以后,从华政各届学生中,走出了更多的优秀人才,他们进入国家建设的各个领域,传递着华政的精神、理想和追求,推动着国家法治事业以及其他各项事业向前发展,履行着华政人的历史使命。

1979级5班、6班部分女生

2003 年 10 月,华政 79 级 298 名同学于毕业 20 周年之际,怀着对母校的深深眷恋、崇敬和感恩之情,用 298 块花岗岩石筑了一尊雕塑"基石",感谢母校华政对他们的培养。在基座的侧面,有 298 位同学的签名。现在,"基石"坐落于华政长宁校区 4 号楼后面小草坪的东南角,也成为了华政长宁校区的一道亮丽的风景。

华政的历届毕业生受到了社会的好评,就业情况良好。这些,与华政的本科教育比较扎实,研究生教育比较厚重等因素有关,但 79、80 和 81 级师兄、师姐的模范带头作用,也是一个非常重要的原因。一个学校良好的学风,一个学校优秀的传统,固然需要一代代学子的持续努力、发扬光大。但前几届师兄、师姐的行动无疑起着重要的示范作用。卓越的本科"老三届",华政的师弟师妹永远记着你们的贡献。

5. 研究生的"老三届"

1979年华政第二次复校后,在招进310名(开学典礼时为303名,过了2个月后又扩招了7名)本科生的同时,也积极争取招收研究生的工作。1981年获得国务院学位办批准后,开始招收华政历史上第一届研究生。最初只限于法制史和国际法两个专业,后来实际招生时,又扩大到了宪法和刑法两个专业。这样,经过1981年11月的考试,14名考生顺利过关,成为华政历史上的第一届研究生。

他们是:程维荣、徐永康、姜永琳、何勤华、高桐、蒋迅、任自昌、骆伟建、胡明德、赵国强、杨诚、孙南申、陈治东、王守平。1981级研究生虽然考试是在1981年,但入学是在1982年2月。2月4日,华政历史上首届硕士研究生开学典礼举行,徐盼秋院长做了重要讲话:他希望研究生发愤图强,努力学习,取得硕士学位,"成为第一批青年法学家"。

华东政法学院首届硕士研究生毕业合影(1985年1月15日)

华政对这批首届研究生的培养非常重视,不仅选派了最优秀的师资,也安排了最好的老师担任班主任。当时,华政管理研究生事务的机构还只是一个科,设在教务处下面。研究生科的科长胡韵琴老师,是我们研究生的班主任,也是研究生党支部的支部书记(副书记由研究生担任,首任副书记为何勤华)。胡老师是一位解放前参加革命工作的老干部,对研究生关心备至,热爱有加。从学习,到生活,到谈恋爱、结婚成家、生子、上幼儿园,所有能够帮得上忙的地方,她都尽心竭力。所以深受研究生的爱戴,许多研究生开玩笑说:"胡老师比母亲还母亲。"

胡韵琴老师和她爱人黄道教授

　　1982年秋天进来的华政第二届研究生,人数更少,只有8个人。他们是:王立民、胡银康、傅东辉、叶陵陵、张宏生、蔡卫平、陈锦亚、黄哲英。华政第二届8个研究生,除了王立民毕业后留校做了老师,后来担任法律系主任、华东政法大学副校长之外,其他人几乎都去了国外工作。

　　说到华政第一届硕士研究生的培养,不能不提到陈天池老校长。陈天池(1924—2015),1947年毕业于朝阳大学法律系。1949年3月加入中国共产党。1979年华政第二次复校后,陈天池加盟华政,在教学和科研管理岗位上为华政做出贡献。1981年11月,《法学》杂志复刊时,陈天池出任第一副主编。1982年7月7日,陈天池被任命为华政教务处处长。之后,1984年4月2日,中共司法部党组以[84]司法党字第21号通知,陈天池担任华东政法

华政第一届硕士研究生
毕业时的院长陈天池

学院院长。因此,当华政第一届研究生于 1985 年 1 月毕业时,陈天池已经是华政的院长了,所以我们每位研究生的毕业证书和硕士学位证书上写的都是陈天池院长的名字。陈天池院长后来离开了华政,担任上海市法学会党组书记、副会长。

华政第一届硕士研究生

1983 年秋天进来的第三届研究生,人数也不多,共 12 人,他们是:曹建明、黄仲兰、徐建勋、杨心明、殷啸虎、段祺华、刘小冰、龚晓航、陈克、王勇、张绍谦和杨兴培。与第一、第二届研究生不同的是,第一,前面两届都是从外校考入的,而这一届已经有了华政自己的考生,即华政本校的 79 级本科生于这一年毕业,他们成为了考研的主力,所录取的 12 名研究生,清一色地全部是华政 79 级的应届毕业生。第二,与第一、第二届研究生毕业后基本上都去了国外发展不同,第三届除了黄仲兰、徐建勋、段祺华去了国外(其实他们现在也都在上海工作生活)之外,其他所有人都在国内工作。

83 级研究生的入学,就使华政在校研究生人数达到了 34 人。之后,华政的研究生招生规模不断扩大,1996 年还获准招收全国第一批法律硕士研究生(如莫负春、沈志先、齐奇、方立新、邹剑锋、马春雷、俞秋玮等)。到目前，每年招生的人数已经达到了 1850 多人。从第一届华政一年只招 14 名研究生，第二届招 8 名，到目前一年招收 1850 多名研究生，短短 30 多年时间内，华政研究生教育规模扩大了 100 多倍。这仅仅是中国整个研究生教育发展的一个缩影而已。这在世界其他国家是绝对看不到的，可以说是"世界教育奇观"。

陈天池院长给华政首届硕士研究生何勤华颁发学位证书

华政毕业的研究生中的许多人，如曹建明、刘宪权、杨兴培、杨心明、刘小冰、殷啸虎、段祺华、孙潮、叶青、徐明、高杰、吕红兵、张宪忠、江光军、张忠军、潘大松、顾俊杰、蔡志龙、富敏荣、刘丽君、李恬、张春、罗思荣、林建华、汪敏华、徐冬根、徐艰奋、周仰虎、朱春玲、刘大力、莫振坤等，后来都成为我国法学教育、司法审判、律师执业和大企业法务领域中的精英和骨干，华政研究生也成为华政的一张名片，不断地为华政增光添彩。

华政第二届法史专业硕士研究生王立民论文答辩后的师生合影
左起：陈鹏生、徐连达、叶孝信、王召棠、徐轶民、王立民（1985 年 6 月 14 日）

说到华政的研究生教育,除了胡韵琴老师之
外,还有 3 位老师我们不应该忘记,他们是叶萌、陆
世友和邱传钧。叶萌毕业于上海外国语大学,专业
是阿拉伯语、阿拉伯文学。分配至华政后,因为华
政没有这么细的外语语种,所以就到了研究生科工
作,从科员,到副科,到正科,到副处,时间长达 30
余年,最后转岗担任了国际法学院的党委书记。

分配进华政时的叶萌

陆世友,1933 年出生于山东,高中毕业后入山东
财政局工作,1954 年作为调干生考入华政,是华政建校后的第一届四年制本
科生,其同学有后来担任华政副校长的赵振德和张国全,担任经济法系教授
(后去华东理工大学法律系发展)的唐荣智,后任复旦大学教授的董世忠等。

陆世友这一届 1958 年毕业时,刚好遇到华政第一次被撤销,因此,他就
去了上海社科院政治法律研究所工作,1963 年被选调进入上海市委宣传
部,又于 1970 年转入上海市公安局办公室工作。1979 年华政第二次复校
后,就回到华政担任刑法学老师。陆世友老师做事特别认真,遵守规则。
1993 年 5 月,笔者要去日本进修,由陆老师接任笔者担任的研究生直属党
支部书记的职务(他本身已经担任了研究生处处长),陆老师就成为华政研
究生教育培养的党政一把手。在陆老师主政的几年中,华政研究生教育的
发展进展迅速,专业不断增加,规模越来越扩大。

后来,陆世友老师又转岗法律系,担任法律系主任的职务。

陆世友老师与他的同事和学生。左起:孙万怀、杨兴培、陆世友、苏惠渔、何萍

研究生处的岗位，就由原来华政法理教研室的邱传钧老师接任。邱老师在研究生处领导岗位上一直工作到退休，华政研究生教育继续扩张，从几十人，到几百人，到上千人。从硕士点，到博士点，从学术型硕士，到专业型硕士，华政研究生教育步入全国法学类院校的前列。

邱传钧老师在法国卢浮宫

当然，在此期间，华政研究生教育中如沈琳玥、丁薇薇等辅导员，也做出了巨大的贡献。之后，研究生教育院领导又有徐永康、林燕萍、杨忠孝、唐波、洪冬英、屈文生等后继者进一步发力，使华政研究生教育达到今天之水平和规模。虽然，华政的校友，本科是基础，但华政毕业的研究生，现在在社会各界所发挥的作用，已经越来越大了。

华政法理硕士答辩合影。前排老师左起：王群、倪正茂、齐乃宽、陈业精、尤俊意
后排研究生左起：林燕萍、刘丽君、柴麟、潘大松

此外,还有一点值得华政研究生自豪的,就是现在华政的校歌,其歌词也是由华政首届毕业的研究生徐永康老师创作的。虽然不长,但它却表达了华政学子的心声。

明珠之光

芳草地红砖墙,
百年学子拼搏场。
坎坷复坎坷,
潮落又潮涨,
生生不息如长江。
师恩沐幼苗,
勤学成栋梁,
华政英才走四方。
莫忘,莫忘,莫忘,莫忘,
祖国未来担肩上,
不负青春时光。
风云起钟声扬,
千年中华盼飞翔,
依法治中国方能致富强,
有志青年聚东方。
秉公断曲直,
执法我强项,
人民利益高无上。
莫忘,莫忘,莫忘,……

81级刑法专业研究生于1984年底参加论文答辩。答辩委员,左起:朱华荣、苏惠渔、黄道、萧开权、吴会长。埋头记录者为王勇

6. 曹建明进中南海上法制课

改革开放 40 年，我们迎来了法治建设的春天。在此进程中，有一件值得记录下来的大事，就是在司法部的倡议下，法学专家进中南海给中央政治局领导上法制课。而上第一课的法学家，就是时任华东政法学院国际法系主任、国际经济法专家曹建明教授。这是曹建明对中国法治建设所做出的贡献，也是全体华政人的骄傲。

曹建明，江苏南通人，1955 年 9 月出生，华政 1979 年第二次复校后的首届本科生。1972 年高中毕业后，曾在区饮食公司、市卫生局后方基地等单位工作。1979 年考入华东政法学院后，曹建明创造了华政的两项历史纪录：一是从本科到研究生，40 多门功课全部为优秀；二是年年都被评为上海市三好学生。1983 年毕业时，他又考上了华政国际法专业的硕士研究生。1986 年毕业留校，成为一名国际法专业的讲师。之后，曹建明就全身心地投入到了华政国际法的教学和科研工作之中。1986 年 12 月 31 日，被任命为华东政法学院国际法系副主任。1988 年 9 月 3 日，被评为司法部部级优秀教师。1988－1989 年被公派做比利时国立根特大学法学院的访问学者。1990 年 7 月—12 月又赴美国旧金山大学做访问教授。

83 级国际法专业硕士研究生曹建明（左 1）硕士论文答辩会

答辩委员左起：胡文治、高文彬、卢峻和郑兆璜（旁边还有董世忠老师，没有拍到）

　　1994 年,已是华东政法学院国际法系教授、系主任的曹建明,因中共中央政治局采纳司法部党组和部长肖扬的建议,走进了中南海,为中央政治局领导讲授法律课。他也因此成为 90 年代第一位走入中南海讲课的法学家。曹建明讲授的题目是"国际商贸法律

曹建明教授在课堂上

制度及关贸总协定"。在这堂课上,曹建明谈了四个问题:国际商贸法律制度与中国的改革开放;国际商贸法律制度的新发展与中国的涉外经济法;关贸总协定与中国的经济法制;思考与建议。

　　之后,1995 年 4 月 22 日,华政的领导班子进行了调整,曹建明担任了华东政法学院党委副书记、常务副院长;1997 年 8 月 26 日,中央司法部党组《关于曹建明等两位同志职务任免的通知》(司法党[1997]75 号)称,经部党组研究决定,曹建明同志担任华东政法学院院长。1999 年 10 月 31 日,九届全国人大常委会第十二次会议表决通过,任命曹建明为最高人民法院副院长、审判委员会委员。之前,中共中央组织部任命曹建明为最高人民法院党组成员兼国家法官学院院长。2002 年 3 月起,出任最高人民法院副院长、党组副书记(正部长级)。2008 年 3 月至 2018 年 3 月,曹建明担任最高人民检察院检察长。2018 年 3 月以后,曹建明转任第十三届全国人大常委会副委员长。

　　法学专家进中南海,为中央政治局领导上法制课,对提升中国干部的法治意识,强化人们的法律思维,树立对法律的信仰和法律的权威,乃至自中央到地方包括每个普通民众的法律素养,都有着极为重要的意义。从古今中外法治发展的历史来看,作为法治发展的后进国家,要追赶法治发展先进国家,必须进行顶层设计,由中央政府从上到下地推进,并且持之以恒,才有可能和希望追上法治先进国家。公元 7 世纪中国隋唐时期日本、朝鲜、越南等国家(向中国学习,加入中华法系)是这样,近代美国向英国学习,德国向法国学习,日本向西方学习,进行顶层设计,政府向前推进,也是这样。中国

在新时代建设现代法治国家时,情况也一样。而中国法治建设的顶层设计,设计主体就是中央最高层中央政治局。因此,法学专家进中南海,为中央政治局领导上法制课,就是为这种法治建设的顶层设计做知识储备和积累。

自从曹建明教授给中央政治局领导上第一堂法制课以来,中央邀请法学专家进中南海上法制课已经达 26 次,并且形成了制度(1986 年 7 月 3 日,中国人民大学孙国华教授也曾进中南海给中央领导上法制课,接着,张晋藩、王厚立和江平三位教授也讲了课,但之后就停了下来,没有形成制度。直到 8 年后 1994 年 12 月自曹建明的讲课再次启动,并形成了制度)。从曹建明开始的每一场法制讲座的主题,都是当时国际、国内的焦点事件,或者是改革和发展中的热点、难点问题,其对中国法治建设的指导意义十分明显。如曹建明教授上的"国际商贸法律制度及关贸总协定",为中国加入世界贸易组织(WTO)提供了知识积累。1996 年 2 月由中国社科院法学研究所所长王家福教授主讲的"依法治国,建设社会主义法制国家的理论与实践"课,以及接下来江泽民总书记发表的即兴讲话,为第二年即 1997 年党的十五大确立"依法治国,建设社会主义法治国家"的方略,以及 1999 年我国修改宪法,将依法治国写入宪法奠定了理论基础。

除了曹建明和王家福教授(他们各讲授了两次)之外,进中南海给中央政治局领导讲法制课的专家还有吴建璠、王卫国、郑成思、卢松、许崇德、罗玉中、龙翼飞、周叶中、林尚立、马怀德、史际春、李昌麒、夏勇、李林、吴志攀、王利明、吴汉东、卓泽渊、梁慧星、徐显明、信春鹰、胡建淼、朱勇等。从而开创了法学家进中南海给中央政治局领导上法制课的中国当代法学和法治发展的传统。

7.《华东政法学院学报》创刊

学报是一所大学的学术中心，也是一个本校乃至外校教学和科研人员发表研究成果、讨论学术问题、交流学科发展经验和教训、提供学术前沿信息的重要平台。华东政法学院的学报，是《法学》，它于1956年6月创办，也于1958年10月被撤销。1979年华政第二次复校后，华政人于1981年11月就迅速恢复了《法学》杂志，并投入大量人力和物力，把它打造成为一个精品期刊，越办越好，影响也越来越大。

但对于一所法科大学来说，随着教学科研的全面提升，学科门类的增多，只有一份杂志显然是不够的。这样，华政人敏锐地抓住机会，于1998年创办了《华东政法学院学报》。

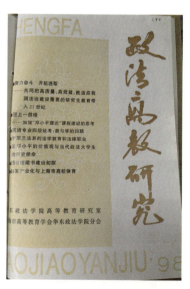

《华东政法学院学报》的前身《政法高教研究》（内部刊物）

1998年6月18日，华政向当时的主管机关司法部宣传司报刊管理处打了报告"关于申请改《政法高教研究》为正式学报的请示"，提出华政于

1985年，为配合教学和科研工作，创办了内部期刊《政法高教研究》（季刊），至今已有13个年头。刊物创办以来，编辑部锐意改革、创新，探索和研究社会主义市场经济体制条件下的高等法学教育规律，具有较强的学术性，实际上起着代学报的作用，在国内各高校中有一定影响。办刊十余年来，编辑部对文稿的质量精益求精，在稿件编审、版面设计、印刷质量、出版日期等方面都达到了公开发行期刊的要求。为此，编辑部成员曾荣获全国高教期刊研究会1996年度"优秀编辑"的称号。目前，学校正在从法学单一的大学向以法学为主兼有经济、外语、管理等专业的多科性大学转变。为了支持和发展多科性大学的科研和教改，特申请将《政法高教研究》转为正式出版的《华东政法学院学报》。

在学校各个方面的努力下，在司法部宣传司领导的全力支持下，过了一个多月，7月31日，国家新闻出版署下文（新出期〔1998〕827号），同意华东政法学院将原有的内部刊物《政法高教研究》转化成为正式的学报类刊物，刊名确定为《华东政法学院学报》，由华东政法学院主办，司法部主管，刊号为CN31-1776。经过几个月的筹办，1998年12月，《华东政法学院学报》创刊号（总第1期）正式出版。

《华东政法学院学报》创刊号

学报的编委会由 27 位老师组成,他们是苏惠渔、曹建明、何勤华、王立民、王嘉褆、史焕章、吕淑琴、徐永康、陈治东、陈重业、徐士英、郝铁川、杨正鸣、吴建利、施贵康、傅鼎生、岳川夫、杨宗麒、殷啸虎、傅长禄、孙潮、谢天放、沈国明、顾功耘等。由曹建明担任编委会主任。

在创刊号上,发表了曹建明校长的特稿:"大力培育学术的氛围"(代发刊词)。文章指出:"学术研究为高等教育之灵魂,学术研究乃科学昌明之基础。古往今来之学校,不仅培养人才为能事,而且以孕育学问见长。尤其是高等学府,更当如此。故人将教学与科研比作为高等学府之两翼,一翼短缺,难免困窘,双翼齐振,方能搏击云空。而学术流布一重要渠道,学报也。大凡名校皆有著名学报相伴,大师常从学报之阶起步,学科门类多寡可见诸学报,校际信息交流有赖于学报。""《华东政法学院学报》以弘扬学术、培育学术氛围为办刊宗旨。这里没有门户之见,也没有专家和后学之别,凡具真知灼见的研究文章、能启迪思考的学科新论、有新见新得的书评文评,本刊均乐意发表。"

之后,华政《学报》遵循着发刊词确定的方针,坚持学术创新、学术平等、学术自由的宗旨,创办 23 年来,为华政以及全国各法学院系的教学和科研做出了贡献。在此期间,她连着上了两个大的台阶。第一个台阶是于 2004 年跻身于南京大学 CSSCI 来源期刊的行列,成为法学界 20 多种 C 刊之一。而这一成绩的取得,主要是得益于《学报》主编、副主编和编辑部全体老师的辛勤劳动和全身心投入。

第二个台阶是于 2018 年 12 月,《学报》又被中国法学会学术研究委员会确定为中国法学创新网 20 种来源期刊之一。这真的是非常不容易的。在当前法学期刊竞争十分激烈的情况下,华政作为一所地方高校,能够拥有两份中国法学创新网来源期刊,是非常了不起的事情。

自《华东政法学院学报》创刊以来,由于得到了全国学界众多专家学者的关爱和支持,获得并发表了一批高水平、有见地、富思想的好文章,从而奠定了《学报》在法学界的学术地位,也为中国的法治建设做出了贡献。

李秀清教授

　　当然,《华东政法学院学报》20 多年的成长,也离不开历任主编和副主编的努力。历任主编:何勤华(1998—2003);李秀清(2003—2016);马长山(2016 至今)。历任副主编:徐永康(1998—2000);施贵康(1998—2000);殷啸虎(1999—2000,2000—2003 年为常务副主编);徐士英(2000—2001);张驰(2000—2003);卢勤忠(2006—2017)、王沛(2020 至今)。其中,李秀清教授出力尤多,她主政学报 13 年,为确保和提升学报的学术质量贡献了自己美好的青春年华。

《华东政法大学学报》最新版封面

本届编辑。左起：肖崇俊、马长山、宫雪、崔慧仙

　　作为《学报》的首任主编，笔者希望这份刊物在新主编马长山教授的带领下，在编辑部同仁的努力下，在全国作者、读者的关心、支持下，越办越好。

8. 博士生教育的起步

中国的博士生教育在民国时期就已经起步,1935年"国民政府"颁布的《学位授予法》,就规定学位分学士、硕士和博士三级。硕士生、博士生需在大学或研究所学习,研究两年以上,经考核合格,并经教育部复核通过,才能获得硕士、博士学位。但由于战乱频繁,各高校教育受到严重干扰和破坏,实际上只招收了少量的硕士研究生。从1935至1949年,中国共举行9届学位考试,授予硕士学位232人。而博士学位,基本上都是在国外获得的,如著名外交家顾维钧,著名法学家杨兆龙,分别是在美国哥伦比亚大学和哈佛大学法学院获得的博士学位。

新中国成立以后,我们也曾努力发展博士生教育,但在法学教育领域,在新中国前30年,我们没有成功。除了中国人民大学法律系曾在20世纪50年代初在苏联专家的帮助下,招收过三届硕士研究生(如张晋藩、薛梅卿、叶孝信、王召棠、李昌道等)之外,博士生教育没有发展起来。我们有些留苏的法科研究生(如江平、王家福、彭万林等),虽然拿到了"法学副博士"的学位,但那实际上就是法学硕士学位的苏联说法。

中国的法学博士生教育,是从1978年改革开放之后,在80年代初开始发展起来的。1983年中国政法大学法律史专业的张晋藩教授,招收了3名博士,即郑秦、怀效锋和朱勇,中国社科院法学所宪法学专业王叔文教授招收了陈云生为博士生,武汉大学法律系韩德培教授和姚梅镇教授,招收了黄进、余劲松为国际私法和国际经济法的博士生。接下来,法律专业的博士生招收培养工作开始迅速发展起来。至今,全国已经有50余个(所大学)法学专业一级学科博士学位授权点。

华政乃至整个上海的法学博士生教育起步比较晚。这既和华政被撤销了两次,教学和科研团队比较弱有关,也与国家对整个法学教育不够重视以及各个地区法学教育资源配置的不平衡相连。当初,在民国时期,上海的法

曹建明教授和他的博士研究生：右2贺小勇（第一届），左2陈岱松（第二届）

学教育体量在整个中国约占50％以上。新中国成立以后，法学教育的资源逐步往北京移，这方面上海受到的影响最大（武汉、吉林和重庆相对比较好一点，武汉是法学教育的全国重镇且不去说它，吉林大学法律系和西南政法学院在"文革"中都没有被撤销，就是一个最好的例子）。

因此，改革开放之初，上海的法学教育，占全国的比重，连10％都不到。华政，作为上海法学教育的主要单位，情况也不容乐观。1979年华政复校时，北大、吉大、中南财经大学，以及中国人民大学和西南政法学院等，已经招进来了77级、78级法科大学生。在上海，当时只有复旦大学分校即现在的上海大学文学院设了法学专业招收本科生。在这种严酷的局面之下，华政人意识到，在博士点的布局、博士生招生方面，华政必须做出更大的努力。

2002级法律史博士与导师合影

意识到这一点,1981 年华政在获得硕士研究生招生授权点之后,马上就开始着手博士点的申报工作。而这个机会,于 1986 年到来了。当时,笔者刚刚留校进法制史教研室参加工作,就被安排进申报博士点、准备申请资料的小组,因此,对这一次的申报以及失败的经历印象深刻。当时,申报博士点要求不是很难,只要每个专业凑满三个正教授就可以了。

由于 1952 年华政成立时对民国时期法学教授的排斥,也由于华政历史上被二次撤销的原因,华政 1979 年第二次复校时没有一个正教授。1980 年 12 月 8 日,郑兆璜老师才被上海市人民政府批准为华政第一个教授。1982 年 7 月 29 日,经上海市高教局教授职称评审委员会评审、市人民政府批准,江海潮为研究员,徐盼秋、曹漫之为教授。因此,1986 年时整个华政,只有上述四个人是正高职称。我的导师徐轶民,以及王召棠、苏惠渔、武汉等,都刚刚开始申请评教授,但都还没有正式批下来。

经济法专业顾功耘教授和他的博士生刘哲昕

顺便说一句,当时华政自己没有评审教授的权力,评教授都要上报到市里,由市教委组织相关专家组成委员会评审。而这些专家,基本上都是文、史、哲、经等专业,而他们的学科基础,比法学要好许多,论文和专著等成果也普遍多。所以,他们认定教授的标准,就是他们自己的标准。而法学自 1957 年反右派运动被打下去以后,基本上没有得到恢复,十年“文革”又受到进一步的摧残,也没有发表成果的刊物和阵地。尤其是华政,被两次撤销,师资队伍全部散掉,1979 年复校后“归队”的教师,应付上课、备课已经是非常艰难,有专著和在高水平杂志上发表论文的,非常少。而当时上海的职称评审组又不愿意降低标准,对法学学科有所扶持(由于法学教师是正高职称的少,进评审组的也极少,因而也就造成了恶性循环)。

因此,1986年申报博士点时,华政有许多老师表格上填写的还是副教授,或者"待批教授"。这样,当然就申请不到法学的博士点了。国际法、法制史、刑法等在华政比较强的学科,当时报上去以后是全军覆没。

刑法专业刘宪权教授(右)和他的博士生卢勤忠

在1986年申报博士点时,我记得很清楚的一件小事,是当时武汉老师看到我们研究生科墙壁上贴着的关于他的教学科研情况的介绍,他看到最后职称上写着"待批教授",火气一下子上来了,一把就将这个介绍撕了下来,大声说:"什么待批教授? 难道我的水平还不够教授吗?"当时研究生科的老师都躲在办公室里面,没有一个敢出来。武汉老师是我国刑事侦查实务专家,其水平连国际刑警组织都是认可的,但上海市当时评职称就看学术论文和专著,没有进行分类以便更加有针对性。因此,武汉老师到了市里就没有能够评上教授。

1986年以后,博士点的增设,虽然相隔几年总会搞一次,但条件越来越苛刻,难度越来越大。尤其是华政申报法学学科博士点,比其他综合性大学申报一个法学学科博士点难度还要高出许多倍。因为当时华政全校都没有一个博士授权点,因此,华政要上法学学科博士点,还要解决一个学校博士学位授权单位的问题,是需要两个一起达标,即法学专业博士点和学校的博士授权单位。

华政第一届法律史专业博士生和老师(部分)

当然,经过华政人(包括许多校友)十余年上上下下的努力,到1998年,时机终于成熟了。一方面,曹建明教授在教学、科研和其他各个方面的诸多成果以及突出表现,为华政赢得了巨大的声誉;另一方面,华政的学科建设,尤其是当年华政国际经济法的学科建设,无论是教学还是科研,均走在了全国前列。因此,1998年6月23日,国务院学位委员会下发了《关于批准新增博士、硕士学位授予单位的通知》(学位〔1998〕46号),批准华政为新增博士学位授予单位,华政法学一级学科下二级学科国际法学为新增博士学位授权学科专业。这样,华政使上海在法学博士培养上终于实现了零的突破。稍后,司法部又下发通知(司发通〔1998〕105号),确定曹建明教授具有博士生指导教师的资格。

在华政申报博士点的过程中,司法部领导出力特别多。为了让华政能上博士点,几位部长也是倾全力支持。只是批准博士点的权限不在司法部,而在国务院学位办。所以,司法部负责这项工作的刘飏副部长带着我们多次与学位办沟通(当时笔者是华政分管此事的副校长,具体操办的是研究生处处长邱传钧和副处长叶萌。因为《法学》主编郝铁川教授在北京有同学,所以他也常常和我们一起赴京)。最后,一方面是我们的条件开始具备,另一方面,学位办领导也被我们的一次次沪京来回奔波所感动,终于全力支

法律史 03 级博士和老师(部分)合影

持,将华政推了上去。

2000 年,华政又获得了法律史专业的博士点。2003 年,又获得了刑法、经济法、宪法和行政法专业的博士点招生资格。在获得博士点的基础上,在国家人社部的支持下,2003 年,华政又获得了博士后流动站的培养资格。

法律史 04 级博士和老师(部分)合影

至目前,华政的博士生招生培养工作,在上海市教委的全力支持下,已经步入正轨。从 1999 年招收第一届国际法学专业博士,当时只录取了贺小勇、阙波两个人,到 2020 年,华政共招收 111 名博士,规模扩大了几十倍。博士后的培养,在上海市人社局的全力支持下,也发展迅速,其招收人数及培养质量,均位列全国前茅。在华政毕业的博士生中,涌现了众多的高端人才,至目前也有近千人了。全面列举他们的名字和事迹,篇幅可能难以承受。笔者这里如同本科、硕士一样,就列举前三届博士生的名录吧。

国际法

1999 年第一届:贺小勇、阙波。

2000 年第二届:谈李荣、陈肇强、张国元、刘晓红、陈岱松。

2001 年第三届:陈明聪、赵运刚、佘少峰、陶立峰、彭淑、贾希凌、於世成、李培良、林燕萍、李春林、汪彤、李圣敬、管建强、肖曼、程红星、卢勤忠、李本本。

前三届国际法的博导:曹建明、陈治东、丁伟、朱榄叶、周洪钧、顾功耘、刘宪权。

法律史

2001 年第一届:郭光东、曲阳、李秀清、郑少华、朱晓喆、刘守刚、徐菲、刘晓雅、沈大明、陈柳裕、姚秀兰、孟祥沛、李孝孟、杨正鸣、陈灵海。

2002 年第二届:胡玉鸿、季立刚、汤唯、龚汝富、王兰萍、占茂华、陈颐、高尚、吴旭阳、裘索、冯引如、夏雪、方立新、袁忠明、周伟文、黄大赛、孙加锋、孙维飞、洪佳期。

2003 年第三届:任超、苏彦新、袁兆春、张海斌、孟红、魏琼、魏淑君、许莉、高珣、吕利、韦浩、廖初民、杨积迅、杨成矩、王铁雄、曲玉梁、郑取、王素芬、姚建龙、陈融、潘小军、洪冬英、卞琳、黄武双。

前三届法律史专业的博导是:何勤华、王立民、徐永康。

五、第二次复枋群英谱

1. 徐盼秋

徐盼秋(1916—2001),生于上海,原籍浙江省定海县。1938 年加入中国共产党。之后,担任中共上海市地下党洋行华员联谊会常委书记、新四军苏中保安处情报站主任、华东情报总局主任、山东军区保卫部科长、山东滨海行署日照海上公安局长、青州市公安局长、华东警官学校教育长等职。新中国成立后,历任上海警务学校和华东公安干部学校教育长、华东政法学院教务长

1979 年复校后院长徐盼秋

等职。1979 年华东政法学院复校后,徐盼秋担任华东政法学院院长(至1984 年),同时兼任上海市哲学社会科学学会联合会秘书长、上海市法学会会长、上海社会科学院法学研究所所长等。

1979 年,华东政法学院重新恢复招生。9 月 17 日,在激动人心的开学典礼上,徐盼秋深情地说:“在 1966 至 1976 年的‘文化大革命’中,‘四人帮’提出了‘彻底砸烂公、检、法’的反动口号。从这个时候开始,我们大批教师没有办法继续他们的专业,……受到了很深的迫害。不得不,也不可能进行他们的法律专业,转业了。许多老师没有办法,把书都卖掉了。”他认为:因此,我们一定要发扬社会主义民主,加强社会主义法制。1982 年 2 月 4 日,在华东政法学院首届研究生开学典礼上,徐盼秋阐述了法科研究生培养的重要意义:“学校目前急需补充教师。我们寄希望于研究生。你们毕业后,是国家第一批年轻的法学者。你们会比我们强,也可能会有几位同志在全国成为著名的法学家。”

作为一位在新中国成立之前就参加政法工作的老同志,徐盼秋不仅有着丰富的司法实践经验,也非常重视理论探索和学术研究。他的专著《什么是国家》,内容深入浅出,多次得到再版;他于 1954 年发表的两篇文章:《什

么是宪法》和《宪法和共同纲领的关系》,阐述了新中国宪法的性质和内容以及作用,具有重要的学术价值;1956 年发表于《华东政法学报》第 2 期上的《在法学研究中贯彻"百家争鸣"的精神》一文,强调我们遵守法律的目的,就是为了更好地建设社会主义;而"百家争鸣",就是为了繁荣学术、昌明科学,使学术研究更好地为社会主义服务,两者目标一致。徐盼秋指出:在法学研究中贯彻"百家争鸣"的方针,必须解放思想,不要设置研究的禁区。1981 年发表于《法学》复刊号上的《关于社会主义法律与客观规律》一文,强调社会主义法律必须符合社会发展的客观规律。

徐盼秋除了在法律教育和法学研究方面做出重大贡献之外,还全身心地投入到平反冤假错案的事业之中。作为华东政法学院的院长,本来平反冤假错案并不是徐盼秋的主要职责,但他怀着一颗对人民的身家性命全力维护的红心,为善良、无辜的受害人,尽心尽责地提供法律帮助,以实现社会的公平正义。这方面的典型事例就是盛振为案和凌宪扬案的平反。

盛振为(左)平反后,和徐盼秋夫妇合影

盛振为(1900—1997),毕业于东吴大学法学院,后入美国西北大学留学深造,获法学博士学位。返国后,出任东吴法学院教务长、院长。上海解放后,1950 年 3 月某日盛振为被秘密逮捕。被控的"罪名"是"国民党特务,曾经向当局提供黑名单,镇压进步学生"。其唯一依据是在当时院方说明某些学生被捕的布告上,盖有院长盛振为的印鉴,其他人证、物证、书证等一概阙如。此时,公安部门未经调查取证,司法部门未经开庭审理,而且对被告人的无罪陈述，也根本不予理会，就秘密审决，按反革命罪判处盛振为有期徒刑 10 年（后一直延期关押）。

1980 年，全国大力开展平反冤假错案的复查工作，徐盼秋被上海市领导选定，负责主管上海市法律界的相关调研工作。他得知盛振为居住在苏州的消息后，遂去其在苏州的陋室会晤，了解了案情的缘由以及查明真相的线索。然后徐盼秋专程去找苏州市委第一书记梅村，后又找了上海市委统战部部长张承宗，张部长同意让上海市法院复查盛案。经查，盛振为在主持东吴法学院期间，从未参加过国民党，没有任何证据可以证明他曾充当过"国民党特务"，更未"向当局提供黑名单，镇压进步学生"。恰恰相反，1947年 5 月学运后，他曾出席过淞沪警备司令部召集的高校领导人会议。会上警方提出要逮捕一批列入黑名单的"职业学生"。盛振为当即拍案而起，反对此举。至于控告书上提出的唯一依据，即院方公布的那张布告，盖上院长盛振为的印鉴是当时各校例行的做法，不足为凭。最后，上海市法院确认当事人无罪。盛振为 1950 年蒙冤入狱，1980 年平反，受害长达三十年之久。幸而盛振为长寿，在有生之年，终于盼来了沉冤昭雪之日。

对另一位上海著名人士、原沪江大学校长凌宪扬教授，徐盼秋也是不遗余力、冲破各种阻力，全力帮助予以平反。徐盼秋的道德人格、品行操守、博大胸怀，由此可见一斑。

2. 曹漫之

说到华东政法学院的第二次复校,就一定要介绍曹漫之。

曹漫之(1913—1991),生于山东省荣成市成山镇。1932 年,加入中国共产党,后担任中共荣成县城里支部书记。1934 年春,由谷牧推荐,他担任中共胶东特委巡视员。1937 年,任荣成临时县委书记。1938 年以后,曹漫之先后担任胶东特委书记,北海区行政督察专员兼黄县县长,胶东北海区保安司令员兼政委,北海特委书记,胶东区行政委员会主任,行政公署主任兼秘书长,胶东区支前司令部司令员等职。

青年时代的曹漫之,英气勃勃

1949 年 5 月,上海解放,曹漫之先后出任上海市军事管制委员会政务接管委员会副主任,中共上海市人民政府党组成员、第一副秘书长兼民政局局长等职。他先后起草了《上海市区政府、街道办事处、居民委员会组织条例》等文件,对全国各大中城市建立区级政权的工作起到了引领作用。更加让人钦佩的是,曹漫之直接领导了改造妓女运动。他深入实际,了解妓女的真实生活,提出了比较切实可行的措施,在不到一年的时间里,完成了对旧上海 3 万多名妓女的改造工作,让妓女这一群体重新焕发了青春,走上了适合自己的工作岗位和人生道路。

1952 年,曹漫之在"三反"运动中,遭受了不公正的待遇,被调离上海市委,安排在华东政法学院任讲师,主讲政治经济学课程。1956 年 6 月,《华东政法学报》创刊,曹漫之成为主要负责人之一。同年 9 月,经华政党委研究决定,曹漫之接续徐盼秋,担任科研处主任兼院学术秘书。1957 年 1 月,上海法学会成立,曹漫之被选为秘书长。同年 2 月,《华东政法学报》改名《法学》,曹漫之出任主编。1958 年 8 月华政被第一次撤销、成立上海社科院后,曹漫之继续在上海法学会、上海社科院、上海市社联等部门工作。

　　1979 年,在华政第二次复校的进程中,曹漫之以华政第一副院长的身份,在花甲之年,全力以赴地投入到华政的教学和科研管理之中。无论是创办《民主与法制》杂志(任第一总编),还是成立校学术委员会(任主任),还是1981 年《法学》复刊(任主编),以及华政夜大学、函授、自学考试等恢复、创建,华政法律古籍研究所和青少年犯罪研究所的创立等,曹漫之都做出了巨大的努力(张智强、徐建主编:《百年漫之》,上海人民出版社 2013 年版,对此有详细的叙述)。

　　在一般人的眼里,曹漫之给人的印象是不苟言笑。笔者在读研究生时听过曹漫之的几次报告,以及担任研究生班党支部副书记时和曹漫之的偶尔几次接触中,感觉也是如此。但是,后来我们研究生中发生的一件事,让我改变了看法。那是 1984 年初,我们研究生中有一位同学,因感情问题,弄出了婚外恋。当时正值研究生论文即将答辩,学校在讨论如何处理这位研究生时出现了分歧。一派认为应该开除;另一派认为感情问题比较复杂,有时当事人各方都有过错。而当时我们的党支部书记胡韵琴老师就持给出路的政策。此时,平时一直很严厉的曹漫之就完全站在胡老师一边。最后,这位研究生没有被开除,顺利通过论文答辩、毕业,并在上海其他高校找到一份教师的工作。

　　1983 年 10 月 23 日,曹漫之与徐盼秋,双双入选《中国名人词典》。在此期间,曹漫之担任了中国青少年犯罪学研究会会长,主编并出版了《中国青少年犯罪学》(群众出版社 1987 年版)和《唐律疏议译注》(吉林人民出版社 1989 年版)等作品,不仅在中国大陆享有声誉,在日本、韩国和中国台湾地区,也有很大的影响力。

　　曹漫之留给我们的精神财富是巨大的,他的人格魅力直到今天仍然感动着一代又一代的华政学子,其最大的特点是:为人正直,富有正义感。如在 1957 年反右派运动中,复旦大学教授王造时和杨兆龙因为坚持民主与法制的立场而被打成了"右派"。对此,曹漫之虽然也无能为力,但他在心底深处,从来就没有认为王、杨的观点有什么不对。在 1957 年 10 月的一次高层座谈会上,曹漫之就为杨兆龙鸣不平。他说:《华政学报》发表杨兆龙先生关于法有继承性的文章,事先其实是经过领导审阅的。杨文发表以后遭到批判,杨不服,感到委屈,魏文伯同志还鼓励杨再写文章继续争鸣。曹漫之还说,即使杨兆龙文章真的有问题,也不能全怪他,领导也有责任。在另一次有中共中央宣传部部长陆定一参加的座谈会上,曹漫之还与当时华政院长雷经天一起,向陆定一部长汇报了华政青年老师黄道因为写了"无罪推定"的文章后受到批判的事情,请示"无罪推定"这是一个政治问题还是学术问题。陆定一部长明确回答说,这是学术问题。雷经天、曹漫之等当即抓住这个机会为黄道说话,从而使黄道避免了被打成"右派分子"的厄运。应该说,在当时那种人人自危的政治气候下,曹漫之能够不随波逐流,敢于直言,坚持法治原则,令人钦佩。

3. 郑兆璜和胡文治

郑兆璜(1910—2003),1935 年获得燕京大学学士学位。随后赴美国耶鲁大学读研究生,1939 年获得硕士学位。接着考入法国巴黎大学,1946 年获得法学博士学位,1948 年进入东吴大学法学院任教,讲授国际公法。1951 年因院系调整而失去教职。1953 年至 1956 年从事翻译工作,曾为上海文艺联合出版社担任审校工作。著有《国际条约之解释》等作品。

华政功勋教授郑兆璜

而在上海法学会于 1956 年 10 月 18 日向上海市社联汇报上海法学界人士的情况时,郑兆璜与胡长清、吴昆吾、杨寿林、方福枢等一起,被作为无业人员对待。1979 年到华政工作,成为国际法学科的带头人。1980 年 12 月 8 日,郑兆璜被上海市人民政府聘为教授,成为华政 1979 年复校后的第一位教授(过了一年,徐盼秋和曹漫之被上海市政府聘为华政第二位、第三位教授)。在 1985 年 9 月 10 日,即新中国的第一个教师节上,郑兆璜老师和施荣根、奚玉龙等一起,被推荐为受表彰的对象。

2002 年 11 月,华政迎来了 50 周年大庆。此时,郑兆璜已经是一位 92 岁的老人了。但他仍然牵挂学校的发展、学校的未来,写下了《祝贺与期望》的文章,为了让华政真正成为法学教育的东方明珠,也提出了三点希望:一、增强与时俱进的办学意识;二、培养出更多的优秀法律人才,提高华政的竞争力和知名度;三、希望学校多关心一些退休教职员工的生活,以增强凝聚力和创造力。郑老以自己的生活现状,说明了如果这方面工作做好了,就能产生难以预料的积极作用。郑老退休后,年迈多病,生活难以自理,有时不免觉得孤独和伤感。此时,有学生、有老师来看望,他就很开心,就会兴奋好几天。他的情况是这样,其他退休老师的情况也应该一样。

郑兆璜和他的学生。左起李泳、曹建明、张江敏、郑兆璜、刘晓红、陈治东、丁伟

　　胡文治(1926—2011),1951 年 7 月毕业于东吴大学,是当时东吴法学院设置的国际法组的学生。华政成立后,任研究处主任的徐盼秋推荐胡文治来华政担任讲师,并负责国际法的学科建设。由于华政刚刚建立,因此所面临的第一件事情,就是培养师资,编写教材。胡文治从各个方面努力,如从民国时期研究国际法的教授(所谓"旧法人员")中,引进了周子亚、何海晏和江海潮三人。而从当时毕业生中,又挑选了三名优秀学生,充任国际法专业的助教,他们是董世忠、赵振德、王世本。在这三位年轻教师中,赵振德后来担任了华东政法学院的副院长;王世本,也做了行政管理工作。只有董世忠老师,在国际法专业教学和科研上坚持了下来,1972 年华政第二次撤销,董世忠去了复旦大学任教,后来就成为复旦大学国际法专业的学科带头人、复旦大学法律系主任、著名国际法学家。

　　在编写国际法教材方面,胡文治也努力了。1956 年,外交部下属的北京外交学院,邀请苏联一流法学专家来华培训师资,在两年时间内,开设了国际法、国际私法、国际关系史等课程。胡文治就抓住这个机会,赶去北京,参加了这些课程的学习,其笔记,成为了后来编写教材的素材。只是机缘不好,等胡文治回到上海不久,华政就被第一次撤销,并入上海社会科学院,华政自己编写国际法系列教材的规划也就流产了。

　　接下来,胡文治本人的命运也发生了很大的变化。华政并入上海社科院以后,胡文治参加了上海国际问题研究所的筹建工作,后担任了学术秘书组组长、编译组组长和国际法与国际组织研究组组长。该研究所当时实力很强大,不仅将原来华政的国际法教研组的原班人马吸纳了进去,而且将复旦大学研究国际法的教授张汇文、卢峻、丘日庆和刘家骥等也全部吸收了进来。

　　1979 年华政第二次复校后,胡文治回到了华政,担任国际法学科的负责人。1985 年设立国际法系的时候,胡文治担任了国际法系的系主任,团结像郑兆璜老师这样的一批老教授,带领一批像曹建明、陈治东、周洪钧、朱榄叶、丁伟这样的年轻教师向前奋进,终于使华政的国际法教学科研团队,慢慢接近了中国国际法研究的最前端。

2007 年,刘晓红(左)和徐冬根(右)与胡文治在华政更名庆典上

　　华政的国际法学科,正是在郑兆璜、江海潮、胡文治等老一辈学者的努力下,在曹建明、陈治东、周洪钧、朱榄叶、丁伟、刘晓红、林燕萍、王虎华等一批中青年学者的推动下,以及在贺小勇、刘宁元、李伟芳、管建强、杜涛、王勇等老师的接力下,才一直挺进在中国国际法学界的主流队伍之中,为中国国际法和法学的发展,做出了自己应有的贡献。

4. 武汉和徐建

武汉(1921—2000),广东省汕头市人。早年入圣约翰大学政治经济专业学习。1943 年参加革命,先后在华东局国民党区域工作部、华东局社会部工作。这是一个特殊战线的艰巨工作,在陈毅、曾希圣和潘汉年的领导下,武汉工作出色,被直接调往军调部担任翻译。后遭受国民党特务暗杀负伤。伤愈后,参加了淮海战役、上海解放战役。1949 年上海解放后,武汉先后担任上海市军管会办公厅、上海市政府办公厅、市长办公室秘书(跟随陈毅、潘汉年),上海市公安局政保一处侦查科长。曾侦破多起特务案、间谍案,为稳定上海及全国的生产、生活秩序,保护国家和人民的利益做出了重要贡献。

1957 年反右派运动爆发后,武汉仗义执言,对"潘汉年、杨帆案件"提出质疑,为其鸣冤。结果受到此案的株连,被打成"右派",并受撤销党籍、开除公职直至劳动教养的错误处分,被送到白猫岭农场劳动改造 23 年。但武汉并没有消沉,在此漫长的劳动期间,他默默思考罪犯改造问题,主动参与农场组织的犯罪改造和犯罪预防的工作,积累了丰富的实践经验,并形成了比较成熟的犯罪学思考。

1978 年改革开放以后,在国家重视法治的形势下,对武汉的错误处分得到了纠正。在安排他的工作时,武汉主动提出希望从事教学和研究工作。这样,他就来到刚刚复校的华东政法学院,一个他曾经读书的圣约翰大学校园,担任了华政刑侦教研室主任、犯罪学系主任。他组织老师编写了几十万字的犯罪学教材,填补了这一领域的空白,成为我国犯罪学研究的奠基人之一。

武汉还创办了新中国第一本刑事侦查专业的杂志《刑侦研究》(后改名《犯罪研究》)。在之后的教学和研究生涯中,武汉老师笔耕不辍,组织老师编写犯罪学著作教材十多种。他自己的个人专著《刑事侦查学》《刑事侦查

武汉老师在指导研究生

原理》，后来于 1984 年在上海市高等学校哲学、社会科学成果评奖中获得了优秀成果奖。其专著《武汉论文集》也受到了学生的欢迎。

作为圣约翰大学毕业的高才生，武汉的外语非常好。这样，他就被推荐担任了联合国预防和控制犯罪委员会的中国委员。在此岗位上，武汉以渊博的学识、熟练的外语、丰富的实践经验、谦和的人品，赢得了国外同行的尊敬，也为中国赢得了荣誉。1999 年武汉被华政评为"功勋教授"。

徐建（1934—　　），浙江宁波人。1951 年考入复旦大学政治系，1952 年转入华政读书。1955 年，徐建毕业后留在了刑法教研室，承担部分刑法课程的讲授。其间，被调到院长办公室，做了郑文卿院长的秘书。郑文卿调到北京工作后，徐建又担任了雷经天的秘书。此时，适应国家的要求，华政要开一门新课"犯罪对策学"，就让徐建来准备讲授，并建立了华政最早的犯罪对策教研室，后改为司法鉴定教研室。1954 年，华政招收了自己的第一届四年制本科生（里面的几位学生后来都担任了华政副校长，如赵振德、张国全、金程远等），徐建就在 1956 年给这届学生讲授犯罪对策学。

经历了 1957 年的反右派运动、1958 年的"大跃进"和华政的被撤销，徐建进了上海社科院工作。出于对当时国家法治建设的失望，徐建进的不是政治法律所，而是去了哲学研究所，专门从事自然辩证法的研究。"文化大革命"爆发以后，徐建带着 20 多个社科院的年轻人到黑龙江插队。六年后，回到了上海，在五七干校教了一段时间的哲学。到 1979 年初，响应华政的呼唤,回到母校,继续讲授犯罪对策学,后来在曹漫之副院长的带领下,组建了青少年犯罪研究所。

华政的青少年犯罪研究所最初所长是武汉教授,之后由徐建担任,在他的努力下,华政青少年犯罪研究所成为一个人才集聚的团队,成为一个发表这方面成果的全国文献平台,其中年长者有陆伦章、王万銮、江素珍,年轻人有肖建国、杨正鸣等。1999 年以后,武汉、徐建先后被评为华政"功勋教授"。徐建将青少年犯罪的预防和治理作为自己的终生事业,不仅在该领域勤奋写作,出版了一批专著和教材,并教书育人(现在已经卓有成就的姚建龙、高维俭和杨忠孝等,均是徐老师的学生),还为推动实务领域里的青少年保护事业做出了重大的贡献。

徐建和他的两位学生:肖建国(右)、姚建龙

由于徐建老师研究青少年犯罪法和预防起步早,就被邀请参与建立中国第一个少年法庭,制定了第一部《未成年人保护法》等。青少年犯罪学会的建立,他也是最早的成员之一,并担任了秘书长。他自己在回忆这一段历史时说道:"在此过程中,我是夜以继日地学习研究,直到现在我仍然把青少年犯罪学研究当作我的责任、事业和兴趣,作为对学校和社会的一种回报,它已经成为我生活的一部分。"

5. 王召棠和徐轶民

王召棠(1926—2017)，浙江东阳人。1947年考入安徽大学法学院读书，当时的法学院院长就是民国时期著名法史学家陈顾远。1951年毕业后入中国人民大学读研究生，并留校任教。1953年底调入华政任教。1958年华政撤销，王召棠入上海社科院政治法律研究所从事教学和科研。1963年

7月华政第一次复校后，王召棠回到华政任教。1972年华政第二次撤销并入复旦时，王召棠与188人大部队一起，进入了复旦大学工作，在国际政治系讲授法国政治课，还担任复旦大学西欧研究室副主任。1979年华政第二次复校后，王召棠回到华政，从事中国法制史的教学和研究，并担任法制史教研室的主任。

王召棠老师在书房

王老师对学生非常关心。我记得那是1983年4月9日，教研室开会，专门讨论我、高桐(外法史)和徐永康(中法史)三个人写的三篇论文，王老师谈了两个很重要的观点，对我很有启发：第一，写论文必须注意资料的积累，用史料说话；第二，写论文一定不能重复别人。王老师不仅这样要求学生，而且他自己就是这么做的。1982年，王老师和陈鹏生老师合作在《法学》(第2期)上发表了《社会主义中国法系初探》一文，观点鲜明地提出"法系"不应是资产阶级法学的专用语，而是整个法学领域中都应该研究的一个课题。文章强调我国的社会主义法系，既不是英美法系，也不是大陆法系，而是从井冈山建立革命政权开始，根据中国革命的实践独创的社会主义法系。同时，王老师还花费了大量时间和精力，专注于《唐律疏议》的点校、注释和翻译工作。此外，王老师对魏晋南北朝的律学研究，也做出了很大贡献。

1987 年 4 月王召棠教授和曹建明老师在比利时访问

正是因为王老师教学、科研、人品都好，后来华政成立法律系（当时华政只有这么一个系，经济法、国际法等，都只是法律系里面的一个教研室）时，王老师众望所归地担任了法律系主任。1999 年 9 月 18 日，华政举行了复校 20 周年庆典，王召棠老师和徐轶民老师双双获得了"华政功勋教授"的荣誉称号。王老师最可贵的品质：厚道、朴实、善良，淡泊名利，甘当人梯。他培养的学生，如王立民、殷啸虎、徐永康、程维荣、姜永琳、胡银康、杨心明、蒋集耀、李本森、金敏、顾俊杰等，目前都已经是我国法律教育和法学研究的骨干了。

徐轶民（1925—2007），生于浙江常山。1952 年毕业于复旦大学法律系，被分配至华政国家和法的理论与历史教研室任教。主要教授法学理论、法制史、国家与法的历史、苏联国家与法的历史等课程。之后，随着华政 1958 年和 1972 年两次被撤销，1963年和 1979 年两次恢复，徐轶民都随华政一起起落、进出。1979 年徐轶民重回华政后，主要讲授国家与法的理论、宪法、外国法制史、外国法律思想史等课程。1981 年起开始招收硕士研究生。

徐轶民教授

在科研方面,徐轶民勤奋刻苦。参与了上海人民出版社出版的《战后历史长编》《明天的战略》的翻译与统稿工作,担任了《辞海》的编委和撰稿人,参与了全国法学界合编的《法学词典》以及《中国大百科全书·法学卷》的编写工作。由徐轶民任主编的《简明法制史词典》(河南人民出版社1988年),填补了法制史专业词典的空白。具有代表性的论文有:《罗马法学家在罗马法发展中的作用》《略论法律的继承性》《外国法制史学科观念更新的思考》等。1982年,徐轶民参与创建了全国外国法制史研究会,担任了第一届理事,并连任第二届(1983年)至第十二届(1997年)的副会长。参与编写第一部全国统编教材《外国法制史》(任副主编,1982年由北京大学出版社出版)。

1984年1月,徐轶民老师在厦门大学参加会议。后随者何勤华、傅东辉

在指导研究生方面,徐轶民也是尽心尽力。尤其让学生感动和有收获的是,徐轶民对学生论文写作的细心辅导,当学生将自己的习作交给徐轶民时,他都会花费大量时间,认真阅改。经过徐老师修改过的文章,上面布满了密密麻麻的红色,这是徐老师修改的文字。

　　1996 年 10 月,徐轶民于华东政法学院离休。徐轶民在华政执教期间,曾先后担任法制史教研室副主任、院图书馆委员会主任等职务。

　　徐轶民师风垂范,桃李天下,近五十年始终亲临教学第一线,培养了一大批优秀的法律人才。在其任教期间,徐轶民曾多次荣获各种荣誉称号。其中 1992 年 10 月 1 日,为表彰徐轶民为中国高等教育事业做出的突出贡献,国务院特发给政府特殊津贴并颁发证书;1997 年 9 月由司法部授予司法行政银质荣誉章证书;1999 年 9 月由华东政法学院授予了"华东政法学院功勋教授"的荣誉称号;2001 年 8 月获全国外国法制史研究会颁发的功勋会员证书;等等。

6. 陈忠诚、奚玉龙和江邈清

　　在叙述对华政第二次复校后发展做出贡献的老师时,我们不能忘记陈忠诚、奚玉龙和江邈清三位教授。他们一位是外语老师,一位是体育老师,一位是中文(语文)老师(其实,他们原本都是法律科班出身,只是由于中国20世纪50年代初期的特殊政治原因,他们没有能够从事自己心爱的法律专业,改行进入了非法学专业从教)。

　　陈忠诚(1923—2013),浙江鄞县人。1942年9月入圣约翰大学学习。1943年9月转入东吴大学法学院。1947年毕业,转入东吴大学法律学研究所从事比较法研究工作。1952年10月转入华政,负责俄文教研组。陈忠诚异常勤奋。在1956年6月5日他所填写自己简历的表格中,他就写了懂俄文和英文(能进行口译和笔译),懂日文(能进行笔译)。

青年时代的陈忠诚

陈忠诚教授与妻子和女儿

　　陈忠诚的一生,与华政的发展,华政的外语教学和研究事业发展紧密相关。在华政刚刚组建时的1952至1956年,在中国向苏联"一边倒"的时代氛围中,陈忠诚及其所属教师团队,承担起了华政所有的俄文教学;1979年华政第二次复校、在中国实行改革开放国策,向西方国家敞开大门、社会向英语"一边倒"时,陈忠诚及他领导的英语教研室,承担了华政全校所有的英语课程。而在此过程中,陈忠诚于1956 年 3 月 10 日被评上了华政的第一批讲师,1980 年 9 月 1 日,与徐轶民、王召棠、奚玉龙等一起,被评为复校后的第一批副教授。1987 年 8 月 12日,又被评上了教授。陈忠诚虽然没有在国外留过学,但他的外语水平之高,令许多留洋回来的专家学者惊叹。陈忠诚的法律英语水平,被同行所广泛认可,他也是我国法律翻译专业的奠基人之一,其多本专著填补了法律英语研究的空白。

陈忠诚(左 2)陪同徐盼秋院长(右 3)接待外宾
右 1 为副院长赵振德,右 2 为朱华荣教授

陈忠诚老师于 1992 年退休后,到他 2013 年 12 月去世前,他几乎天天泡在图书馆,阅读和写作。笔者看着他从开始时走路健步如飞(此时他已经有 70 多岁了),到慢悠悠慢悠悠,到步履蹒跚,到最后柱了拐杖艰难前行,到后来不再看到他的身影,我知道他可能行动不便了。我去他家里看望他,他当时气色还行,但就是腿脚不便,人坐下去了以后,就无法再站立起来。虽然此时他的身体已经非常衰弱,但对华政外语教学和科研的发展,对他自己的一些著作的出版和修订,依然热情满满,并强调还有许多写作计划尚未完

成,他还要继续努力。

奚玉龙(1928—2014),上海市人。1947年考入光华大学法律系读书,1951年光华大学法律系被并入复旦大学法律系后,转入复旦读书。1952年9月毕业后,参加上海市杨思区人民法院的司法改革运动。1953年2月转入华东政法学院任教,担任体育课的老师。1958年8月华政被撤销后,转入上海社科院担任体育老师(此时,上海社科院有华政并入的大学生)。1960年转入上海铁道学院体育教研室任主任。1963年华政第一次复校,奚玉龙老师回到

青年时代的奚玉龙

华政,出任体育教研室讲师。1972年华政第二次被撤销,奚老师就随着大部队一起,去了复旦大学,担任体育课老师。

奚玉龙老师在教师节表彰会上

1979年华政第二次复校后,奚玉龙老师回到华政,担任体育教研室讲师。1980年9月1日,与徐轶民、王召棠等一起,被评为华政1979年第二次复校后的第一批副教授。之后,奚老师又获评教授,同时也担任着教研室的副主任、主任。

奚玉龙老师对工作非常投入,对教书育人十分尽心。华政的体育场地和条件十分简陋,奚玉龙老师克服各种困难,在他的带领之下,我校各支运动队在每一次的上海市乃至全国的比赛中,都取得了不俗的成绩。

江邈清(1929—),上海市人,1948年考入新中国法学院政治系,1949年进入圣约翰大学政治系读书。1952年7月从圣约翰大学毕业。转入正在筹建中的华东政法学院,参加了1952年11月15日的开学典礼,之后担任了华政大学语文课的教师。

进入华政任教后,江老师戏称自己是"四进四

青年时代的江邈清

出",即 1952 年华政建校后,在学校教语文课(一进),后来因参加了一次游行,被调到了格致中学教学(一出);在格致中学工作了一段时间后又回到华政教书(二进),1958 年 8 月华政并入了上海社科院,江老师又去了社科院教课(二出);到 1960 年上海院校大发展,江老师从社科院被调去了上海师范学院教书(三出);1963 年华政第一次复校,1965 年他又回到了华政(三进);1972 年华政第二次撤销,江老师去了复旦大学(四出),直至 1979 年华政第二次复校,江老师又回到了华政工作(四进),一直到退休。

江邈清年龄虽然比陈忠诚老师要小,但资格很老,他曾参与了 1952 年华政的筹建工作。按照江老师的回忆,当时华政的筹备组设在华东局(衡山路,国际礼拜堂的对面)。那是原来的华东局办事处,1952 年 6 月就是在那里召开了关于华政建校的筹备会议。江老师当时是作为圣约翰大学学生安全部部长(学生代表)参加了会议。江老师自己说,当时他在圣约翰大学读的是政治系,所以没有法律的课程。而且 1949 年刚解放,老的一套法律都被否定了,圣约翰大学也是回归人民的怀抱,校徽也改成了红底白字了(原来是白底红字的),写着"光明与真理"。以前教会学校校徽都是做成戒指戴在手上的,后来"文化大革命"破四旧抄家,把江老师这个校戒也收走了,令人惋惜。

已经 92 岁的江邈清老师身体非常健康,不仅和我们讲述了圣约翰大学的历史,还在为改善华政离退休老师的生活奔走

据江老师回忆,1950 年前后上海刚刚解放之时,圣约翰大学学生在课堂上学的政治课就是听取政治报告。当时政治系的主任叫潘世兹,是上政

治课的老师。此时,美国的教师已经都撤退回去了。所以,后来圣约翰大学政治系的老师,没有一个进入华东政法学院的,包括潘世兹教授。1965 年华政第一次复校时,江老师归队回到了华政,担任语文教研室主任。1972年 4 月华政第二次被撤校,江老师就到了复旦大学的中文系教书,当时徐轶民、王召棠、张国全、谭永介、李昌道、叶孝信等人都去了复旦大学工作。说到这里,江老师就说起了"文化大革命"中造反派对华政的破坏作用,包括把学校的人际关系搞得很复杂、很对立。后来许多老师如叶孝信、李昌道、齐乃宽和杨奉琨等在复校时都没有回来,和这也有很大关系。

7. 孔令望和席祖德

华政第二次复校后，支撑宪法学学科的就是孔令望和席祖德两位教授。

孔令望(1929—2008)，浙江宁波人。1946年入伍，在解放军部队里，担任过通讯员、会计、学员等。1949年5月至1953年6月，先后在杭州市政府、房管所、劳动局和市监察委等单位担任干事、副科长等职务。1953年被调到北京中央政法干校学习，1954年完成学习任务后，就被分配到了刚刚恢复的复旦大学法律系任教，任国家法教研室副主任，1956年被评为讲师。

孔令望教授

1958年复旦大学法律系被撤销，并入刚刚成立的上海社会科学院。孔令望转入上海社科院工作，担任政治法律研究所研究组副组长。1963年华政第一次复校，孔令望调入华政，担任国家学说教研室的负责人。1972年华政第二次撤销，孔令望又回到复旦大学，担任光学系学生党支部书记。

孔令望老师(左3)和学生在一起。右1为金永建老师，左2为张在桢

　　1979 年华政第二次复校时,孔令望接受最高人民法院和上海市高级人民法院以及上海市委的指令,受时任上海市社联负责人徐盼秋、复旦大学法律系负责人袁成瑞的委托,从该年 2 月初开始,就负责起了华政复校的筹建(孔令望语:重建)工作。华政复校后,历任宪法教研室主任,教务处副处长、处长。1982 年被评为副教授,1986 年被评为教授。兼任中国宪法学研究会理事等职。主编《中华人民共和国宪法教程》,合著《国家监督论》,参加编著《检察大辞典》等。

　　孔令望教授长期从事国家法(宪法)的学说和制度的教学与研究,无论在复旦大学,还是在上海社科院,以及华东政法学院,都是宪法学的学科带头人。由于孔令望教授长期兼任华政教务处长的职务,参与学校的大量教学管理事务,属于双肩挑的老师,比较忙。因此,在宪法教学、科研方面和指导研究生方面,席祖德就配合孔令望教授做了大量具体事务,推动着华政宪法学学科的发展。

　　席祖德(1927—),浙江杭州人。在黄岩、温岭和余姚三个县的中学读书后,于 1947 年考入东吴大学法学院学习。1951 年 7 月毕业后,到当时刚刚组建的上海学院工作。在这个大学工作了一年多,主要教社会发展史等课程。1952 年 9 月院系调整,席祖德就到了华东政法学院任教。1956 年被评为华政第一届讲师。主讲各种政策法令、中国近代史、中华人民共和国宪法、国家与法的基础、资产阶级国家法、苏联与人民民主国家法等课程,是华政宪法学学科的创始人之一。

青年时代的席祖德

　　2018 年春天,席祖德教授在接受笔者采访时,与笔者有一段对话,叙述了在华政两落三起过程中他的命运的变化,从中也折射了中国法治发展的曲折道路。

2018 年春天，91 岁的席祖德在养老院里接受笔者的采访

何：听说您是从上海学院进入初建时的华政工作的，能说说这方面的情况吗？

席：好的。上海学院是由 6 个私立大学合并起来的，比如上海法政学院、上海法学院等。上海学院也是多科系的，不是只有法律系。1951 年 7 月我从东吴大学法学院毕业，毕业以后分配到上海学院做政治助教，学生都比我低一届。

何：我们从档案上看，院系调整时，有的学校来的学生很少，而东吴最多，第二就是上海学院，有 150 多人转过来。您还记得有哪些同事和同学吗？

席：上海学院过来多少人我记不得了。但从各个大学转来的，我记得有宣冬玲、方晓升、徐建、程辑雍、陆锦碧、强远淦、乐瑞祥、谭永介、施荣根、赖彭城、彭万林、陈忠诚、金立琪、王群等。

何：您来华政工作，1956 年就成为第一批讲师，1957 年"反右"时您被打成"右派"了吗？

席：没有。

何：1958 年华政第一次被撤校时，您去了哪里？

席：我去了陕北中学，这个学校比较有名，本来是专门办高中的，现在已经并入晋元中学，是很出名的重点学校。

何：1963 年第一次复校时，您有没有回华政？

席：没有。我是 1979 年才回校的。当时我和程辑雍在一起，后来他去了上海社科院。"文化大革命"的时候,因为我们都是政法大学出来的,所以分到了一起。

何:我们华政是1952年成立的,当时《国家法》的教材是编得最认真的,您也参与了编写吗?

席:是,当时是我带头组织编写的,教材正式使用时已经是1956年了。我刚到华政时和赵野民在一个组,主讲中国近代革命史。

何:您对东吴大学时期的老师有印象吗?

席:没有。我在东吴大学上的是夜校部。因为我家里经济情况比较差,当时在一所中学里一边教书,一边上大学。

何:您对李良和刘焕文有印象吗?

席:李良是上海学院教务长,后来来了华政。他们老教授都是一个教研室的。刘焕文也有印象,是语文教研组的。

何:叶松亭也是上海学院过来的吧?

席:是的,叶松亭我认识,他后来留在华政教刑法了。

8. 苏惠渔和朱华荣

苏惠渔(1934—2019),出生于江苏省苏州市东山小镇。1955年考入了北京大学法律系,1959年7月毕业留法理教研室任教。1963年1月,调入江苏省高级人民法院工作。但对大学法律教育仍然心向往之。1964年夏天,华东政法学院第一次复校,苏惠渔加入了华政这一大家庭。

苏惠渔(右)与张思之,会见被告李作鹏(左)

1972年华政第二次解散后,苏惠渔去了复旦大学新闻系工作。1979年华政第二次复校,苏惠渔回到了华政工作,负责刑法学学科的规划和发展,其成果不断,人才辈出。其学生赵国强、杨诚、刘宪权、杨兴培、史建三、沈亮等,都成为沪上及澳门著名刑法教授、律师。1982年7月7日,经司法部批准,苏惠渔担任了华政科研处处长。1986年12月11日,苏惠渔晋升为教授。之前,1980年,苏惠渔接受司法部的安排,赴北京参加"林彪、江青反革命集团案"的审理,担任李作鹏的辩护律师。

1993年10月,苏惠渔被批准为有突出贡献的专家,享受国务院政府特殊津贴。1995年,苏惠渔荣获上海市高校优秀导师称号。1997年他主编的司法部统编教材《刑法学》(之后多次修订重版)获得全国高校优秀教材一等奖。1998年,他获得上海市教育发展基金会申银万国奖。2009年,入选当

2019 年 5 月 27 日,张文显主任授予苏惠渔教授荣誉证书

代中国法学名家名录。2018 年 12 月,获得中国法学会"杰出资深法学家"的荣誉称号。苏惠渔从教几十年,共发表论文 100 余篇,出版著作(主编、合著和参著)数十部。自 1988 年 1 月苏惠渔担任中国法学会刑法学研究会副总干事起,他连续多届担任这一职务,并兼任上海市法学会副会长、上海市刑法学研究会会长等职。

苏惠渔老师和他的弟子们。左起:郑列、薛进展、杨兴培、
肖建国、苏惠渔、刘宪权、沈亮、郑伟、杨正鸣

　　1988 年,苏惠渔老师还和日本早稻田大学校长、著名刑法学家西原春夫教授共同发起并推动当代中日两国刑法学者的学术交流,定期由中日双方轮流召集,出版专著,形成了最早一批中日刑事法研究的学术成果。

苏惠渔老师富有人格魅力，讲课非常生动，且富有感染力。那是 1981 年 10 月的时候，笔者因为要报考华政的硕士研究生，在国际法专业孙进丰老师的引荐下，拜会了华政党委副书记吕书云老师。吕书记在向笔者介绍华政的师资队伍时，特地介绍了苏惠渔老师，说他学问深，课讲得好。讲课时，没有一句废话，所以在学生中口碑特别好。正是在苏老师的言传身教之下，华政刑法专业的刘宪权、杨兴培、沈亮、游伟等，都成为了华政的教学名师。

朱华荣（1929—2018），四川璧山县人。1948 年秋毕业于四川大学法律系，1951 年 8 月被保送到中国人民大学法律系学习，1953 年 2 月转入刑法教研室任教员，1958 年被错划成"右派"，1963 年被下放支援安徽芜湖地方建设，直到 1979 年恢复重建华东政法学院，被调往上海进入华政任教。

朱华荣教授

朱华荣 1980 年参加"审判林彪、江青反革命集团"的律师组工作，任江青的辩护律师。此后任华政刑法学教授、研究生导师。发表专业学术论文 100 余篇，出版、参编《中华人民共和国刑法总则讲义》《各国刑法比较研究》《中国刑法通史》《中国法律思想史》等著作。

朱华荣出身法律世家。他自己回忆说："我的祖父朱大镛是前清进士，后出走日本学习法律，考入明治大学，获得了法学学士学位。他在辛亥革命后回国，成为了民国时期的第一代律师。我的父亲朱显祯在我祖父的教导下，赴日习法，考上了京都帝国大学，获得法学学士学位。之后，历任中山大学法律系主任、四川大学法律系主任、四川大学代理校长等职。我受家学的影响，考入了四川大学法律系（后来我妹妹朱华泽在我的影响下，也选择了法律专业，毕业后一直在北京大学法律系任教）。"

读完法律之后，遇 1949 年 12 月成都解放，朱华荣参加了解放军军管委员会的刑庭审判工作，主要审理的是烟毒案件。在中国人民大学法律系学习、留校，被打成右派后，先被调到资料室，后被下放支援安徽芜湖基层工作。1976 年"文革"结束之后，朱华荣的"右派"问题得以纠正，并被允许调回北京工作。拿到调令后，朱华荣带着爱人回了上海一次（朱夫人是上海人），顺路去看了他的同学赵炳霖。赵炳霖当时正在参加华政的重建，就劝朱老师留在华政工作。这样，朱华荣就没有再去北京。刚好此时 1979 年《刑法》颁布，朱华荣对刑法比较熟悉，就受邀在上海宣讲 1979 年《刑法》。"参加完这个宣讲后，我就被正式调到上海了。到华政之后就参加了统编教材的编写工作。"自此，朱华荣老师一直在华政刑法学科从事着教书育人的工作，直至退休。

朱华荣老师学富五车，儒雅华贵，风度翩翩，待人亲切和蔼，富有人格魅力，深受学生喜爱。在他病重住院期间，许多学生自发地去看望和照顾他。他不幸去世后，也有许多学生写了怀念回忆文章，追思大家喜爱的老师。朱华荣老师虽然仙去，但他的法治理想已经由他的女儿朱晓音律师、儿子朱晓斌律师所传承，他们在继续书写"一门四代律师"的精彩故事。

附记：本文的撰写，得到了朱华荣教授的女儿朱晓音律师的帮助和支持。朱老师的学生汪敏华、杨兴培也为笔者提供了许多资料、线索和照片。文字内容部分参考了收录在笔者主编的《中国法学家访谈录》第 2 卷中访问朱华荣老师部分，廖灿强、陈佳吉执笔。在此，均表示笔者的一片谢意。

9. 韩来璧、金立琪和彭万林

韩来璧、金立琪和彭万林,是华政第二次复校以后三位民法专业的学科带头人。虽然这三位教授,现在都已经驾鹤仙去,但我们都记得他们对华政所做出的贡献。

韩来璧(1928—2006),河北博野人。1954 年 7月毕业于中国人民大学法律系,入华东政法学院工作。两年以后,在 1956 年评上助教。1958 年华政被撤销、组建上海社科院时,韩老师就转入社科院政治法律研究所任教。1960 年,由于法治事业越来越受到排斥,韩老师被调入上海市美术专科学校工作。

1979 年复校后的韩来璧

1979 年华政第二次复校,韩老师回归华政,担任了华政民法教研室的副主任。1992 年被评为教授。韩老师同时兼任了上海市法学会民法研究会总干事。韩来璧老师积极参与国家与地方的立法建制工作。1994 年,他受上海市司法局委托,参加了于 1996 年 3 月 1 日起正式实施的《上海市公证工作条例》的起草工作。在教学和科研上,韩老师也是颇有成果。主编了《民法概论》,合著了《民法学教程》,还发表了《安乐死应为法律确认》《〈民法通则〉中债权独立成章之管见》等多篇论文。

在华政的所有老教师中,笔者与韩来璧老师认识最早。1980 年,当时我还在北京大学法律系读大三,有一次和李志敏老师聊天。老师问我毕业后准备做什么。我说,希望回上海当老师,在大学从事法学教育的工作。因为我在读大学以前,已经在农村人民公社机关工作了三年,感觉自己不太擅长处理比较复杂的官员(包括上下级)之间的关系,大学比较单纯,只要备好课、上好课,学生欢迎就可以了。李志敏老师很支持我的想法。他说,那你就回上海,找一下他的同班同学又是同乡的韩来璧老师,华政刚刚恢复招生,韩老师在那里负责民法的教学和研究。

这样,我就拿着李志敏老师写的引荐信,到上海来找韩来璧老师。当时他住在华政老校区东风楼后面23号楼的西侧二楼。他对我非常热情,虽然当时他正患着美尼尔氏症,说话多了、人累了就会头晕,但他还是非常详细地向我介绍了华政的现况和发展远景,热情欢迎我到华政民法教研室工作。临走时,不顾我的劝阻,坚持把我送到华政校门口,让我深受感动。也许冥冥之中早有安排,我1984年底华政研究生毕业留校后,也被安排住在23号楼。我的房间是东侧底楼,每天都可以看到韩老师的生活起居。从日常生活中,我进一步了解了韩老师不仅是一位好老师,也是一位好丈夫、好父亲。

金立琪(1930—2018),湖北麻城县人。1948年9月至1951年8月,就读于上海法政学院法律系。1951年9月至1952年8月,就读于上海学院法律系。毕业后入华东政法学院民法教研室,先后担任助教、讲师。1958年9月至1963年12月,调任上海社会科学院政法研究所工作。1964年1月至1972年4月,调回华东政法学院,先后在法律系民法教研室和政治经济学教研室工作。1972年4月

青年时代的金立琪

至1979年6月,在复旦大学经济系工作。1979年7月,重新回到华东政法学院法律系民法教研室工作,先后担任讲师、副教授、教授,1997年10月退休。

金立琪是1979年华政复校后民法学的骨干教师,也是20世纪80—90年代上海民法学界最为活跃的学者之一。1981年在《法学杂志》上发表的《试析合同纠纷的原因》,比较早地关注到我国从原来的计划经济向社会主义市场经济转型过程中大量出现的合同纠纷现象,并提出了相应的立法建议;1986年我国《民法通则》制定、颁布和实施时,金立琪不仅参与了该法草案的讨论,还发表了《关于〈民法通则(草案)〉讨论的几个问题》,对该法草案中存在的一些不同观点做了详细阐述,对该法的完善做出了贡献。1989年

金立琪又与其研究生徐明在《中国法学》(第 1 期)上发表了《论土地经营权》一文,在我国比较早地对当时社会重点关注的土地经营权的历史,以及单纯所有权、经济所有权以及地租的理论和土地经营权的关系等进行了深入的论述,赢得了学界的认可和重视。

彭万林(1930—2012),安徽芜湖人。1952 年 7 月毕业于复旦大学法律系,转入筹备中的华政任教师。1954 年 7 月 16 日,接中央高等教育部"关于留苏预备生名单的通知",于同年 8 月下旬赴北京俄文专科学校留苏预备部,接受俄语强化训练,并于1955 年 8 月赴苏联列宁格勒大学法律系(现圣彼得堡大学法学院)学习,1959 年夏天研究生毕业,获法学副博士(硕士)学位。回来后在上海社会科学院、复旦大学历史系从事研究和教学。

复校以后的彭万林

1979 年华政第二次复校时,彭万林回到华政,担任民商法学科的负责人。主要从事中外民商法、苏联东欧民法、资产阶级民法等的教学和研究。曾任上海市人民政府参事,民盟中央法制委员会委员。主要著作有《民法原理》、《民法学》(全国高校统编教材,任主编)、《国家赔偿法原理》等。

笔者愿以此文,告慰韩来璧、金立琪和彭万林三位老师在天之灵。

10. 陈鹏生和张国全

陈鹏生（1932—2022），福建厦门人，1950 年考入厦门大学法律系。1953 年，因全国院系调整，与 52 位同学一起，从厦门大学转入新设立的华东政法学院。1954 年，他从华东政法学院毕业，分配到当时的上海检察院研究所。1957 年反右派运动爆发，陈鹏生因一篇文章而被打成了"右派"，去安徽"反思"并劳动改造。1978 年改革开放之后，陈老师获得平反，并回到上海，进入华政法制史教研室教书。

陈鹏生老师讲课生动，语言丰富，妙语连珠，不看讲稿，条理清楚，重点突出，板书漂亮潇洒，形体动作也很吸引人。特别是陈老师上课激情澎湃，对中国古代各种法律制度和法制人物的褒贬扬抑，准确尖锐，让我们听课的同学颇受启发，很是过瘾，每次上完课感觉都是满载而归。

由于陈鹏生老师上课深受学生的欢迎，加上他对研究生培养的全心倾力，他在我们同学中享有崇高的威望。在全校师生的拥护下，陈鹏生老师于 1985 年 8 月 17 日众望所归地进了新一届华政领导班子，成为分管教学和科研的副院长。在为全校的教学、科研辛勤忙碌了 3 年多时间之后，陈老师于 1988 年 9 月 6 日，不再担任副院长职务。从行政岗位上下来后，陈老师告诉我，现在终于可以做一些自己一直想做的事了。他说，目前最想做的事，就是成立"中国儒学与法律文化研究会"，希望我能够协助他完成这个夙愿。

陈鹏生教授在即兴演讲。左起：何勤华、陈鹏生、顾功耘

　　在接下来的日子里,陈老师就指导我做了一些研究会成立所必须做的事,如和日本法律思维株式会社(东京 LEC)进行联络,探讨学术交流之事。而他自己,则亲自与日本日中经济文化交流发展基金会,中国台湾地区的弘儒学会、孔孟学会、老庄学会,以及香港的孔教学院、南怀瑾国际文教基金会等进行接触,商量合作的具体措施。经过一年多时间的筹备工作,经民政部门批准,"中国儒学与法律文化研究会"得以成立,陈老师出任研究会会长,我出任秘书长。

1992 年:日本神户学院大学仓田校长陪同游览京都

右起:杜志淳、仓田校长、史焕章、陈鹏生、何勤华

　　1991 年 6 月 26 日,中国儒学与法律文化研究会的成立大会暨第一届年会正式在无锡华东疗养院召开,日本日中经济文化交流发展基金会提供了会议经费(该会会长三浦一志先生专程前来参加了会议),日本法律史学者鹿儿岛大学教授石川英昭、日本行政研究所所长青山登志郎,台湾淡江大学教授、老庄学会会长杨汝舟,辅仁大学教授王宇清,以及国内 30 多所高校的法律史和儒学学者如张国华、刘新、杨鹤皋、李贵连、俞荣根、武树臣、刘作翔、杜钢建、马小红等,都参加了这次会议。会议贯彻自由、平等、宽松、和谐,以及以学术对话、学术争鸣为宗旨的精神,凡与会者都可以畅所欲言。年会后出的论文集取名《儒学与法律文化》(复旦大学出版社 1992 年版),此后每次年会都出一本论文集就成为本研究会的传统。

　　鉴于陈鹏生老师的学术和人品,2011 年,他被中国法学会评为"全国杰出资深法学家",当时上海地区就他一人获得这一殊荣。2012 年,值陈鹏生老师 80 岁生日,陈老师的学生以及友人,为陈老师举行了生日庆典。在庆典上,陈老师发表了热情洋溢、风趣幽默的即兴演讲,表达了"老骥伏枥,志在千里;英雄暮年,壮心不已"的情怀,宣称继续为华政的事业,为中国法治建设的理论和实务贡献余热。

张国全(1933—2018),浙江余姚县人。1954 年 9 月考入华政读书,1958 年 7 月毕业。正值华政第一次被撤销,上海社科院建立,遂入上海社科院政治法律研究所工作。1963 年华政第一次复校时,回到华政任教。1972 年华政第二次被撤销时,去了复旦大学工作。1979 年华政第二次复校时,又随着复旦大学回华政复校的 48 名骨干教师一起回到华政。1985 年华政设立法律系时,担任法律系副主任,配合系主任王召棠教授工作。

张国全教授

1988 年 9 月,张国全担任华政副院长,兼《法学》杂志社主编。张国全老师原来是华政法制史教研室的老师,后来转入刑法教研室任教,主讲刑法课。在承担华政的教学和科研工作的同时,张国全还兼任上海市刑法学研究会副总干事,上海市香港、澳门、台湾法律研究会副总干事,上海企业家法学家联谊会副会长等职务。参与编撰和统稿的著作有《刑法概论》《法学基础教程》《经济犯罪论》《量刑方法研究专论》等。

张国全为人低调、谦和、诚恳、热情,个人素质极高,品德修养非常好,在华政师生中有很好的口碑。笔者 1984 年底研究生毕业留华政工作不久,法律系就成立了。而法制史教研室又归属于法律系领导,因此,张国全老师一直是笔者的领导,这种关系一直持续到了 1995 年张老师从副院长岗位上退下来为止。而笔者 1991 年担任华政科研处副处长,1994 年担任科研处处长、接张老师的班担任《法学》杂志主编,张老师恰恰是分管这些部门工作的校领导,我们之间接触就更多了。张老师的宽松、包容,对下属的体贴、关怀,常常让我感动不已。我也以此小文,祭奠张国全老师在天之灵。

11. 谭永介、强远淦和孙克强

谭永介（1929—　），江苏吴县人。1952 年 8 月从东吴大学法学院毕业，转入华东政法学院工作，1956 年，与于占济、韩来璧、陈业精、陆锦碧、卢莹辉等一起，被评为华政第一批有学历、有学位的助教。1956 年 8 月，接受司法部的指令，作为华东政法学院支援建设山东法律专科学校的老师，与王群、宗丹楠等一起，创建济南法律学校。该校撤销后，又进入山东省政法干校、山东政法学院和山东公安学校，担任助教、教员。1963 年华政第一次复校后，于1965 年回到上海，任华政哲学教师。

谭永介书记

1972 年 4 月，华政第二次被撤销，谭永介转入复旦大学工作。先后在数学系、哲学系、校清查办公室、党委组织部工作，历任党支部书记、组织部副部长。1979 年回到华政工作，历任哲学教研室主任、讲师、副教授、党委副书记兼纪委书记。参加合作编写《法律专业普通逻辑》等教学用书。由于谭永介老师是华政 1952 年创建时就进入华政工作的元老，在本书各篇故事中，经常会提起，所以这里笔者就不再多做叙述了。

强远淦教授

强远淦（1932—　），1951 年考入复旦大学政治系，1952 年 10 月与徐建、唐培吉、胡绿漪等一起转入华政继续读书。在说到这一段时光时，强老师认为，院系调整，当时中央决策有其合理的地方。强调培养新中国自己的法律人才，当时讲的是"刀把子"（即法律）要掌握在人民手里。但美中不足的是，当时九个大学的学生来华政了，但老师基本没来，即使来了个别老师，也不让其上法律课，这就导致华政后来的基础是薄弱的,发展是片面的。他印象最深的是东吴大学法学院的傅季重,法律素养很好,但他来了以后不让上法律课,去搞哲学了。从东吴法学院过来的陈忠诚,法律基础扎实,也不让搞法律,让他去上外语课。

1954年,强远淦提前毕业留校,也没有让他搞法学,而是调去搞革命史。1955年中国人民大学来招研究生,强老师经过考试被录取了。1957年毕业后回到华政继续任教,但在第二年1958年华政就被撤销并进了上海社科院。"辛辛苦苦建设的政法大学,就这么不要了。"强远淦老师想不通,"原本国家这么需要法律人才,现在怎么就不要了,后来的法律干部都是政法干校来的了"。当时的办学模式,有些报纸说得挺好,是苏联模式加上解放区模式,再讲得简单点是"刀把子"必须握在人民手里。

强远淦"文革"期间被调到中央党校工作,重回华政是在1981年。"我当时在中央党校工作挺好,但党校房子紧张,我级别太低,爱人也回到上海来了,所以我也想回上海。当时华政正在招兵买马,后来人事处长金程远对我说,曹漫之拍板,要你了。"强远淦后来一直在华政讲授政治理论课,并长期担任华政党委委员、宣传部部长,是华政复校的元勋之一。作为华政1979年复校以后的骨干教师,他为华政教学科研的发展做出了贡献。

孙克强(1936—　　),最受华政学子欢迎的老师之一。1965年于中国人民大学研究生毕业后,在人大做了一年教师,然后就因为爱人分居调到上海,到中共中央华东局宣传部工作。1979年华政复校,孙克强受聘担任哲学老师。当时,专业课一时没法上,就上公共课。以哲学、中国革命史这两大课程为主。当时的学生要么是从农场来的,要么是街道工厂来的,他们学习的要求、愿望是非常高的。孙老师深情地说:"我被他们感动,所以就想把自己所知道的东西都告诉他们,我讲的虽然是哲学,但我把各方面相关的知识,如自然科学知识、天体知识,包括爱因斯坦相对论的知识、牛顿的引力理论,包括现在的黑洞,我都和他们讲。学生的求知欲很高,我还给他们上过心理学、中国古代哲学思想史等,当时我是开课最多的人。"

孙克强老师在《自然辩证法》杂志社工作时的照片

当时华政的哲学和逻辑学教研室都在 40 号楼里,学校领导自己则在最为艰苦的帐篷里办公,体现了把教学放在第一位的思想。当时虽然学校硬件不大行,因为上课都是大教室,四五个班,一个教师,现在体育楼二层的篮球场,也曾成为教室。当时东风楼还没有返还给华政,只给了我们一个饭厅,又上课、开会,又吃饭,做食堂。但学生的热情、教师的积极性、领导的重视,都是最佳的。孙老师因为深受学生欢迎,所以学校让他延迟退休一直到65 岁。之后又返聘了 10 年,主要从事关心下一代工作委员会的工作(任秘书长),其间他持续给学生做报告、讲座,上党课,还进行一些教学督导的工作。

孙克强在华政上微党课

1979 年复校时风华正茂的孙老师,现在虽然已是一位 86 岁的老人,但他的风趣幽默、睿智才气一点不减当年。他的名句之一"夫妻年轻时是恋人,结婚时是夫妻,老年时就是责任,我们要用年轻时候的幸福美满之回忆来滋养老年夫妇的相互依赖和相互责任"值得我们每一个华政学子铭记。

12. 史焕章和陆庆壬

在 1979 年华政第二次复校后，担任校领导时间比较长的，是史焕章研究员。从 1985 年 8 月至 1998 年 8 月，他一直担任院长（有几年也兼任党委书记），共执掌华政 13 年。

史焕章（1934—2021），浙江宁波人。1951 年参加工作，后考入北京大学法律系读书，于 1961 年毕业。响应祖国号召，自愿去西藏支援边疆地方建设，长达 20 年，主要从事地方基层政府的政法实务和宣传工作。1981 年 9 月被调上海司法局工作，历任副局长、党组副书记，兼任上海市政法管理干部学院院长。1985 年 8 月调华东政法学院任院长。

史焕章院长

史焕章担任院长的这 13 年（最后一年为党委书记），是华政第二次复校后学校逐步走上正规发展道路的时期，教学秩序不断稳定，招生人数日渐扩大，科研水平日益提升，学校的社会影响力不断扩大。尤其是在 1995 至 1998 年这三年，在曹建明担任华政常务副校长、校长时，党政班子虽然人数很少，但大家比较团结，带领华政走上快速发展的道路。

1985 年 9 月，为了加快老师的学术成长，华政成立了自己的职称学术评定小组，史焕章还担任了上海市高等学校教师学衔委员会委员；1985 年 11 月，为了提升华政的办学层次，加强学校二级班子的建设，成立了法律系、犯罪学系、国际法系和经济法系，并任命了相应的主任和副主任；1986 年 7 月，组建了两个司法部级的研究所：青少年犯罪研究所，史焕章兼任所长，法律古籍整理研究所，王召棠兼任所长；同年 12 月，经校领导在上海市高教局积极努力，华政解决了苏惠渔、孔令望、徐轶民、王召棠、武汉、朱华荣、陈鹏生等 7 位老师的教授职称，解决了施觉怀、徐建、蔡福元、张国全、陆世友、韩来璧、叶松亭等 43 位老师的副教授职称;1987 年 8 月,又解决了陈忠诚老师的教授职称,解决了胡锡庆、唐淑、吴心梅等 45 位老师的副教授职称;1988 年 7 月,庄咏文和彭万林评上了教授,廖光中、张伯元、金友成、黄勤学等 16 位老师评上了副教授。到此,华政拥有了一支实力比较雄厚的教授、副教授教师骨干队伍,为华政下一步的发展奠定了基础。

史焕章于 1995 年被评为法学研究员。兼任上海市人大常委会委员、人大法制委员会副主任委员、上海市法学会会长、上海市犯罪学学会会长、中国行为法学会副会长、国家自学考试指导委员会法学专业委员会副主任等职,曾多次赴国外参加国际学术会议,进行访问交流和做学术讲座。史焕章的主要作品,著作有《司法伦理学》《中国司法制度》《犯罪学概论》等,论文有《法学与行为科学》(1988 年)、《要法治不要人治》(1989 年)、《中国毒品犯罪的特点、原因及其治理对策》(1991 年)、《论我国社会有组织犯罪的形成特点与治理对策》(1992 年)、《海峡两岸法学教育之比较与展望》(1993 年)、《法官独立审判探析》(1997 年)等。其中,史焕章除了对中国犯罪学的体系构建、内涵本质以及各类犯罪的特点等进行了开创性的研究之外,重点对法治和审判(司法)独立进行了阐述。

史焕章院长(右)、陆庆壬书记(左)和曹建明检察长

陆庆壬(1933—　　),江苏吴县人。1953 年 7 月从复旦大学历史系毕业,留校工作,历任有关系、所的党总支书记、校党委宣传部长、校党委办公室主任、党委副书记等。1989 年 1 月调华东政法学院任党委书记。1992 年

被评为教授。从 1989 年至 1995 年,这 6 年时间内,陆庆壬和史焕章党政紧密合作(这 6 年之前与之后,都是史焕章兼了代理党委书记和党委书记),班子比较团结和协调,使华政的各项工作进展顺利。

在陆庆壬做书记的这 6 年中,华政进一步在为其今后的发展做着基础性的工作。1989 年 6 月 21 日,华政被国家教委批准为本科函授教育的高校。1990 年 7 月,华政争取到了自设高校教师中级职务评审委员会的权限。1992 年 10 月和 1994 年 3 月,华政有两批共 9 名教师获得国务院政府特殊津贴,他们是曹建明、王召棠、徐轶民、何勤华、苏惠渔、陈鹏生、庄咏文、武汉和强远淦。至 1994 年 3 月,华政陆续获得了法制史、国际法、宪法、刑法、民法、经济法和国际经济法专业硕士生招生、培养的学科授权点。1994 年 12 月 9 日,曹建明教授入中南海,给中央政治局领导上法制课,进一步提升了华政的知名度和影响力。

陆庆壬本科学习的是她所喜欢的历史学,虽然毕业后长期从事党务工作,但历史学的素养对她的工作非常有帮助。她养成了爱思考和将自己的心得体会记录下来,提供给社会和同仁参考的习惯。在担任领导之余,发表了一批成果,主要有《因势利导积极做好大学生的思想政治工作》(1986

陆庆壬书记的工作照

年)、《要树立正确的价值观》(1987 年)、《重视人才的政治素质》(1987 年)、《论高校政工干部队伍的专业化建设》(1988 年)等。

1995 年 4 月 22 日,陆庆壬因年龄原因,从华政党委书记的岗位上退了下来。虽然在家安度晚年,但她仍然关心着华政的发展,经常为校领导出谋划策。我们祝愿已经 89 岁高龄的陆书记身体健康,心情快乐。

13. 钱英和方晓升

钱英（1934—　），江苏吴县人。1951 年 9 月考入南京大学政治系，1952 年 9 月转入华东政法学院学习。方晓升（1932—　），福建云霄县人。同期考入南京大学法律系，同时转入华东政法学院学习。由于在华政复校群英谱里面，钱英和方晓升老师是唯一一对夫妇，且同在华政政治理论部教书，所以我们就将他们放在一起叙述了。同时，由于钱英、方晓升两位老师来华政时，华政还没有正式挂牌，所以他们也是华政 70 年历史的建设者和见证人。

方晓升进入南京大学法律系学习颇为传奇。1951 年全国第二次统一招生，由于当时考大学选专业没有人做业务指导，所以方晓升本来报考的是兽医专业，后来看了报纸才发现被南京大学法律系录取了。于是拿着报纸（上面有录取名单公告）去南京大学法律系报到，录取通知书也没有。"当时我在福建的一个小县城，没有报纸，为了这张报纸还骑脚踏车骑了一天到漳州才知道。当时从南京来上海第一次见到火车。从福建出来时小股战争还没有结束，路上险些被国民党飞机炸死。当时汽车都要经过伪装才开出来。"方晓升说起几十年前的报到情景还心有余悸。当时南京大学是国立中央大学改名来的，有很多研修班，规模很大。法学院也有三个系：法律、政治、经济。1952 年院系调整时经济系并到了复旦大学，其他两个系并到了华东政法学院。

中年时代的钱英

而钱英入大学时第一志愿是物理，后来学了法律，之后又让她教政治课。虽然心里不愿意，但当时讲究的是服从组织安排，没办法。所以在法学院，钱英政治系、经济系、法律系都读过了。"我们到了南大后，当时闹转专业的人很多。当时法律也比较少,只有《镇压反革命条例》《婚姻法》等。只是到了1954年宪法颁布后才开始有系统的立法。当时社会上对法的观念都比较淡薄。"

据钱英、方晓升的叙述,建校初期的华政各个方面都很艰苦。钱英回忆,现在韬奋楼东侧路边洗澡的地方(一排平房,已于2021年配合苏州河人行道的修建而拆除,现在是一片绿地),是原来圣约翰大学的饭厅,地方不大。1952年9月底时,学生大部分还没来,学校还在筹建中,房间里没有床,她只能睡在地板上。地点是在网球场(现改为停车场)旁边的思孟堂,原来是圣约翰大学的女生宿舍,现在是女生宿舍5号楼。而方晓升他们男生则住在韬奋楼上面。上课后他们被混合编班,课程内容就是听一些首长做的政治报告。同时学苏维埃民法、苏维埃刑法、中国近代史,还有中国革命史、俄语等。课程以大课为主,还有小班课堂讨论,气氛比较活跃。学校对学生很严格,除白天上课外,晚上集体到教室里自修,并且要点名,从晚上六点半一直到九点半。那个时候生活非常困难,如上厕所都要排队。吃饭也没有地方,学生就在40号楼旁边空地上搭了个棚。没有什么凳子,就是个长条桌子,然后大家站了围着吃(当时吃饭不要钱,对困难的学生还有助学金,对工作过的发生活费)。后来搭了个食堂,是学生义务劳动了三次搭的,是现在河西食堂的位置。第一次他们搭的是平房,第二次成了一个二层楼,第三次才建成大楼,就是现在的河西食堂。

华政初建时大学部学生主要是华东地区8所大学转过来的,大概有240余人,分成4个班。后来又办了专修科和干训班。专修科大概有800多个学生,其组成大多是荣誉军人、妇女干部等,还有就是失业工人,像韩信昌、孙国庆他们。干训班就是轮训干部的,如黄道他们就是干训班留下来的。1953年厦门大学法律系的学生也过来了,为了照顾他们成立了5班。

1954年钱英、方晓升毕业,方晓升分配到了中央党校的前身马克思主义学院。钱英本来是要去苏联留学。但当时国家为了节省经费,请苏联专家来北京政法学院授课,她就去了北京学习。1957年钱英回到了华政,当时上海正在进行反右派运动,业务发展受阻。1958年,方晓升也调回了华政。但没有过多少时间，就遇到华政被撤销，钱、方两位老师去了上海社科院，钱老师去了政法所，方老师去了历史所。

钱英、方晓升夫妇(左 2、左 3)还是那么纯洁、书生气

　　之后，钱英、方晓升老师就和华政的其他大部分老师一样，随着华政命运的波动而一起起伏：1963 年华政第一次复校时，他们分别从上海第一医学院和华东局调回了华政。不久，"文化大革命"发生，1972 年华政再度被撤销，此时，他们两人又被安排去了复旦大学。1979 年复校时，他们对母校有感情，所以就回来了。本来在复旦时，方老师因为对历史感兴趣，已收集了丰富的资料，准备从事这方面的教学和科研。但调回华政后，由于当时 79 级学生马上要开政治理论课，而方老师在中央党校是搞党建研究的，对马恩列斯的著作也都比较熟悉。所以方老师服从学校的安排，进入政治理论部授课。而钱英老师也一样，放弃了在复旦时自己已经形成的专业计划，转入政治理论部任教，直到 1995 年退休。我们感谢钱、方两位老师为华政所做出的贡献。

14. 华政的朋友遍天下

大学,有许多功能。其中之一,就是传授知识。而知识是没有国界的,所以大学教育的国际化,老师、学生、课程、教学方法与办学理念,以及人才(毕业生)就业,都是没有国别、地域界限的。否则,就不成其为大学了。

华东政法学院,由于地处上海这一特大型开放城市等原因,因此在华政的基因里,保存着国际化的元素。其与国外大学的交流,从建校初期就已经开始了。

1980 年 3 月 19 日徐盼秋院长接见荷兰自由大学英尔特梅克教授

1952 年,华政就聘请了两位苏联专家瓦西丽娃和塔克马林娃来校任教;1955 年 8 月,华政派出了年轻教师彭万林赴苏联,到列宁格勒大学(现圣彼得堡大学)法律系学习;之前,1955 年 5 月 9 日至 14 日,中央高等教育部为提升华政的教学水平和改进教学工作,为华政请到了苏联法权史专家瓦里荷米托夫教授,进行了 5 场讲座,既有法权知识的传授,也有法学教育方法的讲解和指导。当然,受国家政治形势大气候的影响,20 世纪 50 年代,华政的对外交流,主要是和苏联大学进行的。

虽然如此,作为南部中国主要的政法类大学,国家(特别是上海)一旦有接待国外乃至西方国家代表团的任务,往往会交给华政来完成。从华政档案馆所保留的文献来看,仅 1956 年 12 月至 1958 年 8 月这一年半多的时间里,华政就接受上级部门委托,接待了外国代表团 18 个。这些外国代表团有拉丁美洲青年代表团、拉丁美洲委内瑞拉青年代表团、叙利亚学生代表团、埃及文化代表团、黑非洲青年代表团、波兰高教代表团、捷克斯洛伐克政府代表团、南斯拉夫法律代表团、匈牙利科学院代表团、印度尼西亚学生代表团、东南亚青年代表团、日本教职员工会教育考察团、澳大利亚学生代表团、西班牙代表团、法国学生代表团、美国青年代表团等。

从上面来访的外国代表团来看,既有东欧国家,当时属于苏联社会主义阵营的兄弟国家,如波兰、南斯拉夫、捷克、匈牙利等;有东南亚国家,如印度尼西亚;也有拉美、阿拉伯阵营等发展中国家,如埃及、叙利亚、委内瑞拉等;还有当时属于西方资本主义阵营的国家,如日本、法国、西班牙和美国等。从这些代表团的性质来看,大部分是青年或者学生代表团,也有部分是政府代表团,还有个别的是法律代表团。从华政档案馆所保存的文献来看,1956至 1957 年中国包括各大学对外交流的活动比较活跃,1957 年底以后,随着反右派运动的逐步扩大、深入,这种对外合作和交流就越来越少了。

1987 年,史焕章院长率领华政代表团访问比利时根特大学

右起:Johan Erauw 教授、史焕章院长、曹建明教授、王召棠教授

从当时华政对外合作交流的内容来看,主要是青年人的培养、理想和信念等方面的内容,涉及专业尤其是法律的不是很多。但是在如何接待好、如何应对外宾可能的提问等方面,则是极为细致,非常周密。如当时每次接待外宾之前,都会制订详尽、周密的计划,分析代表团的人员组成:男性多少人,女性多少人,年龄在哪一个阶段,职业包括工人、职员、教师及文化、艺术、记者、编辑、牧师等,里面可能会包含的国家安全情报人员等,强调接待原则是"求同存异、实事求是"。然后会罗列出一系列外宾可能的提问,再后会就这些问题设计多种回答方案,如外宾可能会对中国的经济建设、文化事业、宗教政策、台湾问题、朝鲜战争、妓女改造、根除吸鸦片的问题,民国时期文化遗产的传承和保护、群众对政府的态度、青年人的理想等问题提问,我们应如何回答等(当然,从档案文献来看,当时每一次接待,最后效果都"非常好""彼此互有好感""会谈交流融洽"等)。

之后,1963年华政第一次复校时,由于当时特定的政治局面,学校的性质是"党校式"的、"抗大式"的、半工半读的革命大学,培养的目标是熟练的、生产劳动型的、又红又专的无产阶级革命事业的接班人。因此,大学课程中法律专业知识的内容已经非常少了,学术色彩几乎没有。而办学的国际化,基本上是向非洲等第三世界国家一边倒了(此时苏联、东欧等社会主义国家也受到了排斥,被批判、定性为"修正主义集团",已经不与之多来往了)。

王立民副校长(左)和刘晓红处长(右)陪同英国前副首相参观校园

　　华政真正的、自主的、活跃的、全方位的对外合作交流,或者说法律教育的国际化,是 1979 年第二次复校后,才开始的。此时,国家拨乱反正,逐步纠正了之前尤其是十年"无产阶级文化大革命"中的"左"的路线,实行了改革开放的国策,向世界敞开了大门,并且鼓励国人走出去。在这样一种国家政治大环境之下,华政的国际化教育、对外合作交流事业,开始迅速地、稳步地向前发展了。

　　首先,华政与联合国国际法院的合作交流关系十分密切。1979 年华政第二次复校后,由于徐盼秋院长的坚持,原东吴大学法学院的院长、教务长盛振为教授回到华政担任顾问。而联合国国际法院大法官倪征燠就是盛教授的学生,由于这层关系,加上华政在全国法学教育界的声望和地位,华政与联合国国际法院的联系很快就建立起来。倪征燠大法官每次来上海,必定来华政看望盛振为先生。1986 年 9 月 3 日,倪大法官还陪同国际法院院长纳吉德拉·辛格博士夫妇一起访问华政,并与华政 200 余位师生见面,做了热情洋溢的讲演。1990 年 4 月 16 日,倪大法官又陪同新任国际法院院长、阿根廷前外长何塞·马力亚·鲁达先生前来华政访问。院长史焕章、副院长张国全会见了鲁达先生一行。

美国著名法理学家德沃金教授(中)访问华政

　　其次,华政派出教师到外国政府、国际组织或中国驻外机构任职,如1985 年 1 月 6 日,华政教授施觉怀,接受外交部的聘请,跟随国际法专家倪征暌前往海牙,赴联合国国际法院工作,担任国际法院大法官倪征暌的助理。1986 年 10 月,华政国际法系主任胡文治副教授赴印度出任亚非法律工作者协会副秘书长,任期两年。之后,又任中国驻印度大使馆教育参赞。80 年代末,华政犯罪学系主任武汉教授,被中国政府推荐担任了联合国预防和控制犯罪委员会的中国委员。

再次,华政的教师不断受到国外大学和机构的邀请,前去参加各种国际学术会议。如 1988 年 2 月 8 日,华政武汉教授应邀参加由联合国亚洲及远东预防犯罪和罪犯待遇研究所在日本东京召开的第 78 届国际专家研讨会。在会上,武汉教授做了"罪犯改造的经验及当前工作和今后展望"的主题发言。同年 6 月 4 日,郑兆璜教授赴联邦德国波恩参加"联邦德国–中国经济法研讨会",就"中国沿海地区经济法律问题"的主题,与德国专家进行了讨论。1993 年 9 月 13 日,张国全、苏惠渔两位教授,接受日本早稻田大学校长西原春夫的邀请,赴日本参加日、德、中三国合作召开的"正当化与免责——德国与东亚刑法的比较研究讨论会"。

2012 年杜志淳书记一行访问美国纽海文大学
左起:丁艳娣、曲玉梁、杜志淳、纽海文大学校长 Steve Kaplan、李昌钰、夏菲、吴高升

此外,华政与国外各个大学的联系与合作也在逐步展开。1986 年 7 月 14 日,司法部同意华政与比利时根特大学、德国帕桑大学建立校际合作交流关系,华政分别派出曹建明、郑伟等老师前去从事学术交流。1987 年 2 月 27 日,华政副校长陈鹏生教授和刑法学科朱华荣教授,应美国伊利诺伊

大学副校长、刑事司法学院院长理查德·沃德之邀请,前往美国讲学。1987
年 9 月 27 日,华政和联邦德国帕桑大学举行校际交流协议签字仪式。协议
内容除有双方交流学术专著、杂志和有关资料外,还有互相派遣讲学教授
等。同年 10 月,华政与比利时根特大学签署建立校际合作交流关系的协
议。1988 年 7 月 16 日,华政陈忠诚教授应澳大利亚悉尼大学的邀请,前去
该校讲学一个月。1990 年 6 月 7 日,华政与美国旧金山大学法学院签署校
际交流协议,决定两校互派教师讲学。之后,曹建明、陈治东、朱榄叶、徐冬
根等先后赴旧金山大学法学院讲学。

叶青校长和来访的澳大利亚前总理霍克会面

最后,国外和境外的大学以及组织和机构,包括一些著名的教授,也不
断前来华政访学、考察和交流。如 1991 年 3 月 26 日,美国律师协会(ABA)
主席柯廷率领该协会代表团一行 5 人,对华政进行了友好访问。就华政的
教学、科研与美国律师界、法学院的有关情况和合作项目进行了座谈交流。
1992 年 1 月 16 日,由联合国亚洲及太平洋经济社会委员会和联合国亚洲
及远东预防犯罪与罪犯待遇研究所组织并邀请的亚太地区 14 个国家和地
区的 18 名代表来华政访问。史焕章院长向考察团介绍了华政的概况,青少
年犯罪研究所所长徐建教授谈了青少所的基本情况和课题研究状况。双方
对青少年犯罪、少年司法制度、青少年罪犯矫治等问题进行了交流。考察团
团长、印度犯罪与矫正管理部负责人 D. R. 辛格对本次交流活动表示相当
满意,希望今后加强联系与合作。

　　1993 年 8 月 30 日,台湾东吴大学校长章孝慈率领师生代表团一行 50 人来华政访问、参观、座谈,气氛热烈、友好,共同表达了加强海峡两岸法学交流的意愿。1995 年 10 月 16 日,澳门大学法学院教育委员会主席、葡萄牙科英布拉大学法学院院长卡瓦略教授带队的法学教授代表团访问华政,开展了华政与澳门大学法学院的合作进程。1998 年 11 月 16 日,司法部(司发函[1998]402 号)批准华政与埃及亚历山大大学法学院建立合作交流关系;1998 年 12 月 8 日,司法部(司发函[1998]457 号)批准华政与荷兰鹿特丹艾柔默斯大学法学院建立合作交流关系。

　　这中间,曾令华政人兴奋异常的外事活动,是 1998 年 4 月初,华政接到上级部门的指示,说美国总统克林顿夫妇 6 月底来访上海时,总统将来华政或者上海交大进行公开演讲,希望华政精心做好准备,顺利完成这一次外事接待任务。接到指示后,华政上下非常激动,开始按照我国外事工作规定进行准备。1998 年 4 月 7 日,曹建明院长专门为此主持召开了学校党政领导班子会议,传达了上级部门的指示,对如何做好这次接待进行了认真的讨论和周密的部署。5 月 22 日、6 月 11 日又两次召开专门会议,讨论如何接待好之事宜。与此同时,华政成立了专门的工作小组,按照美国领事馆以及美国总统之先遣队的要求进行准备。

1998 年美国总统克林顿访问上海时会见朱榄叶教授

　　当然,最后因为华政长宁校区周围的道路太过于狭小,老居民楼里面人员太多、太杂,保障总统的安全比较困难。因此,克林顿总统取消了在华政的演讲计划,而是改为以召开一个座谈会的形式,邀请上海的知名专家学者相聚座谈。6 月 30 日上午,美国总统克林顿夫妇如约而至,与上海各界人士进行了座谈,出席座谈的有复旦大学前校长谢希德教授、天主教上海教区主教金鲁贤、同济大学校长吴启迪、上海社会科学院副院长左学金博士、复旦大学美国研究所教授吴心伯博士、著名作家王小鹰女士、东方电视台节目主持人曹可凡先生等。华东政法学院的朱榄叶教授也受邀,参加了这一次座谈,并与克林顿总统合了影。

2001 年 2 月 15 日,何勤华(右 1)在华政会见加拿大总理
克雷蒂安(左 1),右 2 朱榄叶,左 2 为加拿大随访首席翻译

　　克林顿总统来访华政并进行演讲的行程,最后由于道路硬件的原因,没有实现。但另一位西方国家的元首,即加拿大总理克雷蒂安(Jean Chrétien,1934—　)访问华政并进行演讲的计划,后来得以实现。与克林顿总统毕业于美国耶鲁大学法学院相似,克雷蒂安总理毕业于拉瓦尔大学法律专业,获多所大学法学名誉博士学位,并从事多年的律师工作。因此,总理来访中国时,就提出希望在一所大学的法学院进行一场面向法科学生

的公开演讲。中央和上海市就把这个任务交给了华政,让华政组织实施接待工作。经过精心准备和周密安排后,2001年2月15日,克雷蒂安总理成功访问了华政,并在长宁校区40号楼(原圣约翰大学的思颜堂)里面的小礼堂,为200多名华政学生做了一场精彩的演讲,还和学生进行了现场的交流互动。

之前,1988年4月28日,在经过长期准备以后,由中国刑法研究会副总干事、华政苏惠渔教授和日本早稻田大学校长西原春夫教授共同发起的"中日刑事法学术讨论会"在上海召开。苏惠渔教授做了"《中华人民共和国刑法》的形成和发展"的主题发言。该研讨会后来就成为中日刑事法学界学术研究和学术探讨的平台,一直持续至今,前后长达30多年。2018年夏天,已经是90岁高龄的西原春夫校长和84岁的苏惠渔教授,相聚在华东政法大学,在华政40号楼的小礼堂做了一次学术报告,场面感人。

叶青校长(左5)、陈晶莹副校长(左4)、夏菲处长(右2)和巴基斯坦大法官团

进入21世纪后,华政的国际化办学进一步向前发展。虽然,华政原来只是一所法学专业的单科性大学,她的对外学术交流活动,开展起来难度很大。但华政还是克服困难,将法律教育的国际化工作,做得十分出色。到2018年为止,华政已经与164所国外和境外的大学签署建立了合作交流关

系,涉及的国家和地区有意大利、荷兰、德国、法国、英国、爱尔兰、比利时、西班牙、俄罗斯、瑞典、瑞士、捷克、挪威、匈牙利、奥地利、波兰、斯洛文尼亚、希腊、罗马尼亚、克罗地亚、格鲁吉亚、塞尔维亚、波斯尼亚和黑塞哥维那、土耳其、乌克兰、加拿大、美国、巴西、秘鲁、新西兰、澳大利亚、日本、韩国、新加坡、哈萨克斯坦、乌兹别克斯坦、印度、柬埔寨、阿联酋、以色列,以及中国的香港、澳门和台湾地区。

在上述国家中,建立交流合作关系的大学最多的是美国、日本、韩国、英国、法国和澳大利亚,几乎都超过或接近 10 所大学。许多大学,如罗马大学、莱顿大学、巴黎第二大学、格拉斯哥大学、根特大学、鲁汶大学、莫斯科国立大学、弗莱堡大学、蒙特利埃大学、维多利亚大学、威斯康星大学、悉尼大学、九州大学、名古屋大学、首尔大学等,都是世界名校,其法学教育水平也是非常高的。因此,现在的华政虽然只是一所多科性大学,但与其他综合性大学一样,她的朋友已经遍天下。在此,我们也要向常年一直默默无闻地工作在国际交流岗位上的老师们,表示华政学子真诚的谢意。

六、松江校区的新篇章

1. 华政松江新校区：当年建设、当年招生

随着华政的扩招，原圣约翰大学校区即万航渡路 1575 号华政长宁校区 210 亩校园，已经容纳不下本科和研究生的住宿需求，以及上课所需要的教室数量了。为此，当时华政的领导班子也是动足了脑子，想方设法，力图解决这个难题。

1999 年华政校党政领导班子人数最少，
只有曹建明(左 2)、祝林森(右 2)、童西荣(左 1)和何勤华 4 人

还在 1998、1999 年华政曹建明院长没有去北京最高人民法院工作时，华政领导班子就提出了在上海郊外寻找新校区的方案。当时的党委副书记祝林森原来在青浦县工作，所以开始也曾想在青浦买地建新校区。后来由于经费等问题(当时华政隶属于司法部，所有一切经费开支，都要向司法部申请。这类买地建新校区，少则上千万，多则几个亿，所以申请既复杂，又耗时间，难度又特别大)，在郊区买地建校之事没有成功。

后来，在 2000 年前后，在上海交通大学和华政酝酿合并时，上海交大曾提出了一个方案，就是把他们已经在闵行征用的 5000 亩地里面，拿出 500 亩地给华政，让华政在那里建设一个新校区。华政校领导班子，带领全体中

层干部,专门跑到闵行交大校区,实地考察了那里的环境。结果发现,这个地段,离闵行区吴泾石化工业区很近,看着远处又高又大的几个大烟囱,在场的所有中层干部都打了退堂鼓。在回来的路上,大家在大巴车上就把这个方案否定了。

在前面几条路都走不通的情况下,我们又想,那要么就在长宁校区原地发展吧。当时,莫负春刚刚就任华政副书记、副校长,分管学生、基建和后勤等方面的工作。他就带着基建处的翁关发、陆震麒等老师,骑着自行车,到华政的东边曹家渡,以及华政的西边周家桥等处寻找可供做学生宿舍使用的土地。那边当时有很多空置的厂房,场所是有的,当时也找了很多,可是因为经费等方面的问题没有办法解决,后来还是放弃了这些选择。

而在华政校区之内,苏州河西已经没有土地了,但对岸苏州河东还有一点土地,虽然已经很贵了。我们看中了苏州河东岸司法部司法鉴定科学研究所两边的木材厂和以前我们一直惯称呼"曹家屯棚户区"的地块。在苏州河的两岸,再建造几幢古色古香的漂亮建筑,也是一个不错的选择。当时,木材厂和曹家屯地块实际上已经被上海绿地房地产开发集团买下来了,我记得当时(2002年)每亩地的价格大概为300万,共有80亩地,总经费为2.4亿。当时华政已经从司法部脱钩,划归上海市领导,这笔费用只能由上海市列入市财政预算。当时我们校领导班子,曾陪上海市财政局领导实地考察过好几次。市财政局领导基本上表示了同意。只是这个方案报到上海市领导那里,最后还是被否定了。

2003 年 8 月马上就要竣工的松江校区教学大楼(明法楼)

上海市领导否定华政在长宁校区买地建房扩张发展，并不是不支持华政。而是此时，上海市已经在松江开始建设大学城。大学城位于上海松江新城区西北角，占地约 8000 亩（全部由松江区人民政府无偿提供）。华政原是松江大学城建设的策划和发起学校之一，但后来考虑到松江太远（离华政长宁校区约有 40 公里）；华政教师都住在长宁校区附近，对去松江上班积极性不高；以及去松江建立新校区需要将老校区（至少一部分）予以置换等各种原因，所以华政后来就退出了。

关于这个事情，当时的基建处副处长陆震麒回忆说："祝林森书记原来是从青浦区办公室主任过来的，他对那块地方的情况、人脉等比较熟悉，祝书记就和松江区领导谈，最终他们也接受我们的理念，就是地提供给我们不收我们的钱，我们过去之后带动他们法律、经济、人才、科技等方面的发展。当时开口给我们两千亩地，约是长宁校区的 10 倍。我们向司法部汇报，请求给我们前期拨款 3 千万，但是被拒绝了。因为司法部一年的总经费也就三四千万，下面还挂了五六所大学，还有报社、杂志社等机构，所以部里也拿不出这么多钱来。"

后来我们就想到向银行贷款来为新校区提供建设资金，市里也支持我们这个思路。就在此时，又出了点岔子，上海交通大学希望合并我们，名字都起好了，叫"上海交通大学华东政法学院"。后来上海市里领导来考察我们学校，主管我们的市委龚学平副书记，看了长宁校区后觉得华政建筑很不错，有历史价值，这么好的学校并掉太可惜，讨论后决定还是让华政自己发展吧。这样，学校商议后才下定决心去松江。

2000 年第一批入驻松江大学城的是上海外国语大学、上海对外经贸学院（现上海对外经贸大学）、上海立信会计学院（现上海立信会计金融学院）和上海（复旦）视觉艺术学院四所学校。我们 2003 年再去已属于第二批入驻学校了。

此时，上海各所大学，除了上海财经大学等少数几所大学以外，其他如复旦、交大、同济、华师大、华东理工、上外、上师大等都在郊区建起了新的校区，华政如果再不抓住这个机会，果断开辟新校区，只守住长宁校区 200 多亩地的话,就会被新一轮教育发展的潮流所淘汰。在此情况下,华政意识到了迫在眉睫的学校发展空间之危机,开始积极主动地响应市里的统一部署,进入市里规划的松江大学城的二期建设之中(进入二期的还有东华大学和上海工程技术大学)。由于华政做出这一决定比较晚,因此,松江大学城的规划布局,我们拿到的土地,是大学城最为西北的一块,离规划中的地铁9号线"松江大学城站"最远。在华政的东面,离地铁站近的依次为上海外国语大学、东华大学、上海对外经贸大学、上海工程技术大学、上海(复旦)视觉艺术学院、上海立信会计金融学院。

　　但当时的地处边缘(劣势,离地铁站最远),现在倒是成了华政的地缘优势,因为华政的北面(隔一条广富林马路)就是上海之根"松江广富林遗址公园",再北面是佘山国家级旅游生态度假区,上海仅有的几座不足百米高的小山(包括佘山天文台、佘山天主教堂等),都在这一片。在松江大学城,华政的环境最好,空气也是最为清新的。当然,这些都是后话了。因此,华政的学子,应该感谢上海市领导,应该感谢松江区人民和政府。

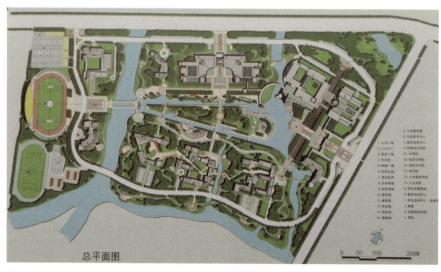

华政松江校区规划平面图初稿(后有变化,但大体轮廓已经出来)

以上规划图，靠右（东面）是龙源路，华政东大门是龙源路 555 号，靠下面（南面）图上写着"总平面图"四个字的一片地，后来建起了松江大学城学生宿舍区，东西绵延数公里的宿舍区居住了松江大学城的近 10 万大学生和研究生。靠左面（西面）体育场再西面，也是学生宿舍区，华政学生公寓第五期、第六期，都在这里。而靠上面（北面）是广富林路，教学大楼三个拱门往北出去，就是华政北大门（广富林路 3175 号）。当时是方松街道下面的几个自然村，现在是广富林遗址公园。遗址公园的正门正对着华政的北大门，彼此遥相呼应。广富林路的一边是中西合璧、富丽堂皇、美轮美奂的华政现代化校园，一边则是古香古色（做得如此古、旧，是设计者故意而为。华政建设在前，遗址公园在后）、有着近 7000 年历史的广富林遗址公园。如此强烈的反差，设计者试图告诉人们的或许是古今文明的冲撞与融合吧！

好在华政这道北大门正中间，树立了校友李钰君捐赠的一块巨石，形状就像一头憨厚的肥猪，上面雕刻了"华东政法大学"六个字的校名，可以化解、接纳、融合这 7000 年的厚重历史，延续良渚文化的血脉。

当然，由于华政进入松江大学城比较晚，所以建设任务也是最重、最急的。上海市里给我们的要求是"当年建设、当年招生"。这样，一场争分夺秒的华政新校园建设开始了。

2003 年华政松江校区奠基仪式

　　实际上,早在 2001 年底完成的《华东政法学院 2002 年党政工作要点》中,华政已经将"启动创建新校区的建设"作为第二大要点,明确指出:"在上海市教委的统一规划下,着手创建新校区。""成立专门领导小组,全面负责新校区的选址、规划、建设等工作。"同时,将这一工作要点也写入了"华东政法学院 2002 年党政实事工程"之中。当然,在此"工作要点"和"实事工程"中,还没有明确松江大学城的具体参与目标。

　　过了一年,在《华东政法学院 2003 年党政工作要点》中,华政已经将"做好新校区建设的各项工作"落实为松江新校区的各项建设。明确指出:第一,要与松江区政府做好对接工作;第二,落实教学大楼、食堂和运动场的设计建设;第三,在 2003 年 8 月 31 日前,完成上述教学大楼、食堂和运动场的施工,确保新生入学;第四,落实图书馆的设计建设、绿化环境的设计建设工作;第五,落实新校区新生的就餐、入住、交通和物业管理等工作。

　　2003 年 2 月 11 日,华政松江校区奠基典礼在松江区赠送给华政的 800 多亩地块上隆重举行。上海市委、市政府的领导如市委副书记殷一璀,副市长周慕尧,司法部领导如法学教育司司长贾丽群,上海市教委领导如教委党委书记王荣华,教委主任张伟江、常务副主任王奇(分管教学)、副主任薛沛建(分管基建)等,以及松江区政府、松江大学园区管理委员会,华政的全体中层干部和教师代表,参加了这次奠基典礼。华政党委书记祝林森主持了典礼,笔者作为校长代表华政做了发言,大体意思是我们一定不辜负上海市领导对华政的支持、帮助,不辜负松江区政府对我们的关爱——松江大学园区的土地是松江区政府代表松江人民无偿赠送给我们七所大学的。这充分体现了当时松江区领导如书记潘龙清等的大格局,以及对教育事业的巨大热情。也不辜负华政全体教职员工的厚望。抓紧时间,把住质量,当年建设,当年招生。

　　"当年建设,当年招生",这个我们是做到了。但世界上任何事情都有它的规律,盖房子也一样。我们的教学大楼(明法楼)自 2 月 11 日打下第一根桩,到 9 月底完工,2003 年新同学 10 月入学上课,总共用了不到 8 个月的时间,时间太短了。这样,教学大楼主体建筑本身没有什么问题(现在钢筋水泥都是整体浇铸），但因为建设时间短，加上松江校区所在地原来都是农田或者河浜滩涂，下面土地地基比较软，所以大楼后来出现了下沉，连接大楼与外面地面的阶梯都出现了裂缝。经过多次修缮，最终才算解决了这个后遗症。

2003 年 10 月，华政松江校区第一批本科新生入学时，图书馆等其他大楼还未建设

　　华政松江校区的建设，成为华政 2003 年的重点工作，校领导，负责基建、后勤，包括"松江办公室"等的全体干部和工作人员，基本上都是长宁、松江两边跑。那时，松江大学城的各条马路也没有铺好，汽车在泥路上来回奔，一会下来全身都是土灰。但看着大楼一点点拔高，大家的心情也是非常的好，有一种在白纸上画最新最美图画的成就感。

　　至 2003 年 9 月底，华政松江新校区的第一幢大楼教学大楼终于竣工。之后，松江校区河西学生食堂，校园里面连接东西的校园桥也建设好了，松江大学城公用的学生宿舍第三期、第四期公寓也可以入住了。这样，2003年 10 月 18 日，华政举行了松江校区的第一届本科生开学典礼。

　　2003 级新生进来以后，华政的建设任务更加繁重。好在有 1979 年华政第二次复校后由老领导徐盼秋、曹漫之、刘少傥、吕书云、李润玉等树立的"帐篷精神"的鼓舞，华政的各级领导以及所有教师都承担起了"边建设，边培养"的任务，条件再艰苦，培养学生的质量不能受影响。这样，最先完工投

2003 年 10 月 18 日华政松江新校区启用暨 2003 级本科新生开学典礼

入使用的教学大楼派上了大用场,里面既是学生上课的地方,又是教师集中开会、进行备课活动的地方,也是所有行政人员办公的地方,还是临时图书馆的所在地。

到了 2004 年,学校的图书馆(明珠楼)、行政办公楼(明镜楼)、教师活动中心(明德楼)等也先后建成。为了集中力量抓本科教学,进一步将学校管理重心放在即将入驻 12000 名本科生的松江校区,华政领导决定,除了研究生院、继续教育学院等留在长宁校区之外,学校的其他所有职能部门和各个二级学院,全部搬到松江校区办公。

2005 年,在松江校区一期工程基本上全部建成,即以法律学院、马克思主义学院、知识产权学院、教务处等为主要办公场所的崇法楼,以刑事司法学院为主要办公场所的尚杰楼,以经济法学院和国际法学院等为主要办公场所的汇贤楼,以外语学院、商学院、政治学与公共管理学院、传播学院等为中心的集英楼,以后勤管理处、资产管理处、基建处等为中心的励勤楼,以及以学生管理活动为中心的明志楼,以学生体育活动为中心、体育部老师入驻的华政松江校区最大的建筑富田体育馆等也全部建成的基础上,在校园的东北角盖起了雄伟挺拔、气宇轩昂的明实楼(实训大楼),在明法楼(教学大楼西侧)盖起了留学生公寓大楼。美丽的华政松江校园呈现在了世人面前。

2. 松江崛起了一座美轮美奂的大学校园

松江新校区建设,给了华政人一个新的机遇。由于松江区党政领导的全力支持,我们在无偿给予华政的1000余亩土地上建设新校区时,这片土地上已经没有任何动拆迁任务。只是这片土地大部分是农田和沟河滩涂,需要进行填土加固,做"七通一平"的基础建设(这一费用是华政出的,每亩地大概花费了10万元,总计约一个亿)。这样,华政人就可以在这片空白的土地上画最新最美的图画,建设一座华政人理想中的与长宁校区遥相呼应的美丽校园了。

经过设计者、建设者以及华政党政领导班子、华政众多热心的老师、华政基建者的共同努力,经过中共上海市委、市政府、上海市教委的批准,华政松江校区建设的宏伟蓝图、华政的各幢教学行政大楼的模型,都得以敲定了下来。之后,便是为其取几个好听的名字。包括校园内的马路、桥和湖泊。经过向全体师生征名,马路名、湖泊名和桥名,都定下来了。如校区最大的湖泊,明珠楼就坐落在它边上,而集英楼、汇贤楼和崇法楼就是环绕着它而建的,我们就将其定名"玉泊湖"。学校里面最长的绕着校区转了一圈的主干道,我们取名"怀德路"(环线),从学校东大门进来一直通到河西学生公寓的东西走向的大道,我们取名"崇德路"。而学校里面的各座桥,分别取名"思贤桥"(连接河东河西两个区域)、"思问桥"(在崇德路上,连接明镜楼和明珠楼两片区域)、"思敬桥"(连接崇法楼和汇贤楼)和"思飞桥"(连接华政校区和第四期学生公寓)等。

说到"思飞桥",还有一点小历史。当时松江大学城建成后,分南北两片区域,中间隔了一条河,即张家浜。而东西向沿着河的一长片地段,当时就盖学生宿舍,所谓松江大学城各期学生公寓都在这一条带上,体量大约有10万学生规模,为了方便华政学生每天从学生公寓到校区来回往返,中间必须要造一座桥。当时学校领导班子,本来给设计者提出的要求是造一座像法国凯旋门一样气势宏伟、让人经过后会留下深刻印象的桥,后来施工单位说这个要求太难,技术上无法施工。所以,只得作罢。

湖、路和桥的命名解决了,但各幢大楼的名字,还定不下来。后来领导班子讨论时,考虑到笔者是法制史专业出身,就委托笔者拿出几个初步的名字(初稿)后,交全校讨论。由于之前,最高人民法院肖扬院长已经给华政题了"法学教育的东方明珠",因此我们先将华政松江校区的主体建筑图书馆(图文信息中心)定名为"明珠楼",这个楼名得到了大家的一致赞同。

实际上,定名明珠楼,除了肖扬院长的题词之外,在中国古代,"明珠"也是一个吉祥光明的字眼。它在中国古籍中,首先表示珍珠的含义,如汉代班固著《白虎通·封禅》:"江出大贝,海出明珠。"延伸意思所表达的则是"可宝贵的人和物"。《梁书·刘孺传》:"此儿,吾家之明珠也。"这是指人。唐韩愈《昌黎集》"奉酬卢给事云夫四兄曲江荷花行":"遗我明珠九十六,寒光映骨睡骊目"(商务印书馆版《辞源》),这是指物。因此,将华政松江校区最好的建筑定名"明珠楼"是合适的。

明珠楼(图书馆)全景实景图(薛建林摄)

说到明珠楼,一定要说一下大门阶梯两边的两尊雕塑。一尊是柏拉图,另一尊是亚里士多德。世界名人那么多,为什么我们就选了他们两位? 这是因为这两位思想家和政法的关系太密切了。华东政法大学的最大特征就是"法学"和"政治学"。而在人类历史上,最早写下法学著作的就是柏拉图,最早出版政治学著作的就是柏拉图的学生亚里士多德。

这样，我们就想，在图书馆的正门口，在一级一级台阶往上登的时候，在台阶两边，以柏拉图和亚里士多德为原型，树立两尊雕塑，以激励华政的学子天天向上，将是很有意义的。而柏拉图和亚里士多德的人物形象，以拉斐尔的名画《雅典学园》里面的造型为最好，也最为普及。

在柏拉图和亚里士多德雕塑的脚下，各有两块大理石碑文。碑文是笔者受领导班子委托，花费了近一个星期起草的。柏拉图的碑文是："希腊思想家。古代西方最富智慧的学者。人类历史上第一部法学著作《法律篇》的作者。"亚里士多德的碑文是："希腊思想家。柏拉图的学生。人类历史上第一部政治学著作《政治学》的作者。其格言为：吾爱吾师，吾更爱真理。"柏拉图和亚里士多德的伟大当然不仅于此，但为了突出他们在法学和政治学上的贡献，笔者就这样写了。

关于明珠楼的故事就说到这里。下面我们继续叙述其他各幢大楼的情况。

既然主体建筑以"明"字打头，而"明"字，在汉语中又有多种向上、公正、美好的含义，如它表示"光明""聪明""显著"和"明天"的内涵，表示公开、公正、正义，和法的目的相通；表示知识、智慧，与法的精神相通；表示卓越、优秀，与法的使命相通；表示未来、前途、发展，与法的发展相通。那么，接下去的其他大楼，也最好以"明"字排序。这样，先定教学大楼，它也是华政松江校区的标志性建筑，要起一个好听一点的名字。于是笔者就把《辞源》翻出来，查阅古籍，确定楼名。

我们首先查到了"明法"一词。该词有四个含义：第一，修明的法令。《史记·秦始皇纪》二十九年《之罘刻石》："普施明法，经纬天下，永为仪则。"又"皇帝临朝，作制明法"。第二，汉唐宋各代察举人才及科举取士的科目名称。汉建元初，令郡察举人才，设四科，其三曰："明习法令"，为"明法"之始。唐宋科举都有明法科。第三，表示明了法律知识，洞悉法的精髓，掌握法的技能。第四，宋时南诏大理段素英（昭明帝）年号。我们取了前三个含义，将教学大楼定名"明法楼"。希望在这里学习的华政学子，首先就是要"明习法令"，明白为什么要在中国建设法治，只有法治，才是中华民族伟大复兴的必由之路的道理。

明法楼（教学大楼）全景实景图（薛建林摄）

教学大楼也是华政松江校区北大门（广富林路 3175 号）的入口。考虑到北大门的对面，就是广富林国家遗址公园，其考古遗址距今有近 7000 年的历史，它是古色古香，我们是现代法治，既要继承它（隐喻中国传统文化）的精华，又不能为它所惑。所以，我们在校友李钰君的资助下，从安徽购买了一块形状如一头肥猪（表示憨厚、为了满足人民的需要可以牺牲自己）的巨石运来，刻上"华东政法大学"六个大字，镇守在华政北大门。表明华政法律人坚守法治的底线，以及为人民服务的宗旨。

大学的生活，除了学生，就是老师了。所以在建设好教学大楼、图书馆和学生活动中心等设施之后，重点就要打造教师活动中心（包括教工食堂）。从设计模型可以看出，教师活动中心大楼也是非常精致和漂亮的。那么，给它起一个什么名字比较贴切呢？

教师，在中国，自古以来，就是一个受到尊重的职业，也是一个承受着教育青年人、将其培养成材的重大责任的群体。教师的水平，就是学生的水平，教师的素质，就是未来学生的素质。所以为人师表的教师，必须是品学兼优、德艺高尚的人才。为了激励华政的老师向这个目标努力，我们给教师活动中心起了一个名字"明德楼"。

在中国古籍中，"明德"表示完美的德性。《尚书·君陈》："黍稷非馨，明德惟馨。"《礼·大学》："大学之道，在明明德。"而我们大学教师，尤其是培养法律人才的教师，就要做一个拥有完美德性的人，才能坚守法治理想，以身作则，教育学生。出于这一考虑，虽然全国各所大学中，以"明德"命名的大楼非常多，如中国人民大学就有一幢"明德楼"，但我们最后还是给教师活动中心起名"明德楼"。

与明德楼体量、外形一模一样，只是方向反过来并且在其旁边多了一幢八百人报告厅的是明镜楼。明镜的意思，在中国古籍中，并不复杂，就是指"明亮的铜镜"。但延伸的内涵，十分丰富。《淮南子·俶真训》："莫窥形于生铁，而窥于铜镜者，以睹其易也。"比喻高明的识见。唐代杜甫《杜工部诗》"洗兵马"："司徒清鉴悬明镜，尚书气与秋天杳。"《水浒·八》："林冲告道：'恩相明镜，念林冲负屈衔冤'。"

明镜楼（校行政办公大楼）模型，右边是 800 人报告厅

因此，明镜一词，带有高明、清明、洞察、公平正义的内涵。我们常常说的"明镜高悬"就是指的这个意思。而华政的行政办公楼，里面进驻的都是校领导和党校办、组织部、人事处、科研处、财务处、审计处、监察室等各个职能部门，都是管理干部。而管理干部，其宗旨就是为全校的师生服务，就是要清廉，就是要敬业（如临深渊，如履薄冰），就是要人格高尚、品德良好。所以，给行政大楼起名"明镜楼"，非常贴切。

教学大楼明法楼等名字确定后，我们又为比较早落成的学生活动中心和体育馆起名。

考虑到这里（松江校区河西学生食堂边上）的场所主要是由学生所使

用,是学生活动的乐园。为了对学生有所激励,有所期望,所以我们就给学生活动中心起了一个名字"明志楼"。虽然中国古籍中没有现成的"明志"两个字,但古籍上对"明"和"志"字的解释很有价值。即"明"字,在中国古代,有 9 个含义:1. 光明、明亮;2. 聪明;3. 显示、显著;4. 白昼、阳光;5. 眼睛、视力;6. 神明;7. 今之次,谓明日、明年;8. 朝代名,明朝;9. 姓,南齐有明僧绍,元末有明玉珍。

左为富田体育馆,右为明志楼(华政学生活动中心),模型

而"志"字,中国古籍中有许多解释。如首先,"诗言志,歌永言"(《尚书·舜典》);"吾十有五而志于学"(《论语·为政》)。志表示志向、立志。明志,就是明确事业的奋斗目标,树立远大的人生理想。其次,"沛公以周昌为职志"(《史记·张丞相列传》)。志,表示旗帜、模范。明志,就是要使华政的学子成为社会各界的模范和旗帜。再次,"志士仁人,无求生以害仁,有杀身以成仁"(《论语·卫灵公》)。志,表示志气,有节操,公而忘私。明志,就是希望华政学子光明正大,又聪明,又阳光,懂法治,明事理,既志向远大,又脚踏实地。尤其是要为法律、为人民而鞠躬尽瘁,死而后已。所以,该楼就定名"明志楼"。

而体育馆,在建设过程中,获得了校友陈杉中的资助,为了表示感谢之意,我们就将陈杉中所创立的"宁波富田集团有限公司"名字中的"富田"两字抽出,取名"富田体育馆",以表彰为华政的建设做出贡献的校友。

在华政松江校区,最后一幢以"明"字打头命名的是明实楼。明实楼坐落在华政松江校区的东北角,是松江校区最后建成的大楼之一,其建筑设计三易其稿,外形发生巨大的、颠覆性的变化,我想在下文"松江校区的建设者:决策者"中再详细讲。这里,先说一下这幢大楼的名字。

　　明实楼建设的目的,就是为了增加华政教学、科研和办公之建筑面积。松江校区虽然比华政长宁校区大了近五倍,但随着华政招生人数的扩大,教师数量的增加,行政管理事务的增多,松江校区原有的几幢大楼就不够用了。在此情况下,华政就向上海市教委和市政府打报告,要求再建三幢大楼。一幢是实训大楼,一幢是留学生公寓,还有一幢是行政综合大楼。最后,这个报告获得了批准。这样,经过两年多时间,首先就建成了实训大楼。考虑到"明"字打头,又考虑到它的功能,主要是各类实验室,所以起名"明实楼"。

明实楼(实训大楼)实景图(薛建林摄)

　　入驻明实楼的华政国际金融法律学院是华东政法大学为适应当今世界对金融法治人才的需求,主动对接上海建立国际金融中心的举措,于2010年新设立的学院。该学院遵循美国耶鲁大学等著名学府的"通识教育 ＋专业教育"之理念,致力于培养拥有法律、金融财会、数理统计等复合型知识结构、娴熟的外语能力,具有本科、硕士、博士学位的高起点、国际化、应用型金融法律人才。华政国际金融法律学院现在已经成为上海乃至华东地区集"人才培养、科学研究、社会服务"于一体的高端平台。

第二家进驻明实楼的是华政科学研究院,她成立于 2008 年,院内设立专职研究人员岗位,专门从事科学研究,所涉学科除法学外,还有经济学、社会学、教育学、传播学等。研究院现有人员 45 人,除一位资深教授外,均具有博士学位。研究院下设"法治与法律方法研究中心""法律史与法律文化研究中心""法律与社会研究中心"以及"法律文明史研究院"等一批研究机构。科学研究院着力推进"社科论坛""华政社科研究"及"社科文库"三个学术平台建设,取得了显著的学术成效。

在明实楼里,还进驻了中国法治战略研究中心。该机构于 2016 年从华政科学研究院中分离出来,目的是面向国家战略需求,出谋划策,属于智库性质,现有成员 40 多位。

以上介绍了明珠楼(图书馆)、明法楼(教学大楼)、明志楼(华政学生活动中心,包括富田体育馆)、明德楼(教师活动中心)、明镜楼(校行政办公楼)、明实楼(实训大楼),下面继续介绍一批二级学院的大楼:崇法楼、尚杰楼、集英楼等。这些,都是比较早的一批建筑,给人以美的享受。

这里,首先要提及的是崇法楼。它的外形是半个圆,从北侧看过来,有点古代罗马斗兽场外墙的味道。当时,从中国古籍中,再发掘"明"字打头的名词,有点难度了。于是,就另起炉灶,挑几个教书育人、培养人才、崇拜知识、尊重人才、信仰法治的含义就可以了。这样,我们就给这幢大楼定名为"崇法楼",表示我们华政崇尚法律、坚持法治信仰的理念。

崇法楼模型

　　崇法楼里面主要是法律学院,由 1985 年建立的法律系发展而来。学院现设有民法、法制史、法理、宪法、行政法、民诉法、立法学、法律文书八个教研室,法律史研究中心、诉讼法学研究中心、中国儒学与法律文化研究所、律师事务研究所等 20 多个科研机构。其中,以法律史研究中心为核心组建的外国法与比较法研究院为教育部人文社科重点研究培育基地;国际法律与比较法研究中心为上海市高水平特色发展项目。目前,法律学院设有五个法学二级学科博士点和硕士点,以及本硕贯通卓越法律人才培养实验班、西部政法干警班、校内辅修法学班,涵盖法学全日制本科生、双学位、专升本、研究生和留学生。

　　崇法楼里入驻的还有知识产权学院和马克思主义学院。前者于 2003年 11 月成立,现招收知识产权本科生、硕士生、博士生和博士后研究人员。知识产权专业为上海市教委重点学科。学院专职教师全部具有博士学位,另有 10 多位兼职教授,分布于知识产权领域的各级立法、行政和司法机关及相关的科研院所、高等院校。马克思主义学院,原来是华政的政治理论部,成立于 1985 年。2013 年 8 月更名为马克思主义学院。目前,学院拥有马克思主义理论学科一级硕士学位授予权,下设"马克思主义基本原理"等五个二级硕士点。

　　由刑事法学院入驻的体量稍为小一点的大楼定名为"尚杰楼",表示崇尚英杰的信念。刑事法学院以刑法、刑诉和刑事侦查专业,以及公安、边防检查、司法鉴定等专业为主,因此,与法律学院中主要有法理、法史、宪法、行政法和民法等专业不同,需要有很多的实验室。所以,尚杰楼就由刑事法学院一家入驻了。刑事法学院是华政的传统院系之一,1979 年复校时就有刑事侦查教研室,1985 年建成犯罪学系,1995 年改为刑事司法学系,2003 年升格为刑事司法学院。现有刑法、刑诉和侦查学、治安学、边防管理、计算机科学与技术六个本科专业。2006 年,美籍华裔神探李昌钰博士被聘为该院名誉院长、兼职教授。2020 年,刑法和刑诉两个专业也被安排进入了刑事法学院。

尚杰楼（刑事法学院入驻）正门实景图（薛建林摄）

　　由商学院、外语学院和新闻传播学院等进驻的、体量也比较大的大楼定名集英楼，表示英才荟萃之处。商学院虽然老师不是最多，但学生数量在全校二级学院中是最多的。商学院成立于 2002 年 11 月，具有较强的师资力量，设有经济学、金融学、国际经济与贸易、会计学及工商管理等五个专业。

集英楼模型

　　而进驻集英楼的外语学院，由 1979 年复校时的外语教研室发展而来，1994 年设立英语专业，2003 年成立外语学院。现拥有一支敬业乐业的师资队伍，教师专业涵盖英、日、德、法、俄五个语种。外语学院注重学科建设，现有外国语言学及应用语言学、翻译学、英语语言文学和日语语言文学四个学科,其中外国语言学及应用语言学(法律语言学)和(法律)翻译学为校级重点学科。这些学科的法律语言与翻译研究课题,获国家社科基金项目等立项有 60 多项。学院重视本科专业教学,"涉外法律方向外语专业建设研究与实践"获 2009 年上海市教学成果三等奖,拥有法律英语、翻译理论与实践等多门上海市教委重点课程,校级重点课程和精品课程十几门。三个本科专业的学生均可在第二学年申请修读第二专业。第二专业包括法学、金融学等学科。

在集英楼办公的,还有华政政治学与公共管理学院,以及新闻传播学院。前者于 2002 年在华政行政管理专业基础上成立的。学院拥有政治学与公共管理一级学科博士点,公共管理、政治学两个一级学科硕士点和政治学理论、行政管理、社会保障、劳动与社会保障法学、公共安全管理、公共管理硕士(MPA)六个二级学科硕士点。本科层面拥有行政管理、劳动与社会保障、公共事业管理、政治学与行政学四个专业。新闻传播学院,于 2017 年5 月由人文学院改名而来。而人文学院是在原基础部(包括语文、逻辑和新闻等专业)的基础上建立的。设有新闻学(法制新闻方向)、汉语言文学(法商文秘方向)、文化产业管理三个本科专业,承担全校语文、逻辑、艺术等人文素质类公选课教育重任。

而由经济法学院、国际法学院和社会发展学院等进驻的大楼,定名为"汇贤楼",表示天下英才汇集一堂的含义。经济法学院由华政 1979 年复校时的经济法教研室,以及 1985 年建立的经济法系发展而来,2003 年改为经济法学院。目前也已经成为上海乃至华东地区重要的经济法律人才的培养基地。国际法学院是在 1985 年建立的国际法系基础上于 2003 年建立。1998 年,国际法专业获得博士授权资格,成为华东地区第一个法学博士点。学院现拥有国际法研究中心、WTO 研究中心等研究机构。

华政社会发展学院的基础是 1979 年复校时的宪法教研室中的社会学教学组,之后成立了社会学专业,并于 2003 年重新组建成社会学系,至2009 年扩建为社会发展学院。学院下设社会学、社会工作、社会管理三个

汇贤楼实景,现名杨咏曼楼(吴思远摄)

本科专业,拥有社会管理硕士学位点,并且在法律社会学方向招收博士研究生。学院内设社会学理论、社会学方法、社会工作、法律社会学和社会管理五个教研室,以及社会管理创新研究所、法社会学研究所、社会调查研究所、专业图书室、综合实验室、心理访谈室等教学科研机构。

除了崇法楼、尚杰楼、集英楼和汇贤楼等主要由各二级学院进驻的大楼以外,还有一些无法起学名、只以其功能来命名的大楼,如学生食堂等。其中,河西食堂和留学生公寓最为典型。河西食堂宽敞、明亮,中间铺的是实木地板。这在全国学生食堂中并不多见。此外,为了方便学生的艺术生活,在中间地板上,放置有钢琴,会弹钢琴的学生,可以在饭前饭后,随时上去弹奏一曲,与同学们分享。在河西食堂的楼上,有各种不同风格的小吃,以及清真饮食等,以满足不同民族学生的需求。

留学生公寓在华政松江校区的基本建设中,是较后完成的一幢大型建筑,其设计图纸也曾数易其稿(后文有详述)。现在呈现给世人的建筑同样带有华政新老校区的建筑元素,非常漂亮。2021年1月,在上海市领导的支持下,华政松江校区又有三幢大楼获得立项、开工建设,从其设计图纸可以看出,这三幢大楼也是庄重、典雅、漂亮,富有灵气,美不胜收。

介绍完了学校的主要建筑,让我们回到华政松江校区的重要核心地带:华政松江校区正门东大门。站在东大门,一眼向里面(向西面)观望,看到的是华政松江校区的精华,也是美轮美奂校园的入口大格局。左边是方形加圆形的明德楼,右边是对称的圆形加方形的明镜楼。中间是有着尖顶钟塔的漂亮的明珠楼,往里深入的是美丽的明法楼。

上海市松江区龙源路 555 号:华东政法大学东大门实景图(吴思远摄)

当然,在华政松江校区,还有一些校友捐赠的树、石、雕塑等,如 1983 级校友于入学 30 周年时捐赠的近代启蒙思想家孟德斯鸠的铜像,坐落于明镜楼与 800 人报告厅之间。1985 届校友于毕业 20 周年之际,捐赠的近代启蒙思想家卢梭的塑像以及巨石"缘法而行",坐落于明法楼前面东南侧的草坪上。2004 级华政法史博士李求轶律师捐赠的中国近代修律变法大臣、著名法学家沈家本(1840—1913)的铜像,以及由 1982、1984、1986 年级等校友捐赠的各种名贵树木等。

这些树、石、雕塑给华政松江校园添加了风采,注入了灵气。

附记:本文的撰写,在图片和文字上得到了华政党委宣传部、党校办和对外联络部以及相关二级学院的领导如龚怡、曲玉梁、王栩叶、顾盈颖和陈赛金等的帮助,值本书出版之际,谨向他们表示诚挚的谢意。

3. 华政改名成功了

2002年,华东政法学院庆祝了其建校50周年。此时,华政已经成为南方乃至中国法学教育的重镇之一,社会影响力日益扩大,学校知名度不断提升。但此时,大学改名的风潮也开始涌动起来。在上海,如海运学院改名"海事大学",师范学院改名"师范大学",中医药学院改名"中医药大学",水产学院改名"海洋大学",机械学院改名"理工大学"等。即使司法部所属原五所政法学院,此时也都改名政法大学了,即中国政法大学、西南政法大学、西北政法大学和中南财经政法大学。

更为有趣的是,上级主管部门召开各所大专院校的党委书记、校长开会,座次排序等也全部按照先重点大学,再一般大学,再学院,再大专的次序。华政在上海市各所大学中的排序一再被往后挪。于是,经过校领导班子的反复讨论,2001年我们向上海市人民政府提出了关于将"华东政法学院"更名为"华东政法大学"的申请书,并成立了更名工作领导小组,由副校长王立民任组长,教务处长叶青和党校办主任丁以升任副组长。

上海市领导非常支持,通过上海市教委系统所属的各个职能部门,按照改大学的各项要求和指标(如办学年限,办学效益,招收人数,毕业生质量,学科专业部门与数量,学校占地面积,生均经费投入,教学与科研成果,校友对母校的认可度,毕业生接受部门如法院、检察院、司法局、公安局以及银行、企业等其他机构的意见,社会评价与影响等),组织专家对华政进行了各个方面的考察和论证。最终,在上海市教育系统这一层面申请获得批准。然后,在2006年9月,以上海市人民政府的名义向教育部正式提出了报告。

当时的申请报告主要包括如下事项:

　　1. 上海市人民政府关于华东政法学院申请更名为华东政法大学的函

　　2. 华东政法学院申请更名为华东政法大学的论证报告

3. 关于华东政法学院申请更名为华东政法大学的考察报告

4. 华东政法学院申请更名为华东政法大学的申请表

5. 华东政法大学章程

申请报告还有 9 个附件：

1. 博士硕士学位授予权学科专业情况表

2. 本科专业学科结构情况表

3. 近年来省部级以上科研项目情况表

4. 近年来教学科研成果获奖情况表

5. 近年来科研经费情况表

6. 省部级重点学科情况表

7. 正高职称教职员名册

8. 松江校区平面图

9. 长宁校区平面图

上海市同意华政更名,并以市政府的名义向教育部提出更名申请书后,华政抓紧时间,迎接教育部安排的数批专家组来实地考察,并接受教育部专门为更名大学所设立的专家委员会的评议、投票。经过各方面的不懈努力,2007 年 5 月,专家委员会投票表决,批准华东政法学院更名为华东政法大学。华政人多年的梦想得以实现。

说到更名大学,还有一个小插曲。在华政更名时,国家已经决定,在大学名字前,不能再加上"中国"(国家)以及"华东""西北"(大区)等字样,只能用当地省市的名字命名。这样,就苦了我们这几所原来就以大区命名的政法学院。而此时,法大和西南已经更名成功。而中南由于与财经大学合并,组成"中南财经政法大学",所以不存在更名大学的问题。苦的是西北和华东。据说,西北让他们改名"西安政法大学"(西北政法学院 1958 年建立时就名"西安政法学院",过了三年后才更名"西北政法学院")或者"陕西政法大学"。华政也一样,当时让我们更名"上海政法大学"。但这样一来,我们就会和上海政法学院相混(本来在家长心目中,就常常把"华政"和"上政"搞混）。所以，当时我们反复讨论，最后比较一致的想法是更名为"东方大学"或者"远东大学"，以与"法学教育的东方明珠"之称舆相一致。只是"华东政法学院"已经成为广大校友心中的精神家园，成为一个品牌，将其改名"东方大学"或者"远东大学"，广大校友可能无法接受。

正在痛苦犹豫中，西北传来了好消息。西北政法学院经过与上级领导的艰难、反复沟通，终于保住了"西北"两字，教育部同意他们更名"西北政法大学"。既然"西北"可以成立，那"华东"也当然可以保住啦。当贾宇校长把这一消息告诉我后，我和杜志淳书记一时高兴得无话可说了。这样，华东政法学院更名为华东政法大学的最后障碍也扫除了。在这里，我们也要向西北政法大学的领导和师生表示感谢。

2007 年 6 月 9 日，华东政法学院更名为华东政法大学的庆祝大会在华政松江校区富田体育馆隆重召开。

2007 年 6 月 9 日华东政法大学揭牌仪式

4. 松江新校区的建设者:"松江办"

　　说到华政松江新校区的建设者,不能不提到"松江办"。其实,"松江办"是一个通俗的说法,给人感觉应该是"松江校区建设办公室"。实际上,当时正式的名称是"华东政法学院松江校区建设委员会"之下的"松江校区建设工作小组"。这个工作小组,是松江新校区建设的具体承担者。

　　2002年11月4日,"华政办[2002]216号"文件下发,决定成立"华东政法学院松江校区建设委员会",由祝林森、何勤华任主任委员,莫负春、王立民、童西荣、顾功耘任副主任委员,委员有:丁以升、章松法、黄淑华、郑列、徐士英、焦雅君、王爱成、翁关发、穆国舫、肖建国、金荣贵、林燕萍、杨正鸣、陈重业、王嘉禔、杨展伦。委员会的成员,基本上都是华政的校领导和各个职能部门、二级学院的负责人。

　　与此同时,在建设委员会之下成立"松江校区建设工作小组",由校党委副书记、副院长莫负春任组长,基建处长翁关发、党校办主任丁以升任副组长。成员有陆震麒(基建处)、焦雅君(审计处)、华青(纪检委)、储桂节(党校办)、张华清(基建处)、陆一凤(基建处)、乔恩栋(财务处)。秘书为党校办的邢旭东。从2002年11月到2005年9月松江校区各幢大楼基本建成,在近3年的时间中,建设工作小组的领导和老师,基本上是"年中无休",为华政松江校区美丽校园的建成,做出了历史性的贡献。

　　对于松江校区的建筑蓝图的设计理念,当时的基建处长翁关发回忆说:"围绕建设一个什么样风格的新校区,当时大家就提出不同的想法和建议。有的老师提出建设像国外许多高校一样没有围墙的校舍校区,有的老师主张建设风格上模仿英、美几所著名大学的风格,而更多的老师则偏向于借鉴圣约翰大学原有的中西结合的建筑模式,把长宁校区的建筑风格带过去。最后我们达成共识,按照这种中西结合的风格模式来建设松江新校区。"

校领导和"松江办"部分老师在工地上的合影

而在具体建设中,也是克服了一个又一个困难,才一点点将校区建设向前推进。第一个困难就是时间紧、任务重。翁关发回忆说:"当时建设困难很多,比如说,我们学校选址在松江区偏向西北部的位置,这个地势比较低洼,水泽面比较多,所以要填大量的土,这需要花费许多时间。当年 2003 年搞建设的时候,春节之前开工打桩,之后到三月份才正式动工,当年 9 月份就要招生,时间非常紧迫。当时市里也比较担心,问学校能不能正常招生。建造学校大楼的事情还要考虑学生安全等问题,任务很重,所以大家都很辛苦。我们集中力量,先把土地平整好,然后一边规划设计,一边施工搞建设;这个在现在来说是不允许的,在当时实属无奈的举措。好在大家都很认真,从上到下一心一意努力配合、努力工作。"

第二个大的困难,就是经费紧张。当时负责审计的焦雅君处长回忆说:"我那时候是需要每天跟着他们到建设现场去的。2003 年 1 月 2 日我是第一次去那边工作。那时候正好是往松江的高速公路通车;正式开工是 2003年 2 月份。我的主要任务是负责工程的审计工作,学校建设所花费的每一笔经费我们都需要核算签字,施工队伍的建设我们也需要监管,怕有些不法中间商没有按照合同约定偷工减料。总的一个目标,就是为了学校的建设能够既保证质量又能够最大程度地节约经费。我们的建设经费是严重不足的,松江大学城其他学校的建设经费都是十几个亿,我们华政就 4 个亿。所以一点一滴都要精打细算,甚至每一个采购项目,我们都要亲力亲为,为的就是不让中间商赚取不合理的差价。"

松江校区建设遇到的第三个困难,也是当时一个要命的问题,就是刚好遇到了"非典"。当时的基建处副处长陆震麒说:"2003 年上半年,恰好是'非典'爆发时期,当时整个上海地区封锁,工地上的建筑工人也都封锁起来,不可以随意出入离开,我们既不敢随便招人,实际上也招不到人,也不能让工地上的工人回家。一切外来人员,我们都要严格检查看看是不是感染非典症状等。所以人手比较缺乏,大家只能轮番加班加点工作。再者是非典时期,我们要加大对施工工人的检查,生病的及时就医。而且那一年的天气特别热,大家耐着高温天气,发高烧也还在工作。且当时人心惶惶,又要赶工期,又不能出现工伤,所以真的不容易。所幸就是没有发生意外,工程得以顺利进行。新校区的建设当时令大家上下一心,高度团结。"

笔者脚下是正在建设的连接明法楼和河西食堂的沈泾塘桥的前期浮桥

5. 松江新校区的建设者:决策者

在松江新校区规划建设中,教学大楼是第一幢需要建设的。所以当时华政所聘请的设计团队,就围绕着教学大楼展开了智慧的翅膀,拿出了若干个设计方案。而这些方案,最后都经过了校领导、中层干部以及骨干教授和"松江办"的反复讨论、研究、推敲,并且不断比较,反复修改,优中选优,最后确定下来了目前的教学大楼的方案。

教学大楼第一稿

上面是教学大楼的第一稿,建筑设计得比较清新、漂亮、庄重、典雅,中间也有一个很大的拱门。但班子反复比较、讨论研究后,感觉缺少了一点灵气,缺少特色,缺少圣约翰大学那种中西合璧的传统,也没有法科大学的那种气势,那种公平、正义以及人文底蕴,与其他理工科大学,乃至经、管、商和文、史、哲、师范等大学没有什么大的区别。所以,最后被大家否定了。

如上所述,为了筹建华政松江校园,为了延续华政长宁校园圣约翰中西合璧的建筑群风格,我们委托在英、美、法、德、意、俄、荷、澳等国家的校友和留学生,将世界各地著名大学的校园的照片,都传回了华政"松江办",笔者记得很清楚的是,当时有英国的牛津、剑桥,美国的哈佛、耶鲁和斯坦福,德国的柏林、科隆、海德堡,法国的巴黎、蒙彼利埃,意大利的罗马第一大、那不勒斯、都灵,澳大利亚的悉尼大学等。由于这些照片都提供给了华东规划设计院的设计人员,因此,在教学大楼的设计时,设计人员充分地考虑并吸收了其中的优秀元素,并将其融入了其设计图纸中。

教学大楼第二稿(仿英国剑桥大学版)

　　在教学大楼第一稿被否定以后,设计人员拿出了第二稿(上面仿英国剑桥大学版)。

　　教学大楼第二稿递交给华政基建处,基建处向华政领导班子汇报讨论时,此稿受到了一致的好评。虽然,她基本上是仿照了英国剑桥大学女王学院的样式和格局,包括建筑物的线条和外形,模仿色彩过于浓重,但她的美丽、庄重、典雅和灵气,以及在其入口处,矗立的一尊象征公正、自由、正义的自由女神雕塑,还是得到了大家的认可。华政党政领导班子批准了这一方案。当时班子考虑同意这个方案的原因,还有一点就是,这只是一幢教学大楼,如果这个样式的大楼盖起来,那么,其他的教学楼和行政办公楼,乃至学生宿舍,也必须是这个样式,这样,才能做到整个校园的完美和谐,增加更大规模的美感,也会带来一种宏伟的气势和大局美的震撼。在上海这个所谓"魔都",崛起一座"东方的剑桥"。

　　非常可惜的是,这个方案,报到上海市教委和市委领导审批时,最后还是被否定了,其原因大家都是知道的,就是过于"西化"了。

　　在教学大楼第二稿被否定以后,设计人员听取了各方意见后,又拿出了第三稿。这一稿,同样吸收了许多国外大学,尤其是英美大学建筑的特点,以及华政老校区圣约翰大学建筑的优点,有拱门,有尖塔,有红砖,有青瓦,有绿茵,还有上圆下方的落地长窗。但华政基建处和校领导班子在讨论时,总

教学大楼第三稿

感觉似乎有点单薄。如果说这一建筑图纸是一所中学,或者高中,或者国际学校,甚至是大专,是比较合适的。但作为一所法科大学,似乎还有点距离,另外,其楼的尖顶,也感觉简单了一点。这样,这第三个方案最后也被否定了。

吸取前面几个方案的经验和教训,设计人员在华政基建处和校领导的要求以及具体的修改意见之下,又加班加点,拿出了教学大楼的第四稿。

教学大楼第四稿

这一稿,一方面从原来的一个拱门,增加到了三个大拱门,在气势上,有了一种更加宏大的感觉。另一方面,她的青瓦、灰瓦,上圆下方落地长窗,由上往下逐步突出的"扶墙壁",以及红砖白墙等,都是由华政长宁校区圣约翰建筑延续下来的元素。尤其是其两个塔楼以及其尖顶,高耸入云,设计精美,让每一个跨入华政的学子,都必须向上仰望,并仔细看才能领略其气势和内涵:对法治,必须仰视,必须敬畏,必须尊敬,必须奉守。看到这一设计模型,华政基建处,以及校领导的每一个老师,都有了一个感觉:这就是我们想要的大楼,华东政法学院的教学大楼。

只是教学大楼的故事还没有结束。教学大楼第四稿报到上海市教委和市委领导那里,领导们也很欣赏大楼的宏伟、美丽、庄重、典雅、大气,但他们提出了一个问题,就是这两个塔楼上的尖顶,太像西方的教堂上的尖顶了。我们上海松江大学城建成后,全国各地会有许多的校长、党委书记,以及教授们前来考察、参观,我们不能让贵宾们来了以后,看着这些尖顶发出感叹:这个松江大学城的建筑,虽然很漂亮,但怎么左看右看,总像西方英、美、法、德国家的教堂啊! 因此,必须把这两个尖顶砍掉。

这个指示下来,让华政的校领导和基建处的干部非常痛苦。不执行上级的指示吧,按照我们国家的管理体制和干部条例,是不可以的,是违反“下级服从上级”的组织纪律的;执行这一指示吧,塔楼及其尖顶对法治的深厚内涵就没有了,对法治的仰视、敬畏、尊敬以及奉守的底蕴,也同样没有了。记得在审查华政松江校区建筑模型的会议上,作为华政校长的笔者与当时的市委和市教委领导辩论了十几分钟,反复强调这两个尖顶对法治的意义及重要性,一时僵持不下。旁边的党委书记祝林森一个劲儿地拉笔者的衣服下摆,意思是让我冷静,不要再争下去了,放弃吧。笔者当时确实有点激动,不愿放弃,继续在那里阐述自己的立场和理由。

最后,还是市领导高瞻远瞩,考虑周全,提出了一个折中的,并且能够为大家所认可的方案,这就是:教学大楼上的这两个尖顶就不要了,但图书馆上的那个塔楼以及其尖顶可以保留:“你们不是说对法治,必须仰视,必须敬畏,必须尊敬,必须奉守吗? 不是说让华政新生第一天来报到进入新大门时,就要仰视象征着法治的塔楼的尖顶吗? 那有一个尖顶就可以啦! 尖顶多了,就分散注意力了,对法治也不专心啦!”这个决定,大家听了以后都感觉有道理,方案就这么定下来了。下面是这一砍掉了两个尖顶的教学大楼的第五稿。

当然,这一砍掉两个尖顶后的教学大楼第五稿,给人的感觉仍然是美不胜收。而保留了塔楼及其尖顶的图书馆,更给人以美轮美奂的视觉印象(上文已经介绍)。

教学大楼第五稿（最终定稿）

我们感谢市领导，正是由于他们的包容，使华政松江校园的教学大楼（明法楼）和图书馆（明珠楼）这两个主体建筑保留了法治的基本元素，也保留了自圣约翰大学开始的中西合璧的传统建筑风格。这几位上海市委和市教委领导是：市委副书记龚学平，市委副书记殷一璀，副市长周慕尧，上海市教委党委书记王荣华，上海市教委主任张伟江。华政松江新校区的建成离不开他们的指导和决策，华政学子永远会记住他们的名字。

2003年7月，华政校领导班子有了较大变化。祝林森由于年龄原因，从校党委书记的领导岗位上退了下来，由司法部司法鉴定科学研究所的所长兼党委书记杜志淳接任。原党委副书记、副校长莫负春因晋升市里任职，他的工作，由上海市教委办公室主任、教委副秘书长张智强接任。松江校区的建设进入了一个新的建设阶段。

这一新的建设阶段，实际上一直持续至现在，因此，华政领导班子的接力棒还在往下传。如今，笔者和杜书记也已经从岗位上退了下来，现任书记是郭为禄教授，校长早在6年前就由上海社科院副院长、法学所所长叶青教授接任。而唐波、陈晶莹、周立志、张明军、韩强则都进入了华政校领导班子，原党委副书记、副校长闵辉则已晋升市教委党委副书记、副主任。但不管校领导班子发生了多少变化，其在松江校区建设中的作用，持续在发挥。下面就以实训大楼等的建设，来说明大学领导班子在改变一所大学的命运方面所能够发挥的作用。

华政松江校区建设初步完成以后，其教学、科研和行政办公用房还是不够。在市领导的支持下,华政开始了新大楼的建设。首先是实训大楼,设计师罗凯很高兴地接受了这一设计任务。在和罗凯商量这个大楼应该体现什么精神和理念时,校领导还是提出了几个要求,一是仍然与老校区一样,中西合璧;二是和原来完成的各幢建筑风格一致;三是现在已经有了方形的尖顶塔楼,还缺少一座苍穹圆顶的塔楼,希望补上;四是最为核心的,就是这幢大楼必须要有灵气,非常美丽。设计师罗凯确实有极高的悟性,时间不多,就拿出了建筑设计模型第一稿。模型电子版一提交,就一下子将华政校领导和相关部门领导的眼睛吸引住了,大家交口称赞,一致认同。

华政实训大楼的第一轮建筑设计模型,将东西方建筑的各种美的元素都融入了进去,大气、美丽、庄重、典雅、宏伟,给人视觉上以强烈的冲击。只是,非常可惜的是,当罗凯拿着设计图与施工单位沟通时,出现了两个无法解决的问题。一个是施工方,即建筑工程公司感觉施工难度极大,这么高大的穹顶,很难解决各种技术性问题。而且这是行政大楼,不是西方的教堂,教堂的穹顶,下方可以是空的,阳光直接照射下来。而行政大楼,穹顶下面都是一层层的办公室,在利用面积上将造成极大的浪费。另外一个更加不好办的事情,这个建筑模型的宏伟穹顶,至少会有15楼以上的高度,才能显示其漂亮宏伟的震撼效果。但是松江大学园区华政校区是国际航线经过的地方,也是国家旅游风景保护区,华政校园的建筑高度,不得超过8层楼高。

华政实训大楼(明实楼)的第一轮建筑设计模型

这样，当设计师罗凯将上述情况和华政领导班子汇报以后，我们只能让罗凯设计团队再次设计。但当第二轮建筑设计模型出来后，就受到了大家的批评，主要问题是这个设计太平淡，没有特色，就是一幢新的楼房而已，且与松江校园里已经建好的其他建筑如教学大楼和图书馆等不协调。

华政实训大楼的第二轮建筑设计模型

在这种情况下，设计团队就继续努力，接连拿出了第三、第四、第五、第六轮建筑设计模型。这四轮，同样没有得到我们领导班子和基建处等相关职能部门的认可。我们总感觉漂亮是漂亮的，但还是缺少了一点灵气。

华政实训大楼的第六轮建筑模型

　　后来我们仔细了解了一下,原来这几轮设计模型都不是设计师罗凯本人的作品,而是他下面的团队成员所作,且对华政松江校园的设计理念也不是很熟悉。在这种情况下,我们就把罗凯请来了,在一张很大的办公桌上,我们领导班子、基建处的同志,就和罗凯一起,我们在边上谈思路和构想,罗凯就在一张白纸上画草稿。

　　罗凯不愧为留学英国的设计师,很有才华,悟性极高,马上就领会了我们的意图:穹顶必须要的,宏伟气势要体现出来的,美丽、庄重、典雅、灵性这些元素也是不可缺少的,但高度又不能违反国际航线和国家级旅游风景保护区的要求。必须控制在总高8层楼以下。经过罗凯的重新设计,反复琢磨、推敲,不多时间,罗凯拿出了第七轮设计模型。

华政实训大楼(明实楼)第七轮设计模型(定稿)

　　这第七轮的设计模型,满足了美丽、庄重、典雅、灵性等各项元素,得到了华政上上下下的一致认同。这座建筑,最为灵性的是她的圆顶塔楼的设计理念。圆顶是这幢大楼的制高点,为了达到宏伟大气的效果,必须要高,傲视下面裙楼。如果裙楼是5层楼,那么圆顶塔楼至少需要12层楼高度,才有美感。但现在受国际航线限制,圆顶塔楼最高不能超过8层楼,如何协调这一矛盾呢?设计师运用他的美学智慧,将大楼分为两个部分,一半是5层楼高,另一半要建圆顶塔楼的部分,将裙楼降低至3层楼高,在此基础上,将塔楼提升至8层楼高,塔楼圆顶比裙楼高出了5层,达到了美感的要求,而且还使整个大楼显得错落有致，内容丰富且有灵气。看了这第七轮设计稿，笔者真的是非常佩服，原来建筑设计的灵气和水平也是无止境的啊！

华政松江校区建成后，罗凯在华东师范大学出版社出版了自己的作品《后历史主义建筑》，展示了华政松江校区的各幢建筑的图片。后来复旦大学党委书记秦绍德看到了这些图片，也听说了华政校区美轮美奂，就特地来实地考察了一下，非常满意。回去就聘请罗凯团队，为复旦大学新江湾校区的设计师。这样，复旦新江湾校区的建筑，包括法学院大楼，虽然颜色不太一样，但建筑风格和华政松江校区非常相像。只是复旦大学经费比较充足，所以他们用的建筑材料比华政的好得多，建设的新江湾校区也显得更加雍容华贵一些。

留学生公寓第二轮设计模型图（定稿）

在实训大楼设计施工的同时，留学生（包括研究生）公寓的设计建设也提上了议事日程。这一幢建筑，主要是要多盖房子，增加房间。校领导最初的设想是，华政一时不会有那么多的留学生和研究生，那么楼建好后，多出来的房间就可以给教师做工作室。当时曾经计算过，如果能够腾出来凑足800个房间，华政当时上讲台的教师包括刚刚分配进来的博士都可以一个人拥有一间工作室了（然而，华政后来发展的事实是，这幢留学生和研究生楼建成后，还不够学生住宿。华政想解决办公用房紧张的现实仍然没有改观，需要将规划中的综合行政大楼盖起来，才能缓解用房紧张的矛盾）。所以，当时对这幢楼的要求比较低一点，只要房间多就可以了。但即使如此，建筑设计的第一稿还是不能让大家满意。因为它既无美感,也和松江新校区之前的建筑风格不协调。这样,在华政领导的要求下,设计师经过一段时间的修改,拿出了以下第二轮设计模型图。

这第二轮设计模型图,虽然还不是太令人满意(即不够美),但总算包含了华政建筑传统的各项元素,如灰瓦,上圆下方落地长窗,由上往下逐步突出的"扶墙壁",高于屋脊的塔楼,以及红砖白墙等,与紧邻旁边的教学大楼(明法楼)的建筑风格也比较协调。

在讲到华政松江校区建设,华政各级领导和相关部门做出各项重大决策时,我们不应当忘记一位功臣,他就是华东工程设计研究院的罗凯设计师。我们现在所看到的松江校区美丽、优雅、雄伟的建筑群,都是他和我们在理念、风格、审美情趣等方面反复沟通之后,一手设计出来的,非常了不起。

设计师罗凯(左5)在和华政校领导和中层干部讲解校园规划图

罗凯很年轻,在设计华政松江校区的建设蓝图时,还不到30岁(笔者忘记问他的年龄了)。当初,我们曾经让世界各地的华政校友,收集了国外一批名校的建筑照片,供他参考。非常巧的是,罗凯恰恰是留学英国的,所以对牛津、剑桥,以及美国的斯坦福、哈佛等世界名校的建筑非常熟悉,也很认同。因此,我们的想法与他的一拍即合。这样,在后来的具体设计时,我们之间没有发生过冲突,比较融洽,合作得非常愉快。

6. 华政附中和华政附校

在华政松江校区建设的进程中,对华政的发展还具有重要意义的一件大事,就是华政办起了自己的附中和附校,上海番禺中学加盟华政,成为华政的附属中学。

番禺中学,是 1954 年兴办的一所完全中学,位于番禺路 270 号。季勤先首任校长。1956 年惠群初级学校及致远学校高中部相继并入。1978 年改革开放以后,学校有了长足的发展。1994 年第十八中学并入了番禺中学。2001 年 8 月学校完成了整体改造,并于"十一五"期间,加快了发展速度,成为长宁区实验性示范性高中。为了使学校获得更大的发展空间,提升学生的综合人文素养,番禺中学的领导,通过自己的主管机关长宁区教育局,向华政发出了"联合办学"的建议。

华政党政领导班子考虑到,一方面,现在的法治建设,必须向社会深入,必须从娃娃抓起,华政有责任、有义务在建设社会主义法治国家的事业中承担更大的责任。另一方面,华政随着办学规模的扩大,教职员工的人数也有了很大的增加,如果华政有一个附中,对解决学校教职员工的小孩的读书问题,也是一条非常好的路径。在此情况下,华政接受了这个建议,在上海市教委的批准之下,于 2009 年 12 月 24 日,和长宁区教育局签署了"华东政法大学、上海市长宁区教育局联合办学协议"。其内容为:

一、双方同意将长宁区实验性示范性高中"上海市番禺中学"更名为"华东政法大学附属中学"(以下简称"附属中学")。

二、双方确认,将以科学发展观统领学校的各项工作,转变教育观念,提高办学效益,努力把附属中学办成区内一流的实验性示范性高中,为华东政法大学提供优质生源基地和学生实践基地,为上海市长宁区的基础教育事业做出贡献。

华政附中开学典礼剪彩

三、"附属中学"属于享有独立法律地位的事业法人,依法独立办学;"附属中学"原有行政隶属关系不变,仍由乙方(上海市长宁区教育局)负责办学资金的投入、人事管理、办学方向的确定等工作。非经甲方同意,"附属中学"在教育教学活动中产生的义务,甲方(华东政法大学)不承担责任。

四、甲、乙双方设立"附属中学"教育工作指导委员会,就"附属中学"办学过程中的重大问题提出建议、意见。"附属中学"领导机构定期向教育工作指导委员会汇报工作,并听取意见和建议。

五、甲方确认:1.提供本校优质教育资源,帮助"附属中学"进行文科课程建设,在开设一门法律类课程的基础上,对附中开发人文素养和社会实践两大领域的综合拓展课程及高中研究型课程的推进给予指导与帮助;2.在"附属中学"开设"笃行致知,明德崇法"讲座,定期选派教授主讲;3.对于"附属中学"推荐报考甲方的高中毕业生,据每年的高招政策,双方协商,给予优惠。

乙方确认:1.聘请甲方领导或专家担任"附属中学"教育科研和师资队伍培训的顾问;2.经甲方确认,甲方教职员工子女,到"附属中学"就读,享受"附属中学"教职员工子女同等待遇;对甲方拟引进人才的子女入学或借读,给予优惠;3.将"附属中学"开辟为甲方的教学实践基地。

合作协议由甲方的代表、华东政法大学副校长林燕萍,和乙方代表、上海市长宁区教育局副局长贾炜一起签署。

何勤华在华政附属中学首届开学典礼上讲话

2010年2月22日上午,华东政法大学附属中学隆重举行开学典礼。长宁区区长李耀新、长宁区委常委、宣传部长朱国宏、副区长邹龙飞,华政党委书记杜志淳,校长何勤华,党委副书记、副校长张智强,长宁区教育局党工委书记陈设立、局长贾炜、副局长姚期,以及华政有关职能部门负责人等出席开学典礼。开学典礼由华东政法大学附属中学党委副书记(主持工作)裴海渼主持。华东政法大学附属中学副校长(主持工作)潘敬芳致辞后,李耀新区长、何勤华校长分别发表了热情洋溢的讲话。双方希望附中加强以"法治精神"为主题轴的综合课程建设,办成区内一流的实验性示范性高中,为长宁区的基础教育事业做出贡献。

华政附中校门

　　2010 年 3 月 15 日,华政下发了《关于成立华东政法大学附属中学教育指导委员会的通知》,决定成立由华政党委副书记张智强和长宁区教育局局长贾炜为主任、华政校办主任曲玉梁和长宁区教育局副局长姚期为副主任的附中教育指导委员会,成员有闵辉、唐波、郑列、邵军、孙帅梅、陈晞、宋晓岚、裴海渶、顾平康、周春丽、王建华。秘书长由华政校办副主任朱小萍和附中校长潘敬芳担任,郭晓汀任副秘书长。2016 年 1 月 7 日,由于华政张智强副书记出任上海中医药大学党委书记,以及贾炜局长的工作变动,教育指导委员会主任由华政副书记应培礼和长宁区教育局姚期局长担任,副主任由华政校办主任戴莹和长宁区教育局副局长熊秋菊担任,秘书长换成华政校办副主任姚志华和华政附中新校长傅松,还增加了王戎、陈赛金等委员。

　　华政附中创办至今,已经过去了整整 11 年。当年酝酿、从事这项工作的当事人,除少数年轻者,如华政党委应培礼副书记、唐波副书记、党校办曲玉梁主任、组织部戴莹部长等还在任上,其他人如长宁区教育局的贾炜局长,华政的杜志淳书记、张智强副书记、林燕萍副校长,以及附属中学的校长潘敬芳、书记裴海渶,包括笔者,也都已经离开了原来的工作岗位。但由于当时协商的基础比较好,合作办学的方向明确和准确,双方都很真诚,且给予双方独立、自由、发展、开拓的空间比较大,所以华政附中是越办越好。就国家法治建设的大环境而言,华政附中的创办,在中国开创了政法类大学将社会主义法治理念、知识和精神向初中、高中的学生,即青少年传播,让他们从刚接触社会开始,就树立法的意识、法的信仰和法的理念的一个范例。

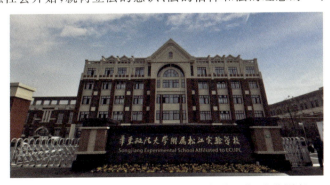

华政附校,主体大楼和华政松江校区浑然一体,十分漂亮

只是故事还没有结束,在华政附中成功运行的鼓舞下,松江区政府也向华政伸出了橄榄枝,提出了在华政松江校区附近,创办一所"华东政法大学附属实验学校"(简称"华政附校")的建议。2018年,松江区区长陈宇剑和华东政法大学校长叶青正式签署了"上海市松江区人民政府,华东政法大学合作办学协议书"。协议书内容主要包括:

1. 双方协定,学校冠名"华东政法大学附属松江实验学校"(简称"华政附校");

2. 学校性质为九年一贯制义务教育学校;

3. 学校选址在松江大学城边上的龙源路、银泽路口,毗邻广富林文化遗址;

4. 办学规模为54个班级,占地面积约4.2万平方米;

5. 甲方松江区人民政府是投资办学主体,全面负责校园硬件设施的建设,负责学校的日常管理;

6. 乙方以优质教育资源和品牌,提供给甲方的办学理念和管理模式,并在协议有效期内提供学校的冠名权;

7. 乙方为甲方在教学、管理、学生实践、教师培训等各个方面提供方便,组成华政附校的办学顾问团,并派出管理人员担任华政附校的副校长(1名)、中层干部(1名)和特色教师(若干名)。

华政附校开学典礼

　　现在,这所"华政附校"已经招生,其校园建设也已完成,其建筑红砖绿瓦,中西合璧,与华政松江校区非常相像,在其校舍投入使用之前,第一批"华政附校"的六年级学生的吃、住和上课、体育活动等曾放在华政松江校区。现在,附校的学生已经搬入他们新的校园。

　　"华政附校"的创办,将我国少年儿童接触法律的年龄,进一步下降到了小学阶段。这种模式是否可行,以及其实际效果如何?"华政附校"在未来的几年内,会拿出让人满意的答案。

　　附记:本文的撰写,在图片和文字上得到了华政党校办曲玉梁、蒋智炜、吴江、顾盈颖等老师的帮助,值本文发表之际,谨向他们表示诚挚的谢意。

7. 华政法律人宣言

依法治国,建设社会主义法治国家,既是中华民族伟大复兴的必由之路,也是十几万华政人的终身梦想,是几代华政人的执着追求。

经常有学生问我:"老师,在权力压倒一切,人们不信仰法治、只崇拜权力,想方设法地去攫取权力,而一旦攫取到了权力又不肯放手的当下,你那么执着地鼓吹法治、宣传法治、推广法治,有用么?"

这个问题不太好回答,但我还是尝试着和学生做如下交流:

"你说的不错。但是,你要考虑到中国的历史。中国是一个实行了两千多年专制集权制度的国家,我们没有法治的传统。中国古代法家的'法治',本质上是君主的人治。法治可以依靠民主,而人治只能依赖权力。要改变中国的这种传统和文化,不是在短时间内就能够实现的,必须要有数代人的持续努力。而我们现在推进法治,就是在做这种持续的努力。虽然,今后的路途很艰难,还会有反复,有倒退,但不能因为这样就可以不努力了。如果我们每位公民,尤其是我们法律人都放弃这种努力,那么,还会有谁来推进我们中华民族的法治进程呢?"

"再说,在浩瀚的宇宙、无尽的历史长河中,一个人的生命是极其短暂、非常渺小的。人们的一切活动,其价值与贡献,最后都是由历史来记明的,并不是由他自己来宣传的。如果不搞法治,践踏民主,敌视自由与平等以及人类的普世价值,那么即使其生前再怎么辉煌,今后又有谁会记住他、怀念他呢?历史只记住那些关爱民众、发扬民主、推进法治、不贪恋权力、提升现代社会文明、让中华民族共同富裕的人物。"

我知道这样的回答,未必能让学生满意。但在目前,我也只能回答到这个地步。所以,最后,我想以我 2015 年元旦的校长"新年献词"的部分内容作为我这一"华政的故事"系列的结尾。

各位同学、各位老师、各位校友！

党的十八届四中全会决定全面推进依法治国的建设，这对我们法律人是一个巨大的鼓舞，学界欢呼法治的第二个春天又来临了；同时也给我们法律人带来了一份沉甸甸的责任：法治建设任重道远。所以，今年的新年献词，我想发表"法律人宣言"，表明我们法律人推进依法治国的决心和信心。

中国是一个具有两千多年专制集权统治历史的国家，我们没有法治的传统，只有人治的习惯。自从商鞅提倡、秦王朝实施恶法之治，汉王朝采用外儒内法的治国方针后，在中国就形成了"刑（法）为盛世所不能废，而亦盛世所不尚"这么一种法律工具主义、法律虚无主义的传统。在这样的一片土地上从事法治建设，法律人处境之艰难可想而知。

问题是，不仅在中国，就是在有着两千多年法治传统浸染下的西方，法治的真正实现也是一项艰苦的事业。英国是世界上最早进入法治的国家，800多年前就颁布了著名的《自由大宪章》，过了40年又诞生了世界上第一个议会，但直至1945年第二次世界大战结束、在讨论惩罚纳粹战犯时，丘吉尔首相和西蒙大法官还坚持抓住德国战犯无须审判、马上处决的违反法治的主张。美国是1776年《独立宣言》和世界上第一部宪法的诞生地，但直到今天仍然未能处理好对构建法治社会极为重要的种族平等问题。德国于19世纪末在历史上第一个提出了"法治国家"的概念，但不到50年，却出现了全面破坏法治、实施惨绝人寰之暴行的纳粹法西斯政权。

这一切表明，法治建设任务极为艰巨。这不仅仅在于法治是一个知易行难的问题；也不仅仅在于权力对法治具有天然的排斥性；还在于法治的本质强调的是规范，是程序，是社会公平与正义，而要实现这三项目标，需要巨大的社会成本，需要执政党的良好法律自觉，需要精密周全的制度设计，也需要全民（尤其是领导人）的真诚信仰。因此，从整个人类法律文明史角度来看，四中全会提出的全面推进法治建设的方略，只是万里长征迈出了第一步，建设法治中国需要数代人乃至数十代人的持续奋斗。

对此,我们法律人,应当有清醒的认识。我们要用自己的青春和生命,去践行法治的理想,推进法治的实践。

第一,我们要做法治政府、法治国家、法治社会的引领者。

第二,我们要做良法的制定者,为"善治"提供利器。

第三,我们要做法律实施的推进者,使每一项法律充满生命力。

第四,我们要做法治政府的建设者,让我们的政府廉洁高效、守法诚信,防止公权力的滥用。

第五,我们要做司法公正的守护者,"让人民群众在每一个司法案件中感受到公平正义"。

第六,我们要做法治人才的培育者,让公平正义浸入每一个法律人的灵魂。

各位老师,各位同学,法治中国的建设,是我们整个中华民族的伟大事业,但我们法律人无疑起着中流砥柱的作用。只要我们持之以恒,前赴后继,"咬住青山不放松",法治中国的宏伟目标一定能够实现。

后　记

华东政法大学,原名华东政法学院,诞生于1952年,是新中国第一批组建的政法院系之一。今年是华东政法大学70周年的华诞,在她所走过的70年日子里,既有取得成功时的欢乐,也有遇到挫折时的沮丧,正是在这欢乐和沮丧中,我们日益成长。

作为一名华政人,我在华东政法大学学习、工作和生活了40年。华政的一草一木,一砖一瓦,一人一事,对我来说都是那么的熟悉,那么的亲切,那么的温馨,那么富有感情和灵性,那么让人留恋和回味。我想,在我现在脑子还算清晰、思维还没有混乱之时,把我对华政的了解、理解、感悟和情感写出来,也算对母校培养我的一点小小回报,并与全体华政人共勉。

在撰写本书时,我曾先后采访了华政的一批老教授、老职工、老领导,以及1979年复校后的前三届毕业生,他们是陈忠诚、陈鹏生、徐轶民、席祖德、徐圣庆、王召棠、陆锦碧、胡韵琴、乐瑞祥、王群、苏惠渔、叶松亭、徐建、钱英、方晓升、强远淦、谭永介、江邈清、韩信昌、史焕章、陆庆壬、赵振德、张国全、张善恭、祝林森、童西荣、黄勤学等,以及杜志淳、林燕萍、刘宪权、杨兴培、汪敏华、郑鲁宁、徐明、张驰、吴宏、刘宁元、应培礼、杨正鸣、魏旋君、翁关发等。也采访了曾在华政工作过的叶孝信教授,郁忠民、郝铁川、游伟、莫负春、张智强、肖建国、姚建龙等领导。值本书出版之际,谨向他们致以诚挚的感谢!

本书的撰写,还得到了安徽大学副校长程雁雷教授、高尚老师,浙江大学法学院方立新教授,复旦大学法学院院长王志强教授、王伟教授,南京师范大学李洋副教授,上海政法学院副院长郑少华教授,上海外国语大学法学院院长张海斌教授,同济大学法学院陈颐教授,华东政法大学档案馆的朱敏、肖庆平、彭国云、卢梅芳、顾玉萍、王永毅、邱珍等老师,华东政法大学的老校长曹建明教授,现校长叶青教授,党委书记郭为禄教授,华政宣传部领导龚怡老师,原华政对外联络处的吴高升老师,原国际交流处夏菲处长,法律史专业的王立民教授、李秀清教授、王沛教授、于明教授、冷霞副教授,行政法教研室魏琼教授,华东政法大学离退休干部处处长刘晓仙老师,统战部部长曲玉梁、组织部部长戴莹以及党校办的顾盈颖老师,《法制日报》(现改名《法治日报》)理论部主任蒋安杰编审等的全力支持。华东政法大学科研院的王静博士,浙江工业大学法学院的李琴博士,上海市松江区检察院的曹诗腾检察官,苏州市高新区检察院罗锐检察官,我的硕士研究生陈梅、李锦元和顾非易,协助笔者进行了全部采访、录音工作。我的博士后吴思远、博士张顺和硕士廖晓颖,提供了相关资料和照片。我的博士周小凡除参与采访、摄影外,还承担了全部稿件的版本转换任务。这里,均表示作者的一片谢意。

感谢大家,祝福大家!

何勤华

于华东政法大学

法律文明史研究院

2022 年 3 月 30 日